良い戦略

リチャード・P・ルメルト

村井章子 訳

悪い戦略

Good Strategy/Bad Strategy
The Difference and Why It Matters

日本経済新聞出版

良い戦略、悪い戦略

カバーデザイン　渡邊民人（TYPEFACE）
本文デザイン　アーティザンカンパニー

序章　手強い敵

一八〇五年のイギリスは、重大な危機に直面していた。ナポレオンがヨーロッパの大半を征服し、イギリス侵攻をもくろんでいたからである。しかし英仏海峡を横断するためには、イギリスから制海権を奪わなければならない。フランスとスペイン（当時ナポレオンの支配下にあった）は、ジブラルタル海峡にほど近いトラファルガー岬に三三隻の艦船を結集。二七隻で編成されたイギリス海軍と対峙した。編隊を組む艦隊同士の海戦では、両軍が舷側を並べて艦砲射撃で敵艦にダメージを与えた後に接近戦に移行するのが当時の定石である。だがネルソン提督の考えた戦略は、ちがった。二列縦隊をつくり、フランス＝スペイン連合艦隊にいきなり真横から突っ込ませたのである。当然ながら、先頭の船は非常な危険にさらされることになる。だが連合艦隊の砲手は練度が低く、その日の海はうねりが大きかった。彼らには突入してくる艦隊を正確に狙い打つ腕はない、と提督は読んだのである。結果たせるかな、トラファルガー海戦はイギリス側の圧倒的勝利に終わり、フランス＝スペイン連合艦隊は全艦船の三分の二に当たる二二隻を失った。対するイギリス海軍は、ネルソン提督が戦死したけれども、艦船は一隻も失っていない。ネルソン提督は、今日にいたるまでイギリス海軍最大の英雄とされている。そしてイギリスの制海権は、その後一世紀半にわたって破られることはなかった。

ネルソン提督にとって最大の難題は、敵が数で上回っていることだった。そこで、敵の艦隊を分断するために、先頭の船を死地に飛び込ませるリスクをとるという選択をした。敵が分断され統率を失えばこちらの思うつぼ、経験豊富な味方の艦長たちは混乱する戦況で優勢になるだろう、と判断したからである。良い戦略は必ずと言っていいほど、このように単純かつ明快である。パワーポイントを使って延々と説明する必要などまったくないし、「戦略マネジメント」ツールだとか、マトリクスやチャートといったものも無用だ。必要なのは目前の状況に潜む一つか二つの決定的な要素――すなわち、こちらの打つ手の効果が一気に高まるようなポイントをみきわめ、そこに狙いを絞り、手持ちのリソースと行動を集中すること、これに尽きる。

戦略を野心やリーダーシップの表現とはきちがえたり、戦略とビジョンやプランニングを同一視したりする人が多いが、どれも正しくない。戦略策定の肝は、つねに同じである。直面する状況の中から死活的に重要な要素を見つける。そして、企業であればそこに経営資源、すなわちヒト、モノ、カネそして行動を集中させる方法を考えることである。

リーダーは、まさにこの役割を果たさなければならない。企業経営から国家安全保障にいたるまで、さまざまな状況で求められているのは、前進を妨げる重大な障害物をみきわめて乗り越えるための首尾一貫した戦略である。ところが多くの人は、戦略を単なる謳い文句のように受けとることに慣れきってしまい、リーダーが声高にスローガンを掲げ、ひどく景気の良い目標をいくつも挙げて「これが戦略である」と言っても、すこしも驚かなくなってしまった。そうした例を四つほどここで紹介しよう。

• ある会社のCEOは、他社のイベントをまねして「戦略決起集会」を開いた。世界各国からシニアマネジャー二〇〇名ほどがホテルの宴会場に結集し、その前で経営幹部が未来へのビジョンを発表するというスタイルである。そのビジョンとは、「この分野で最も尊敬され最も成功する企業になる」というものだった。このイベントのために制作された映像が流され、さまざまなシーンで使われている自社製品やサービスが次々に紹介される。続いては、CEOのスピーチである。感動的な音楽とともに、「戦略目標」が力強く掲げられた。曰く、グローバル・リーダーシップ、成長、株主リターンの向上……。その後に少人数のグループに分かれて討論が行われた。私はこのイベントに招待されたのだが、相も変わらずこのような「戦略」が策定されていることに少なからず落胆したものである。

• 債券取引を得意とするリーマン・ブラザーズは、不動産担保証券（MBS）ブームの火付け役となり、おかげで二〇〇二〜〇六年のウォール街は大いに活況を呈した。だが二〇〇六年になると、不吉な兆候が現れてくる。アメリカの住宅販売は二〇〇五年半ばに頭打ちとなり、住宅価格の上昇に歯止めがかかったのだ。連邦準備制度理事会（FRB）が小幅ながら金利を引き上げたことも、ローンの延滞や担保物件差し押さえの増加に拍車をかけた。このときリーマンのCEOであるリチャード・ファルドが打ち出した「戦略」は、「引き続きシェア拡大をめざす」というものである。そのために同業他社よりも成長ペースを加速するという。これを証券業界用語で言い換えれば、「リスク選好を強める」ことにほかならない。すなわち、競合他社が手を引いた案件にも手を出す、ということである。自己資本比率がわずか三%しかないうえ、借り入れの大半が超短期であることを考えれば、同社はむしろリスクの低減を図る必要があった。リスクをみきわめて回避策を講じるのが良い戦略であって、単に野望を掲げるだけでは戦略とは言えない。二〇〇八年にリーマン・ブラザーズは一五八年の歴史を閉じ、そのショックは世界の金融システムを大混乱に陥れた。悪い戦略は、リーマン・ブラザーズのみならずアメリカを、そして世界を悲劇に巻き込んだのである。

• ジョージ・W・ブッシュ大統領は二〇〇三年に、アメリカ軍のイラク侵攻を許可した。侵攻作戦はすみやかに遂行され、連合軍の圧倒的勝利という形で正規軍同士の戦闘はあっけなく終結する。ブッシュ政権としては、その後は民主的な市民社会への移行が進むと期待していたのだが、そうは問屋がおろさなかった。イラクの治安は急速に悪化し、アメリカ軍は安全な基地を出て掃討作戦を展開せざるを得ない羽目に陥る。これはまさに、ベトナムで最悪の失敗を招いたやり方にほかならない。なるほど、掲げた目標は立派だった。自由、民主主義、復興、安全保障……。だがゲリラ活動や治安悪化に対処するための統合的な戦略は何もなかった。

　手詰まり状態に変化が起きたのは、二〇〇七年のことである。陸軍大将のデービッド・ペトレイアスがイラク駐留米軍の司令官に就任するとともに、五個師団が増派された。だが単なる兵力増員が功を奏したわけではなく、ペトレイアスに確たる戦略があったことが大きい。ペトレイアスは、市民の大多数が正規の政府を支持して初めて、治安悪化と戦うことが可能になると考えた。そして、大規模駐屯地を中心に索敵活動を行う前任者のやり方から、広い地域に展開して住民を守る「交番作戦」に切り替える。こうして地域住民との連携を強化すると、報復を恐れない勇敢な住民からゲリラ情報が寄せられるようになった。空虚な目的から真の問題解決へと戦略を切り替えた結果、治安回復という大きな成果が上がったのである。

• 二〇〇六年一一月、私はWeb2・0ビジネスに関する会議に出席した。Web2・0とはウェブ・サービスへの新しいアプローチを意味するとされている（もっとも、そこで使われるテクノロジーにさして目新しいものはない。この言葉は要するに、グーグル、マイスペース、ユーチューブ、フェイスブックその他もろもろのウェブ・ベースの企業が使いたがる符牒のようなものだ）。昼食の時間になり、私は出席者七人とテーブルに着くことになった。誰かに職業を聞かれたので、私はカリフォルニア大学で戦略論を教えていること、コンサルタントとしても活動していることを簡単に説明した。

するとと、私の正面に座っていたウェブ・サービス企業のCEOが、やおらフォークを置いてきっぱりと言った。「勝つまで続ける。これが戦略だ」。私としてはまったく賛成できなかったが、しかし議論をするためにそこにいるわけではない。「たしかに、負けるより勝つほうがいい」と答え、さりげなく別の話題に移った。

私はコンサルタントとして、個人的なアドバイザーとして、あるいは教師、あるいは研究者としてずっと戦略に関わってきた。そこで失敗や苦労を重ねながら学んだことを本書に詰め込んだつもりである。良い戦略は、目標やビジョンの実現以上のことを促す。良い戦略は、直面する難局から目をそらさず、それを乗り越えるためのアプローチを提示する。状況が困難であるほど、行動の調和と集中を図り、問題解決や競争優位へと導くのが良い戦略である。

だが残念ながら、良い戦略はめったにない。しかも事態は悪くなっているようだ。「私には戦略がある」という政治家や経営者は増えているが、実際には彼らの「戦略」の多くは、失礼ながら「悪い戦略」である。悪い戦略は厄介な問題を見ないで済ませ、選択と集中を無視し、相反する要求や利害を力ずくでまとめようとする。悪い戦略は、目標、努力、ビジョン、価値観といった曖昧な言葉を使い、明確な方向を示さない。もちろん目標やビジョンは人生において大切なものではあるが、それだけでは戦略とは言えない。

■　■　■

大勢の人が「戦略」と称するものと本物の良い戦略との乖離は、このところ拡がる一方である。一九六六年に私が企業戦略を勉強しはじめた頃には、この分野の本は三冊しかなく、論文など書かれてもいなかった。だがいまでは、書斎の本棚は戦略本ではち切れそうだし、論文や特集記事にも事欠かない。戦略に特化したコンサルティング会社も多数存在し、戦略で博士号をとった人も大勢いる。だがだからと言って、戦略とは何かが明確になったわけではない。むしろ逆に、空想的なビジョンからネクタイとシャツの合わせ方まで、それこそありとあらゆるものが戦略に盛り込まれたせいで、戦略はうすっぺらな安物に成り下がってしまった。さらに悪いことに、企業経営や教育や政権運営に携わっている多くの人にとって、「戦略」という言葉は何とでも相性の良い便利な口癖になってしまったらしい。マーケティングのことなら何でも「マーケティング戦略」、データ処理なら「IT戦略」である。買収をすれば「成長戦略」、値下げをすれば「ロープライス戦略」だ。

しかも戦略を勝利や野心と結びつける傾向の強いことが、混乱に拍車をかけている。Web2・0会議で出会ったCEOの「勝つまで続ける」のが戦略だという発言は、まさにこの傾向を示すものと言えよう。興奮と熱狂とノリをこね合わせたような「戦略」が、悲しいかな次第に一般的になっている。これでは、戦略を立てるのに創造性も必要としなければ、リーダーの責任や資質も問われない。だが戦略は必ずしも勝つことだけが目的ではないし、野心や決意や英雄的なリーダーシップの表明でもなく、また革新的なアイデアの表現でもない。もし戦略がそのようなものだったら、実際の役には立たないだろう。野心は他人を負かしたいという欲望、決意は覚悟と気概、英雄的なリーダーシップは自己犠牲を促す力に過ぎない（註1）。戦略とはそのようなものではない。戦略とは、何か野心を抱いたとき、あるいは何か新しい変化に直面したときに、リーダーシップや決意をいつどこでどのように発揮すべきか、その道筋を定めることである。

あまりに多くのことを意味する言葉は、ピントがぼける。何らかの概念に内容を与えようとするなら、はっきりと境界線を引き、それが何を意味し何を意味しないかを決めなければならない。戦略という言葉の意味を明確にするためには、まずはこの言葉をよく使うのが非常に高い地位にある人々だという点に注目するとよいだろう。たとえば産業界では、大半の買収や合併、高価な新しい施設・設備への投資、重要なサプライヤーやクライアントとの交渉、大きな組織の設計などはすべて「戦略的」とされる。だが戦略で重要なのは、意思決定を下す人の地位ではない。戦略とは、組織の存亡に関わるような重大な課題や困難に対して立てられるものであり、それらと無関係に立てられた目標とは異なる。戦略とは、そうした重大な課題に取り組むための分析や構想や行動指針の集合体と考えればよい。

少なからぬ人が、戦略とは全方位を見据えた全体図であって、何か特定の具体的な行動とは別物だと考えている。だが戦略をそのように曖昧に幅広く定義すると、「戦略」と「実行」が断絶してしまう。断絶していいのだと言う人もいるかもしれないが、それでは戦略策定は空回りする車輪と変わらない。実際、「戦略」に関する不満はここに集中している。大勢の声を代表するかのように、ある経営者はこう言った。「わが社には高度な戦略策定プロセスが備わっている。だがいざ実行する段になると、必ず問題が続出する。設定した目標に届いたためしがないのだ」。ここまで読んできた読者なら、この不満の原因がどこにあるかもうおわかりだろう。良い戦略には、とるべき行動の指針がすでに含まれている。こまかい実行手順が示されているわけではないが、やるべきことが明確になっている。「いま何をすべきか」がはっきりと実現可能な形で示されていない戦略は、欠陥品と言わざるを得ない。

「実行面に問題がある」と嘆く経営者は、たいていは戦略と目標設定を混同している。戦略を立てるつもりで業績目標を立てているケースは珍しくない。シェアや利益の拡大だの、大学合格率の上昇だの、美術館の来館者の増加だのといった目標だけを立てたら、願望と行動の間にギャップができるのは当然と言えよう。戦略とは、組織が前に進むにはどうしたらよいかを示すものである。戦略を立てるとは、組織にとって良いこと、好ましいことをどうやって実現するかを考えることである。もちろん、リーダーが目標を立て、それをどう実現するかは部下に任せる、という方法はあり得る。だがこれは、戦略ではない。そうやって組織運営をしている経営者は、戦略は立てずに単に目標設定をしているのである。

■　■　■

本書の目的は、良い戦略と悪い戦略の驚くべきちがいを示し、良い戦略を立てる手助けをすることにある。

良い戦略には、しっかりした論理構造がある。私はこれを「カーネル（核）」と呼んでいる。戦略のカーネルは、診断、基本方針、行動の三つの要素で構成される。状況を診断して問題点を明らかにし、それにどう対処するかを基本方針として示す。これは道しるべのようなもので、方向は示すがこまかい道順は教えない。この基本方針の下で意思統一を図り、リソースを投入し、一貫した行動をとる。

良い戦略の構造と基本的な内容を理解すれば、悪い戦略も容易に見分けがつくようになるだろう。悪い映画を見分けるのに映画監督である必要はないのと同じように、悪い戦略を見分けるのに経済や金融その他もろもろの専門知識は必要ない。たとえば、二〇〇八年の金融危機でアメリカ政府がとった「戦略」を検討してみよう。すると、基本的な要素が欠落していることにすぐ気づくはずだ。とくに良くないのは、危機の根本原因は何か、診断をしなかったことである。病気の原因がわからないままでは、的確な治療法を選択してそこにリソースや行動を集中することはできない。結局のところ政府が行ったのは、リソースを納税者から銀行に移転しただけだった。この程度の決断を下すのに、マクロ経済学の博士号などは必要あるまい。良い戦略とは何かをわきまえている人なら、はるかに良い決断が下せたはずである。

悪い戦略とは、単に良い戦略の不在を意味するのではない。悪い戦略にも固有の論理があり、まちがった土台の上に壮大な誤りが構築される。悪い戦略策定では、困難な状況の分析が意図的に避けられている。これはおそらく、都合の悪いことは知りたくないという意識が働くからだろう。また、戦略策定を目標設定ととりちがえていると、問題解決に注意が向けられないので、悪い戦略を立てることになりやすい。さらに、四方八方に配慮する結果、困難な選択が先送りされるケースもある。だがあらゆることを勘案していたら、リソースや行動の集中投入はできなくなってしまう。

悪い戦略が蔓延すると、誰もが影響を被る。目標やスローガンを花火のように打ち上げるだけの政府は、次第に問題解決能力を失っている。企業が打ち出す戦略プランなるものの多くは、希望的観測に過ぎない。また教育機関では、数値目標や基準は豊富にあっても、なぜ成績が振るわないのか、根本原因を把握して対処する姿勢に乏しい。こうした状況を打開するのに、カリスマ的なリーダーや美しいビジョンはいらない。必要なのは、良い戦略である。

目次

第1部

良い戦略、悪い戦略

戦略の基本は、最も弱いところにこちらの最大の強みをぶつけること、別の言い方をするなら、最も効果の上がりそうなところに最強の武器を投じることである。今日の標準的な戦略理論では、この基本を引き延ばし、潜在的な強み、すなわち「優位性（アドバンテージ）」にまで押し広げている。たとえば先行者利得（ファスト・ムーバー・アドバンテージ）と呼ばれるものがそうだ。「先んずれば人を制す」と言うように、規模の経済、ネットワーク効果から、評判、特許、ブランドにいたるまで、何によらず先頭を切れば優位に立てることが多い。これは論理的にまちがいではないし、それぞれの優位性は重要でもある。だがこのような中位の優位性にこだわる取り組みをしていたら、良い戦略が本来的に生み出す卓越した強みを手にすることはできない。

良い戦略は、第一に、狙いを定めて一貫性のある行動を組織し、すでにある強みを活かすだけでなく、新たな強みを生み出す。だが規模の大小を問わず、同時にいくつものことをやろうとする組織がじつに多い。しかも、掲げた目標の多くが互いに無関係であるばかりか、ときには互いに矛盾することさえある。

第二に、視点を変えて新たな強みを発見する。状況を新たな視点から見て再構成すると、強みと弱みのまったく新しいパターンが見えてくる。良い戦略の多くが、ゲームのルールを変えるような鋭い洞察から生まれている。

この二つの点を、第1章と第2章で論じる。

さて、良い戦略を持たないリーダーの中には、そもそも戦略不要論者がいるのかもしれない。しかし実際には、戦略を一切立てないリーダーは珍しく、悪い戦略を立てているケースがほとんどである。悪貨が良貨を駆逐するように、悪い戦略は良い戦略を駆逐する。とは言え悪い戦略は、目標がまちがっているとか実行の仕方がまずいというよりも、そもそも戦略とは何か、戦略はどのような役割を果たすのかについて、誤解があるのだと考えられる。第3章では悪い戦略の例を挙げ、共通点を検討する。

良い戦略と悪い戦略の性質が理解できたら、なぜ悪い戦略がこれほど多いのか、という疑問が当然ながら湧いてくることだろう。第4章はこの疑問に答を提出する。そして第1部の最後である第5章では、良い戦略のカーネルを分析し、どのような論理構造の下で戦略思考が導かれ、悪い戦略が排除されていくのかを検討する。

第1章 良い戦略は驚きである

良い戦略に自ずと備わっている卓越した価値の第一は、新たな強みを生み出すことである。他の組織はどこもそれを持っておらず、かつあなたが持っているとは予想もしていないだけに、その価値は圧倒的だ。良い戦略は、重要な一つの結果を出すための的を絞った方針を示し、リソースを投入し、行動を組織する。だが世界を見渡しても、歴史を振り返っても、このような戦略を持ち合わせている企業はそう多くない。たいていの企業がいくつもの目標や計画を立て、「予算を注ぎ込んでひたすらがんばる」以外はバラバラの行動をとっている。

アップル

一九九五年にマイクロソフトがウィンドウズ95を発表してからというもの、アップルは負の連鎖に巻き込まれてしまった。翌年になると、ビジネスウィーク誌が二月五日の表紙にアップルの有名なトレードマークをでかでかと掲げ、「アメリカのアイコンの没落」という特集を組んでいる。

CEOのギルバート・アメリオは、ウィンドウズとインテル（ウィンテル）ベースのパソコンが席巻する世界でなんとかアップルの生き残りを図ろうと悪戦苦闘した。人員削減を断行し、種々雑多な製品を四つのグループ（マッキントッシュ、情報機器、プリンターなどの周辺機器、次世代プラットフォーム）に統合する一方で、新たにインターネット・サービス事業と先端技術グループを発足させた。

その頃の業界誌ワイヤードには、「アップルを救う一〇一の方法」という記事が掲載されている。IBMかモトローラに身売りする、ニュートン・テクノロジー（PDA端末技術）に重点投資する、幼児向け教育市場に活路を見出す、といった具合である。ウォール街では、はやくソニーかヒューレット・パッカードと合併交渉すべきだとの見方がもっぱらだった。

一九九七年九月、いよいよあと二カ月で破産というところまで追い込まれたときに、共同創業者のスティーブ・ジョブズが戻ってきた。ジョブズはメンバーが一新された取締役会の下でCEOとして暫定的に指揮を執ることに同意したのである。マック・ファンは狂喜乱舞したが、市場や実業界は一様に冷ややかだった。

しかし一年と経たないうちに劇的な変化がアップルに訪れる。高度な製品の開発を急ぐかサンと提携するだろう、という大方の見方を裏切って、ジョブズはそのどちらもしなかった。彼がやったのは、非常にわかりやすいこと、しかも誰も予想していなかったことである。彼は、競争の激しいコンピュータ業界でニッチ製品メーカーとして生き残るという現実を見据え、それにふさわしい規模までアップルを圧縮した。つまりジョブズは、存続可能な中枢部分にアップルを回帰させたのである。

ジョブズはマイクロソフトと交渉し、アップルへの一億五〇〇〇万ドルの投資を引き出すことに成功した。アップルが倒産したらマイクロソフトは独禁法違反で司法省と厄介なことになる、というビル・ゲイツの懸念につけ込んだわけである。そのうえで、一五あったデスクトップ機をたった一機種に削減した。多数あったノートパソコンも一機種に絞り込んだ。プリンターと周辺機器はすべて切り捨てた。ソフト開発も捨て、開発エンジニアをお払い箱にした。代理店も整理し、国内で六系列あった販売店のうち五系列を切った。製造部門もほぼ全部廃止し、台湾の製造請負企業に切り替えた。こうして製品ラインを絞り込み、かつアジアで生産することによって、在庫を八〇%以上切り詰めることができた。さらに新たにオンライン上に公式ストアを開設し、代理店や小売店を通さない消費者への直販を始めた。

ジョブズのアップル再生戦略で何より注目に値するのは、彼のやったことはすべてビジネスの「イロハ」であるにもかかわらず、誰も予想していなかったことである。中核事業に絞り込みムダな経費を削減すること。マイクロソフトの「オフィス」をアップルでも使えるようにすること。アジアで製造してサイクルタイムを短縮し運転資本を切り詰めるビジネスモデルはデル・コンピュータが成功させているのだから、しっかりまねすること。新しいOSを自前で開発しようなどという気を起こさず、最もすぐれたOSをNeXTから買うこと。どれもこれもジョブズには当然のことだが、外野から見れば予想外だった。

ジョブズの戦略が劇的な効果を上げたのは、根本的な問題に直接アタックし、そのための行動に集中したからである。彼は、売上高や利益の目標は一切掲げなかった。救世主のように未来を語ることもしなかった。それにまた、けっしてやみくもに大鉈《おおなた》を振るったわけでもない。製品ラインを整理し限定された直営店で販売するというビジネスモデルをしっかりと設計していたのである。
一九九八年五月、アップルとテレコム・イタリアとの商談でコンサルタントを務めていた私は、ジョブズとアップル再生戦略について話す機会があった。このときジョブズは、戦略を立てるときに何に着目したのか、簡潔な言葉で話してくれた。

「製品ラインナップが複雑すぎて、会社はムダな経費を垂れ流していた。知り合いから、アップルのコンピュータを買いたいがどれがおすすめかと聞かれたとき、私には答えられなかったんだ。アップル製のパソコンには、二〇〇〇ドル以下で買える一般ユーザー向けモデルが一つもないことに気づいたときには、愕然としたよ。そこで、デスクトップ機はＰｏｗｅｒ Ｍａｃ Ｇ３だけに絞り込んだ。六系列あった販売店も一系列にした。販売店が多すぎるから、いろいろな需要に応えようとしてモデルが増えすぎていたんだ」

だがこのようにフォーカスすることは、業界の主流ではない。ジョブズと話す一年ほど前に、私はアンダーセン・コンサルティングの後援を得て、世界のエレクトロニクス産業を対象とした大規模な戦略調査を行ったことがある。ヨーロッパでは、電気・通信業界二六社のエグゼクティブに聞きとり調査をした。まず自社が属す業界のトップ企業を挙げてもらい、なぜその会社が業界トップになったのか、どんな戦略を遂行したのか、答えてもらう。そして最後に、回答者自身の会社ではどんな戦略をとっているか教えてもらうという段どりである。

トップ企業がどんな戦略をとっているか、ほとんどのエグゼクティブはすらすらと答えることができた。最も多かったのは、需要動向の変化や新たな技術の登場といったことが起きたとき、他社に先駆けてそれを活用し優位に立った、というものである。いわゆる「機会の窓」が開いたのを逃さなかった、というわけだ。必ずしも最初に行動を起こす必要はないが、最初に有効活用しなければ優位には立てない。

だが、「それでは御社の戦略はどうなっていますか」と訊ねると、どうも一様に歯切れが悪い。次の機会の窓を示すでもなければ、その可能性に言及するでもなく、日々の業務をこなすことに追われている様子だった。提携をする、三六〇度フィードバックを得る、国外市場に目を向ける、高い目標を掲げる……。彼らが口にしたのはどれも九〇年代のエレクトロニクス産業で通用した成功の公式であり、どこにフォーカスするのかがはっきりしなかった。

こうした調査を行ったあとだったので、ジョブズがアップルの未来をどう考えているのか、私にはとくに興味があった。彼はみごとにアップルを再建したけれども、それは未来に向けた戦略ではない。当時アップルがパソコン市場に占めるシェアはわずか四％であり、ウィンテル連合を前にしたアップルはニッチにしがみつく以上のことは何もできないように見えた。

九八年の夏に再びジョブズと話す機会があったとき、私は質問した。「アップルの再生はほんとうに印象的だったよ、スティーブ。だが、パソコン業界について私が知っていることから判断する限り、アップルは小さなニッチから抜け出すことはできないように見える。ネットワーク効果（同じ製品・サービスを利用するユーザーが増えると、それ自体の効用や価値が高まる効果）はきわめて大きく、ウィンテル標準を覆すことは無理だと感じる。長期的にはどうするつもりなのか、どんな戦略を立てているのか」

ジョブズは私の意見に反対もしなければ、賛成もしなかった。彼はにやりと笑って、こう言ったものだ――「何か次のでかいことを待っているんだ」

ジョブズは単純な成長やシェアの拡大は口にしなかったし、パソコンでトップの座を奪いとる秘策があるなどとも言わなかった。いまの業界で成功するためには何が必要か、障害物は何かを考え、自らの強みを活かせる次の機会の窓を注意深く探り、窓が開いたときにすばやく抜け目なく行動する態勢を整えていた――まさに獲物を逃さない捕食者のように。機会の窓は毎年開くというものではないし、何らかの手だてを講じればこじ開けられるというものでもない。それでもジョブズはアップルⅡで、マックで、そしてピクサーで成功を収めた。ＮｅＸＴでは失敗した。しかしｉＰｏｄとｉＰｈｏｎｅで再び空前の成功を収めたことは、読者もよくご存知のとおりである。

「次のでかいことを待つ」というジョブズの答は、一般的な成功の公式ではない。だが当時のアップルの立ち位置と次々に新しい技術が出現する業界の状況を考えれば、それはまさに当を得たアプローチだったと言える。

「砂漠の嵐」

予想外の戦略の例をもう一つ挙げておこう。それは、一九九一年、第一次湾岸戦争で敢行されたものである。アメリカ軍の司令官が、イラク軍に対してかくも理路整然とした戦略をやってのけたことに多くの人が驚いた。

イラク軍が突如としてクウェートに侵攻したのは、一九九〇年八月二日のことである。空と海から先遣隊を務めた精鋭部隊に率いられて、共和国防衛隊四個師団一五万がクウェートになだれ込み、占領した。当時イラク大統領だったサダム・フセインの主たる動機は、おそらくは財政的なことであったと思われる。八年におよんだイラン・イラク戦争の末に、イラクはクウェートを始めとする湾岸諸国に巨額の債務を抱えることになった。クウェートを支配下に置き、自国の一九番目の州にしてしまえば、同国に対する債務を帳消しにできるうえ、潤沢な石油収入のおかげで他国への債務も返済できる、という計算である。

五カ月後の九一年一月一七日、三三カ国からなる多国籍軍がイラク軍に対して空爆を開始すると同時に、陸上部隊が出撃態勢を整える。これに対してイラク軍はクウェートへの増派を行い、五〇万以上の兵力で防御を固めた。多国籍軍側としては、空爆だけで事態を解決できればよいが、それが不可能なら地上部隊を投入せざるを得ない。

多国籍軍がイラクを撃破できることは確実だとしても、問題はどの程度の犠牲を伴うか、ということである。一九九〇年一〇月にフランスの新聞レクスプレスは、クウェートの奪回に要する期間は一週間、米軍の戦死者数は二万人と予想した。イラク軍が大々的に増強され、しかも防御態勢を整えていることから、マスメディアや議会では、地上戦は第一次大戦の塹壕戦のような様相を呈するのではないかという見方がもっぱらだった。議会では、上院議員のボブ・グラハム（民主党）が「イラクはすでに五カ月もクウェートを占領し、塹壕を掘って防御を固めている。クウェートは、おそらく第一次世界大戦時の要塞のようになっているはずだ」と発言した。またニューヨーク・タイムズ紙は、第一六歩兵大隊の兵士たちには「M16やM60といったマシンガンを手にクウェートの塹壕から敵を掃討する辛い仕事が待っているだろう」と書いた。タイム誌では、イラク軍の防衛態勢を次のように描写している。

「ウェストバージニア州ほどの国土に、イラクは兵力一〇〇万の陸軍のうち五四万を投入し、戦車六〇〇〇輌のうち四〇〇〇輌を、さらに数千輌の装甲車や重火器を持ち込んだ。（中略）イラクの戦闘部隊は三角形の要塞に立てこもり、三角の角ごとに大砲が配置され、戦闘員は携行型のコンクリート製シェルターや金属板と砂でできた防空壕で保護され、戦車は砂嚢で保護されている。三角形の一つひとつの先端は、地雷原で守られた殺戮ゾーンなのだ」（註1）。

地上戦開始前夜には、ロサンゼルス・タイムズ紙に次のような記事が載った。「前線のイラク軍は、塹壕に巧みに隠れている。このような敵を攻撃するのは危険な作戦だ。コールドハーバーの戦い（南北戦争中、堅い守りの南軍に対し北軍が絶望的な正面攻撃を仕掛けて一方的な敗北を喫した）、ソンムの戦い（第一次世界大戦最大の会戦で、英仏連合軍とドイツ軍双方で最終的に一〇〇万の戦死者を出した）、ガリポリの戦い（第一次世界大戦中、連合軍がイスタンブール占領を狙って大規模な上陸作戦を展開したが、甚大な損害を出して撤退した）を振り返ればわかるように、失敗の代償は恐ろしく高くつく。たとえ成功しても、タラワの戦い（第二次世界大戦中にギルバート諸島タラワ環礁で行われた米軍と日本軍の戦いで、日本軍は玉砕したが、米軍にも多数の戦死者が出た）、沖縄、ハンバーガーヒルの戦い（ベトナム戦争中の激戦で、米軍は勝利したものの多数の犠牲を出し、厭戦感情が高まるきっかけとなった）のように、悲惨な犠牲を伴うことを忘れてはならない」（註2）

こんな具合で、アメリカ中央軍司令官を務めたノーマン・シュワルツコフ大将が地上戦について確たる戦略を持っていると予想した専門家は一人もいなかった。しかしその戦略は、すでに一〇月に立てられていたのである。

最初に参謀たちが立てた計画は、クウェートに直接攻撃を仕掛けるもので、戦死者二〇〇〇、負傷者八〇〇〇と見積もられていた。シュワルツコフはこの案を却下し、空・陸の両面作戦を選ぶ。まずは空爆でイラクの戦闘能力を半減させる。次にシュワルツコフは、極秘裏に「左フック」戦略を立てた。クウェート側に集中しているイラク軍の裏をかき、かつCNNの実況中継で世界の注目がクウェート南部に集まっているのを利用して、六カ国二五万の多国籍軍がクウェート西部に移動し、イラク南部の無人の砂漠を北進する。地上戦開始後もこの部隊は北進を続け、その後おもむろに東に方向転換して共和国防衛隊の脇腹に「左フック」をお見舞いする、というものである。クウェート北部には大規模な攻撃は仕掛けない。海兵隊の上陸部隊は、なるべくゆっくり前進するよう命じられた。塹壕に隠れているイラク兵をおびき出し、左フックでまとめて片付けるための策略である。海兵隊の海上部隊は艦上にとどまり、敵の注意をそらす役割を果たした。

左フック戦略は大成功を収め、わずか一〇〇時間で地上戦は終結する。一カ月にわたって続けられた空爆のおかげで、イラク軍は分断され、隠されていた戦車や重火器は破壊され、兵士は装甲車を捨てて放置せざるを得なくなっていた。戦車、歩兵大隊、攻撃用ヘリ、爆撃機を組み合わせた多国籍軍の地上攻撃はすばやく、その力は圧倒的だった。共和国防衛軍も勇敢に戦ったが、攻撃のすさまじいスピードと破壊力に対抗する力はなかったし、増援部隊をすぐに送り込むこともできなかった。さらに多国籍軍の優勢を決定づけたのは、フセインが化学兵器の投入を断念したことである。イラン・イラク戦争ではイランの攻撃を封じるのに化学兵器が功を奏しており、湾岸戦争でもし使われていたら、おそらくは多国籍軍に数千人の犠牲が出たと見込まれる。海兵隊の幹部は、兵力の二〇～三〇%が失われると予想していた(註3)。だがフセインは思いとどまった。戦争後の調査によれば、米軍が核兵器で報復することを恐れていたためだという。

イラク軍は多数の死傷者と捕虜を出してクウェートから撤退した(註4)。多国籍軍側の損害は軽微だった。左フック戦略があまりにみごとな成功を収めたものだから、二月に塹壕戦を心配していた評論家連中は、三月に入ると手のひらを返すように、多国籍軍は必要以上の兵力を投入したのだからこの結果は当然だと言い出したほどである。

戦争後にシュワルツコフは記者会見に臨み、地上戦の戦略を明らかにする。この会見を見た人の多くは、左フック戦略の説明と簡潔な図に非常な感銘を受けた。メディアはこぞってこの戦略を「奇抜で卓越した予想外の発想」だと賞賛したが、しかしこの包囲作戦を予想した人がほとんどいなかったのはなぜだろうか。陸軍では実戦マニュアルといった体のものを発行しており、そこには基本的なセオリーが詳細に解説されている。たとえば一九八六年に発行された「作戦」と題するFM一〇〇・五号には陸軍の基本的な作戦が詳述されており、その第二部「攻撃的な作戦」の一〇一ページを見ると、「包囲」は攻撃的作戦行動の中で最も重要なものだという説明がある。つまり包囲は、米陸軍が攻撃時に最初に選ぶ「プランA」なのである。マニュアルの一部を引用しよう。

包囲作戦

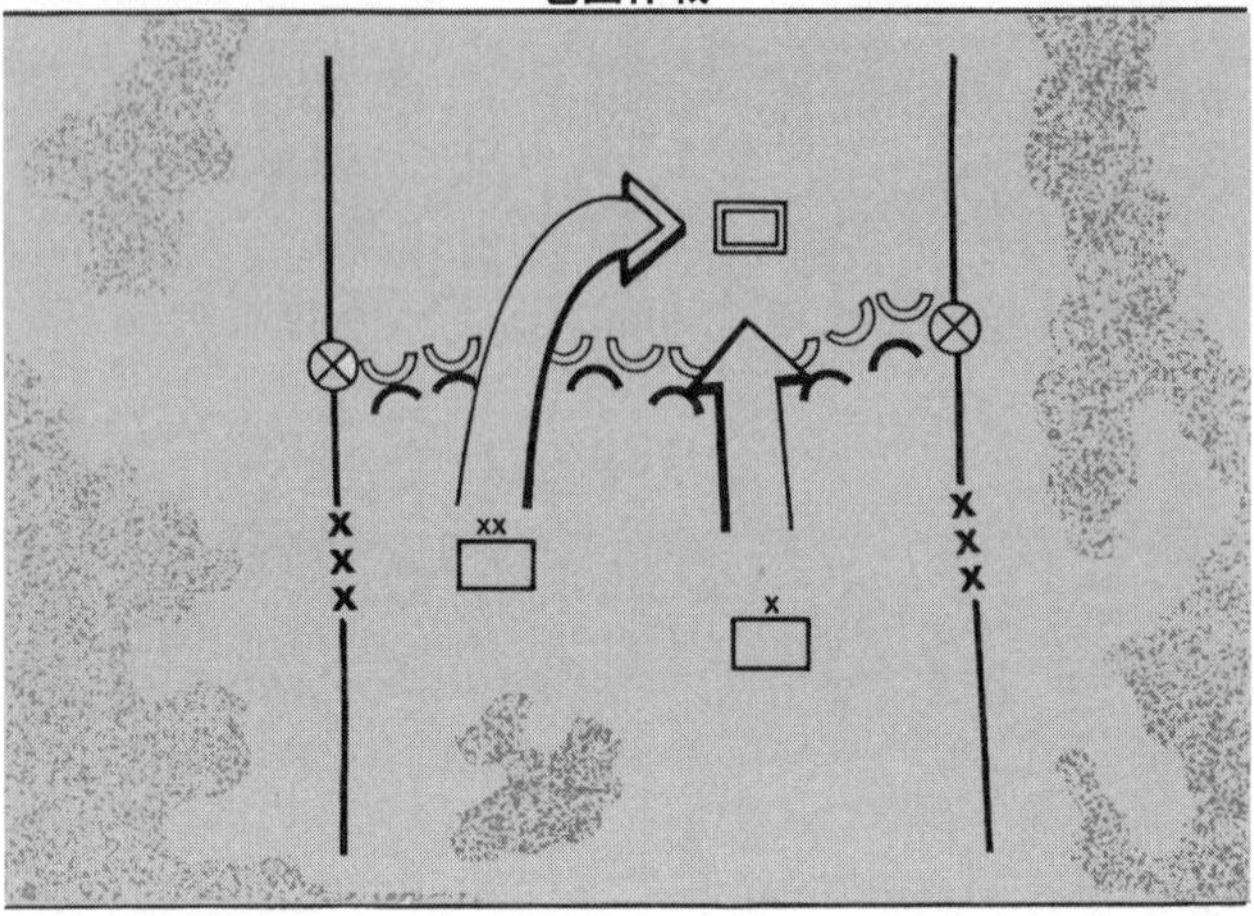

「包囲作戦では敵の正面を避ける。正面には敵の主力が結集し、防御も万全で、集中砲火を浴びる可能性があるからだ。そこで攻撃側は、陽動作戦や牽制攻撃により敵の注意を前方に引きつけつつ、主力部隊を敵の周囲に回り込ませ、側面と背後から攻撃を仕掛ける」

この作戦行動をわかりやすく説明した図まで付いている。

この図はまさに、正面からの目くらましと「左フック」そのものではないか。となれば、当然の疑問が湧いてくる。シュワルツコフはアメリカ陸軍で最も正統的なプランAを採用しただけなのに、なぜ誰もそれを予測できなかったのか。

答の一部は、敵の目を欺く策略が効果的に行われたからである。シュワルツコフは、主力の攻撃は海からの強襲上陸だと思わせるような行動を意図的にとっていた。戦闘初期にはクウェート沿岸でこれ見よがしに上陸作戦が仕掛けられ、イラク海軍への攻撃が行われている。メディアも上陸訓練やクウェート南部に結集する部隊の様子を報道して、図らずもこの策略を後押しした。第一次世界大戦のような塹壕戦を危惧する論評も、これに拍車をかけたと言える。

とは言え包囲作戦をとるときには、直接攻撃をすると見せかけて主力を側面や背後に展開するのは、定石である。しかもFM一〇〇・五号は、二五ドルを政府印刷局に送れば誰でも買うことができるのだ(註5)。したがって、この作戦がイラク側にとってだけでなく、名だたる軍事評論家や議会の国防通にとっても予想外だったのは、やはり謎と言わねばならない。

これに対する正しい答は、こうだ。教科書に出てくるような定石中の定石が実際に行われたこと、それ自体が驚きだったのである。組織が複雑になるほど、あちこちの利害に配慮して、リソースを集中投下せずにまんべんなく配分する傾向がある。だからこそ、アップルやアメリカ陸軍のような複雑な組織が一点集中の行動をとったことに、多くの人が驚いた。戦略が秘密にされていたからではなく、良い戦略それ自体が驚きだったと言える。

「砂漠の嵐」作戦の場合、左フックに集中することは、考える以上にむずかしかった。なにしろ功をはやる空軍や海兵隊から、多国籍軍の幹部、さらにはワシントンのお偉方まで抑えなければならなかったからである。たとえば米陸軍最強の精鋭集団と言われる第八二空挺師団は、フランスの装甲部隊と歩兵大隊の援護に回るよう命じられて、指揮官が猛烈に抗議した。海兵隊八〇〇〇名は、陽動作戦の一環としてクウェート市沿岸に停泊した上陸艇で待機させられた。空軍の司令官たちは、しきりに戦略爆撃をやりたがった。彼らはバグダッドを爆撃するだけで戦争を終わらせられると考えており、地上戦の支援に兵力を回すことに執拗に抵抗した。おまけに国防長官のディック・チェイニーは、もっと少ない兵力で任務を遂行できるはずだとして、念入りな代替案を出してきた。また多国籍軍でサウジ軍の指揮をとるハリド王子は、ファハド国王が戦略策定に参加すべきだと主張した。だがシュワルツコフはブッシュ大統領を説得し、戦略策定はアメリカ軍中央司令部が一手に掌握することを認めさせたのである。

■　■　■

矛盾する目標を掲げたり、関連性のない目標にリソースを分割して配分したり、相容れない利害関係を無理に両立させようとしたりするのは、資金も能力もあるからこそできる贅沢である。だがそれらはどれも悪い戦略だ。にもかかわらず、多くの組織が的を絞った戦略を立てようとしない。あれもこれもと欲張りなリストを作成する一方で、リソースを集中投下して組織本来の強みを発揮する必要性に目をつぶっている。良い戦略に必要なのは、さまざまな要求にノーと言えるリーダーである。戦略を立てるときには、「何をするか」と同じぐらい「何をしないか」が重要なのである。

第2章 強みを発見する

多くの良い戦略に備わっている第二の価値は、新たな強みを知り弱点に気づくところから生まれる。これまでとはちがう視点から、あるいはまったく新しい角度からものごとを見直すと、気づいていなかった強みやチャンス、あるいは弱点や脅威を発見できることがよくある。

ダビデとゴリアテ

紀元前一〇三〇年頃のこと、ダビデという羊飼いの少年が巨人兵士ゴリアテを倒した物語が旧約聖書に記されている。ペリシテ軍とイスラエル軍が対峙したとき、ペリシテ陣営からゴリアテという戦士が現れ、自分と一対一で勝負せよとイスラエル軍を挑発した。しかしイスラエル軍の兵士は恐れをなし、誰もゴリアテに挑もうとはしない。なにしろゴリアテは身長三メートルはあろうかという巨漢で、その槍は七キロの重さがあり、太陽を浴びて輝く青銅の兜と鎧は威力十分だったからである。ダビデはまだ子供で正規の兵士ではなかったが、この様子を見て敢然と名乗りを上げる。イスラエルのサウル王は、おまえは若すぎるし相手は百戦錬磨の巨人だと言って止めようとするが、最後は折れて

	強み	弱み
ダビデ	勇敢である	小さい、経験がない
ゴリアテ	大きい、強い、経験豊富、勇敢	?

鎧兜を与えた。しかしダビデは重すぎるからと脱ぎ捨ててしまい、投石器と滑らかな石だけを携えてゴリアテとの戦いに臨んだ。ゴリアテが突進してくると、ダビデは過たず石を発射し、みごとにゴリアテの眉間に命中させる。ゴリアテはその場にどうと倒れ、ダビデはその首を打ち落とした。ペリシテ軍は総崩れとなった。

相手がこちらより弱いところにこちらの強いところをぶつけるのが戦略の定石とされる。数えきれないほど多くの論文や教科書でもそのように奨めている。これに従って、ダビデとゴリアテの強みと弱みを書き出してみよう。

これでは圧倒的にゴリアテが有利ではないか。だからこそサウルは心配し、ダビデを引き止めたのだし、ついに折れたときも、頑丈な鎧兜を与えたのである。旧約聖書の読者は、石が投じられて初めて見方を改め、少年が羊の番をしながら投石の腕を磨いていたこと、若くて機敏だという強みを備えていることに気づく。そして、ダビデが鎧兜を脱いだのは重すぎて動きが鈍くなるからであり、ゴリアテの槍が届く範囲まで近づいたらどのみち鎧兜など役に立たないことに思いいたる。さらに石がゴリアテの眉間に命中したとき、これこそが巨人の致命的な弱点であったこと、しかもゴリアテの兜はこの決定的な部分を覆っていなかったことを発見するのだ。

ダビデの武器は遠距離からの正確な攻撃を可能にし、ゴリアテの大きさと強さという優位を打ち消した。この物語は、強みと弱みに関する既成の見方が必ずしも正しくないことを教えてくれる。

ダビデとゴリアテの戦いが印象的なのは、どう見ても弱い側が強い側に勝利したことである。私たちは、ダビデが投石器という武器を巧みに使いこなしたことよりも、自らの強みに気づき、敵の弱みを発見して、戦いを一気に有利にしたことに感銘を受ける。相手が持っていないもの、気づいていないものをどうやって見抜くか、そしてこちらの強みをどこに見出しどう活かすか。その強みは私たちの視界のはずれのほうに存在し、かすかにきらめくだけで、よほど注意を集中しないと見えてこない。良い戦略がすべてこのような発見に支えられているわけではないが、このような気づきから導き出された戦略は、「ふつうの強み」を「圧倒的な強み」に変えることができる。

ウォルマート

MBAのコースや企業研修では、隠された強みを発見する演習をやってもらうことが多い。そのときに教材としてよく使うのがウォルマートである。ウォルマートはなぜ急成長を遂げ、創業者のサム・ウォルトンが一九八六年に全米最高の富豪の地位にまで上り詰めることができたのか(註1)。ウォルマートはやがて都市部でもチェーンを展開し、ヨーロッパ進出も果たし、売上高で世界最大の企業となるのだが、一九六二年の創業当時は、小さくてスリムな若きチャレンジャーだった。いまとなってはとても想像できないが、ウォルマートはゴリアテではなくダビデだったのである。

演習を始める前に、私は次の一文をホワイトボードに書き出し、四角で囲む。

「業界の常識――フルラインナップのスーパーマーケットを出店する条件として、最低一〇万人以上の人口が必要である」

課題はごく単純である。ウォルマートが成功したのはなぜか、その原因を探り出すことだ。手始めに私は小売業界で働いた経験を持つビルを指名し、思いつく限りの理由を挙げてもらった。ビルが最初に挙げたのは、サム・ウォルトンのリーダーシップである。賛成も反対もせずに私はホワイトボードに「サム・ウォルトン」と書き、続きを促す。「ウォルトンは、どんなことをして他社と差をつけたのかい」

ボブはホワイトボードを見ながら言う。「ウォルトンは常識を打ち破りました。彼は小さな町に大型店を出店し、エブリデイ・ロープライスという新機軸を打ち出しました。また、倉庫管理と商品追跡システムを電子化して、効率的な在庫管理を実現しました。えーと、それから、ウォルマートには組合がありません。徹底した経費削減を実行しています」

六人が次々に発言して、三〇分ほどでビルの答に肉づけしていく。私はどれも排除せず、くわしい内容を質問した。店舗はどのぐらいの大きさか。町はどのぐらい小さいのか。コンピュータ化されたロジスティクス・システムとは具体的にどのようなものか。どうやって経費を切り詰めたのか、等々。

意見が出尽くしたところで、ホワイトボード上には三つの図が描き出された。第一の図は、人口一万人の小さな町。町の中の四角は、一三〇〇坪の大型店を表していた。第二の図は、ロジスティクス・システム。黒の矢印はトラック経路で、往きは地域流通センターと一五〇の店舗を結び、帰りは仕入先から流通センターを結ぶ。流通センター内にはクロスドッキング施設を示すX印が書き込まれている。赤の矢印は情報の流れを示し、データが店舗から中央コンピュータへ、そこから仕入先と流通センターへ送られることを示していた。第三の図には、経営システムの特徴を具体的に表すものとして、地域マネジャーの一週間の行動を動線で示した。アーカンソー州ベントンビルを月曜日に出発して担当店舗を回り、木曜日にベントンビルに戻り、金曜と土曜の会議に出席するというパターンである。二番目、三番目の図は気味が悪いほど似通っていて、どちらもハブ構造と効率的な物資と情報の流れを表していた。

ここで私は部屋を見渡し全員の注意を集めたうえで、おもむろに切り出す。「いま挙げられたことがウォルマート躍進の原因だとしよう。しかしこれらのことは一九八六年の時点ではわかっていたはずだ。それなのに、なぜその後一〇年間もライバルのKマートを圧倒することができたのか。どうすればいいか、Kマートにはわかっていたはずなのに、なぜ競争にならなかったのか」

部屋は静まり返る。この質問には全員が虚をつかれてしまうらしい。これは、最初にウォルマートのケースを持ち出したときに、ディスカウント業界の常識を示しただけで、競争について言及しなかったせいもあるだろう。だがもちろんMBAコースに来ている企業のエグゼクティブたちには、競争のことが頭の片隅に浮かんだはずだ。それでも「成功要因を挙げよ」と言われると、競争相手のことはとんと忘れてしまう。このケーススタディでは毎回こういう結果になる。そして参加者は、戦略を考えるときはつねに競争を考慮しなければならないことを学ぶのである。

勝ち組の行動に注目するだけでは、全体の半分しか見たことにはならない。大勝ちする企業があるときには、必ず競争に参加できないか、負けを喫する企業が存在する。勝ち組が特許を押さえていたり、一時的な独占が可能であったりすれば、他社は競争からはじき出される。だがそういう理由ではないのに、まねがむずかしいかコストがかかりすぎるというケースもあり得る。ウォルマートの場合には、特許などとは無縁なのだから、他社には容易にまねができないか、他社が無気力あるいは無能力でまねをしなかった、ということになる。創業間もないウォルマートに大負けを喫したのは、Kマートである。創業者セバスチャン・クレスゲのKを冠したKマートは、かつては全米最大手のディスカウント・ストア・チェーンだった。同チェーンは一九七〇年代と八〇年代を通じて海外展開を強化し、小さな町でウォルマートが革新的なロジスティクスを駆使して存在感を強めていることなど歯牙にもかけていなかった。そして二〇〇二年には破産申請をする羽目に陥っている。

みなが押し黙ってしまった様子を見てとって、私はより具体的な質問を発した。「ウォルマートもKマートも、一九八〇年代前半にはレジにバーコード・スキャナーを導入していた。それなのに、ウォルマートはそのデータをKマートより巧みに活用できたのは、なぜだろうか」

バーコード・スキャナーは、当初はもっぱら食品スーパーで使われていたが、やがてありとあらゆるものに活用されるようになり、量販店にも一九八〇年代前半に普及している。とは言え大半の小売企業にとっては、値札のひんぱんな付け替えをしなくて済むので便利、というだけの代物だった。だがウォルマートはちがった。通信衛星を使った自前の情報システムを構築し、このデータを自社のロジスティクス・システムに活用するとともに、サプライヤーにも値引きと引き換えにPOSデータを提供している。

人事担当エグゼクティブのスーザンが手を挙げた。前日に、事業方針の相互補完性についての講義を受けたことを思い出したのだ。「POSデータだけではたいして意味はありません。Kマートは、流通センターやサプライヤーにもデータを供給すべきでした。そうすれば、統合的なロジスティクス・システムを実現できたはずです」

「その通り」と私は頷き、ウォルマートではバーコードによるPOSデータ管理、サプライヤーを巻き込んだ一体的なロジスティクス、ジャスト・イン・タイムの在庫補充、大型店と少量在庫といったことが相互補完的に作用し、全体として一つの整然としたシステムを形成していること、方針と行動が一致していることに注意を促す。システムを構成するパーツは、どれ一つとっても欠かすことができない。当時のライバル企業の多くはこのようなシステムを持っておらず、「ベストプラクティス」という曖昧な想像上の産物の寄せ集めになっているか、方針はあっても目標が多すぎる、という状態だった。これではいずれにしても、ウォルマートには太刀打ちできない。一部だけをまねしてもほとんど効果は上がらないからである。ライバル社は、ウォルマートの卓越したロジスティクス・システムをそっくりまねするべきだったと言える。

だが、ウォルマートの競争優位はこれだけだろうか。こう問いかけると、議論は再び盛り上がり、先行者利得、コスト優位性、能力開発、学習、リーダーシップなどが俎上に上った。一五分後、私は議論をひとまず打ち切り、みごとな分析だったとほめたうえで、どうやら全員が気づいていないらしい重要な点を指摘する。それは、最初にホワイトボードに書き出した「常識」と関係がある。フルラインナップのスーパーマーケットを出店するには、最低一〇万人以上の人口が必要である――ウォルマートの戦略は、この常識に反するのか、反しないのか。

私は再びビルを指名する。「君は最初に、ウォルトンが常識を打ち破ったと言ったね。だがこの常識には、固定費と変動費の関係という論理的な裏づけがある。間接費を分散し原価と売値を低く抑えるためには十分な数の顧客が必要だ。ウォルマートはどうやってこの常識を打ち破ったのだろうか」

考えあぐねるビルを励ますように、私はヒントを与える。「では、ウォルマートの店長になったと考えてほしい。そうだな、一九八五年のことだ。君は、経営幹部は自分の町のことをわかっちゃいない、と会社に不満を抱いている。そして資産家のパパに相談する。いっそのことあの店を買いとってしまおうよ、ボクたちで切り盛りするほうがきっとうまくいく、とね。君ならこの考えをどう思う?」

ビルは意外な提案に目を丸くし、そしてすぐに答えた。「いや、それはいい考えとは思いません。一店舗だけ経営してもうまくいくはずがない。ウォルマートの店は、ネットワークの一部であることが必要なんです」

それだ。私はホワイトボードに向き直り、「フルラインナップのスーパーマーケットを出店するには、最低一〇万人以上の人口が必要である」の横に「ウォルマートの店はネットワークの一部であることが必要である」と書き足し、「店」を大きな赤丸で囲んで教室を見回す。

すぐに一人が気づき、続いて全員が気づいて声が上がる。そう、一店舗ではない。一五〇店舗の地域ネットワークである。情報が共有されたネットワークは、一つの店舗に相当する。そして一五〇店舗の地域ネットワークは、一〇〇万の人口をカバーしている。ウォルトンは常識を破ったのではなく、店舗の定義を覆したのだった。

このことに気づけば、ウォルマートのさまざまな事業方針の相互補完性が見えてくる。たとえば、出店の決定がそうだ。どこに出店するかは、単に需要を開拓できそうかどうかだけでなく、ネットワークの経済性を考えて決められる。また、一店舗では価格交渉力に乏しいが、ネットワークを形成すれば大きな交渉力が得られる。さらに重要なのは、ウォルマートでは店でなく地域ネットワークが経営の基本単位となっていることだ。

統合化されたネットワークを事業の基本単位としたことによって、ウォルトンは当時のもっと根深い「常識」を打ち破ったと言える。と言うのも当時の組織経営では、「分散化」が大流行だったからだ。小売チェーンで言えば、各店舗に権限を委譲せよ、ということである。Ｋマートは頑固にこの教えを守り、各店舗の店長に商品展開、仕入業者の選定、値決めを任せてきた。権限委譲はよいことだ、と私たちもさんざん聞かされたものである。だが利点にばかり注目していると、事業単位間の調整がとりにくくなるという欠点を見落としやすい。仕入業者や仕入商品がばらばらになれば、情報や流通をネットワーク化した利点を活かすことができない。また何がうまくいき、何がうまくいかないか、他店での経験や教訓を共有することもできない。

競争相手も同じように権限委譲を実行しているなら、さほど不利にはならないかもしれない。だがウォルトンがネットワークの強みを最大限に活用しはじめると、Ｋマートは一気に不利になった。大規模な組織は、新しい技術の採用を躊躇することはあるかもしれないが、いずれは変化に対応していくものである。だが長年信奉してきた経営哲学を変えるのは、きわめてむずかしい。

以上のように、ウォルマートの戦略の価値は、視点を変えるところから生まれた。ウォルマートの視点に気づかなかったKマートは、ゴリアテがダビデを見るようにウォルマートを見ていた——経験もない小粒の新規参入者がやって来た、と。だがウォルマートの強みは、まさに既成概念にとらわれないところにあったと言えよう。ディスカウント・スーパーのあり方について、視点を少し変えることで彼らは急成長を遂げることに成功した。従来は都市部の人口が必要だとされていた業界で、ウォルトンは小さな町の店舗を情報ネットワークとロジスティクスで結ぶことによって効率を実現した。いまでこそ彼の方式はサプライチェーン・マネジメントと呼ばれるようになったが、一九八四年の段階では、まったく予想外の視点の転換だったことを忘れてはいけない。だからこそ、ダビデの一撃となったのである。

アメリカの国防計画

私がアンディ・マーシャルに初めて会ったのは、一九九〇年のことである。彼は国防総省相対評価室長で、オフィスは国防長官の執務室のすぐ近くだ。相対評価室はアメリカの安全保障のカギを握る部署で、国防総省きっての頭脳集団と言われ、一九七三年の発足以来ずっとマーシャルが室長を務めている。

マーシャルと私は、どのような思考プロセスから戦略が形成されるのか、ということに興味をもっていた。マーシャルによれば、冷戦中に国防予算の編成方式がマンネリ化し、相手の出方に合わせる意識が根づいてしまったという。

「アメリカの国防計画は、予算編成の枠組みにはめこまれていた。まず毎年、統合参謀本部がソ連の脅威を分析評価する。これは、ソ連の現有兵力と予想される増強計画を勘案したものだ。次にこの脅威にどう対応するかを決めて、調達リストを作成する。すると議会が検討する。このサイクルが例年繰り返される。

要するにアメリカの国防予算は、ソ連がこれだけの予算をつけているから対抗すべきだという理屈で決められていた。言い換えれば、脅威という相手の強みに対応しているのであって、相手の弱点をついているわけではない。われわれは戦争のための戦略、つまり最悪のケースの戦略は持っていたが、長期的にソ連との競争に勝つにはどうしたらいいか、ということは考えていなかった」

マーシャルは言葉を選んで話しながら、私がちゃんと理解したかどうかを確かめた。それからおもむろに薄い書類の束をとりだして説明を始めた。「これは、アメリカの強みを活かしてソ連の弱点を突くにはどうしたらいいか、分析したものだ。従来とはまったく異なるアプローチと言っていい」

その文書のタイトルは「継続的な政治・軍事競争が続く状況において軍事部門でソビエトに対抗するための戦略」(註2)。作成されたのは、一九七六年、フォード政権の末期である。欄外にカーター政権で国防長官を務めたハロルド・ブラウンのメモが書き込まれてあり、彼の注意を引いたことは明らかだった。作成者はアンディ・マーシャルと、後に空軍長官を務めたジェームズ・ロシュである。*

このみごとな分析では、「国防」という言葉に新たな定義を与えていた――まさに視点の転換である。そこには「他国に効果的に対抗するためには、個々の領域でも全体においても、自国の明らかな能力を活かして競争優位を確立する方法を探らなければならない」と書かれていた。そしてアメリカは技術開発の分野では人的・物的資源も能力も相手にまさるとして、そこで競争すべきだと提案している。さらに重要なのは、相手に多大なコストを強いるような行動をこちらが起こすべきだと述べている点である。具体的には、相手が対抗するにはひどくコストがかかり、かつ相手の攻撃力にはさしてプラスにならないような技術にこちらが積極投資することを提言している。たとえば、アメリカがミサイルの精度改善や潜水艦の静音性の向上などに投資すれば、ソ連は対抗せざるを得ないが、アメリカにとってはさして脅威が高まるわけではない。またソ連のシステムが陳腐化するような技術に投資することも、相手に予算を使わせ、かつこちらの高度な技術を見せつける効果がある。

マーシャルとロシュのアイデアは、一九七六年当時の兵力均衡型予算の時代にはまことに画期的だった。しかもきわめてシンプルなアイデアである。アメリカは、強みを最大限に活かして相手の弱点を突けば十分に優位に立つことができる――ただ、これだけだ。複雑なチャートやグラフもなければ、あやしげな数式も、専門用語だらけの説明もない。驚くべきシンプルなアイデアが、拮抗状態の中から隠れた強みを発見したのだった。

マーシャルと私がこの話をした一九九〇年には、ソ連はすでに苦境に陥っていた。前年にベルリンの壁が崩壊し、一六カ月後にはソ連自体が崩壊するという時期である。ソ連は経済、政治、軍事のどの面でも破綻しつつあった。アメリカは高精度のミサイル、ICの導入、技術格差の拡大、ヨーロッパへのミサイル配備、レーガン大統領の戦略防衛構想（ＳＤＩ）、水中監視システムへの投資などを通じてソ連に圧力をかけ、対抗投資をしなければならない状況に追い込んだ。だがソ連の予算は圧迫されていた。サウジアラビアと（北海油田が発見された）イギリスが原油価格を押し下げたため、ソ連は新たな外貨を獲得できないうえ、欧州各国はロシアから天然ガスを輸入しなくなったからである。さらにソ連の閉鎖的な体制では、欧米の技術を手に入れることもままならない。アフガン侵攻も財政を悪化させ、国内の支持を減らす結果となっていた。そしてこうした出来事の背後には、一九七六年にマーシャルとロシュが提言した間接的な競争戦略があった。すなわち「こちらの比較優位を活かして相手に必要以上のコストをかけさせ、こちらに対抗することを一層困難にさせる」戦略である。

私が物心ついて以来、ソ連は戦争であれ平和であれ、政治論議でつねに主役だった。キューバ危機のときには警報が解除されるまで机の下に潜り込む練習をしたものだし、スプートニク計画にはひどくショックを受けたものである。カリフォルニア大学の学部生時代にはマルクスやレーニンを読まされ、ジョン・リードがロシア革命の現場を生々しく綴った『世界をゆるがした十日間』には夢中になった。だがいまでは、私がのんきに大学で革命のすばらしさを教わっていたまさにそのときに、一五〇〇万の人々が強制収容所で死んでいったことがわかっている。第二次世界大戦後にソ連という国家が殺害した国民や支配下に置いた国の市民の数は、二〇〇〇万人を下らない。さらにおぞましいのは、一九一七〜四八年には処刑、意図的な飢饉、強制労働による死者数が四〇〇〇万人を上回ることであ

＊　ジェームズ・ロシュはノースロップ・グラマンの役員を務め、二〇〇一〜〇五年には米空軍長官を歴任した。

る。この破滅的な奇妙な帝国が崩壊したのは、どの程度までが国内の矛盾に起因し、アメリカの政策はどの程度寄与したのだろうか。複雑な事象が起きるときの原因は多岐にわたるのがふつうである。マーシャルとロシュの戦略もその一つだったと私は信じており、注意を払う価値は大いにあると考えている。彼らの洞察を経営戦略に置き直すと、「自社の強みと弱みをみきわめ、状況のチャンスとリスク（あるいは敵の弱みと強み）を評価し、自社の強みを最大限に活かす」ということになろう。しかし彼らの戦略がすぐれて効果的なのは、従来とはちがう視点から自らの強みを発見したことにある。それは、保有兵器など純粋な軍事力だけに着目する従来のやり方を変え、相手に余計なコストを強いる方法へと発想を転換したことそのものである。

■　■　■

マーシャルとロシュの分析には、米ソそれぞれの強みと弱みを列挙したリストが含まれている。このようなリストを作成すること自体は昔から行われてきた。だが従来は相手の強みを打ち消してバランスをとることに注意が払われていたのに対し、マーシャルとロシュは、隠れた強みを発見し優位に立つ方法を考え出したのである。ちょうどウォルマートのサム・ウォルトンのように。

第3章 悪い戦略の四つの特徴

悪い戦略とは、単に良い戦略の不在を意味するのではない。悪い戦略をもたらすのは、誤った発想とリーダーシップの欠如である。悪い戦略を見分ける目を養うと、戦略の策定や評価分析の能力を飛躍的に高めることができる。悪い戦略は、次の四つの特徴から見分けることができる。

- **空疎である**——戦略構想を語っているように見えるが内容がない。華美な言葉や不必要に難解な表現を使い、高度な戦略思考の産物であるかのような幻想を与える。
- **重大な問題に取り組まない**——見ないふりをするか、軽度あるいは一時的といった誤った定義をする。問題そのものの認識が誤っていたら、当然ながら適切な戦略を立てることはできないし、評価することもできない。
- **目標を戦略ととりちがえている**——悪い戦略の多くは、困難な問題を乗り越える道筋を示さずに、単に願望や希望的観測を語っている。

- **まちがった戦略目標を掲げている**――戦略目標とは、戦略を実現する手段として設定されるべきものである。これが重大な問題とは無関係だったり、単純に実行不能だったりすれば、まちがった目標と言わざるを得ない。

悪い戦略の見本――アメリカの国家安全保障戦略

私が「悪い戦略」という言葉を初めて使ったのは、ワシントンで行った国家安全保障戦略に関するセミナーのときである。悪い戦略とはどんなものかを理解していただくためには、まずはこのセミナーの内容をお話しするのがよいだろう。

このセミナーは民間シンクタンクの戦略予算評価センター（CSBA）が主催するもので、二〇〇七年の参加者は九名だった。いずれ劣らぬ錚々たる顔ぶれで、国防長官、エネルギー省長官、CIA長官を歴任したジェームズ・R・シュレシンジャー、外交問題評議会メンバーで政策担当国防次官、軍備管理軍縮局長官、超党派の統合長期戦略に関する国家安全保障会議議長を歴任したフレッド・C・イクレなどが参加している（註1）。セミナーの目的は何か具体的な戦略を検討することではなく、国家レベルの戦略策定の質が低下しているのはなぜか、理由を探ることにあった。

戦略策定の質的低下がはなはだしいという点では、出席者全員の意見が一致していた。第二次世界大戦中とその直後、とりわけ核兵器が出現した直後には、アメリカの指導者は国家安全保障戦略に真剣に取り組んでいた。だが一九八九年にベルリンの壁が崩壊し、もう一つの大国から攻撃される恐れが消滅すると、アメリカの国家安全保障戦略は根底から見直す必要が出てきた。ポスト冷戦時代に求められるのは、核拡散、基幹施設の保護、宇宙空間の活用、エネルギー供給、グローバル金融市場、情報革命、バイオ技術の開発、NATOの将来、民族紛争、国家破綻、ロシアと中国への対応といったさまざまな課題に取り組む新しい戦略である。

安全保障戦略を根本的に見直す必要性は、二〇〇一年九月一一日の同時多発テロ以降、ますます高まることになった。プリンストン国家安全保障プロジェクトでは、当時の状況が的確に説明されている。「ブッシュ政権の二〇〇二年度の国家安全保障戦略には国家としての一連の目標が掲げられているが、これらはまじめな戦略プランニングから生まれたものとは言えない。（中略）9・11以後の世界でアメリカが何をめざすのか、国家としてのビジョンを打ち出すことは意味があるし、重要でもある。しかし終着点を示しても、そこへたどり着くまでの道のりが示されなければ意味がない」（註2）

このように新たな戦略の必要性は誰の目にも明らかだったにもかかわらず、現実にはほとんど何の取り組みもなされなかった。いったいそれはなぜなのか——これが、セミナーのテーマである。指導者がお粗末なのか、制度が悪いのか、はたまた時間的余裕がないせいなのか。セミナーではCSBAのメンバーであるバリー・ワッツの論文を参考資料に使ったが、それによれば、戦略を理解し構築する能力が一般的に低下しているという（註3）。ワッツは「戦略と称されているものの大半が、実際には戦略ではない。問題は、多くの人が戦略と戦略目標を混同していることである」とし、アメリカの国家安全保障戦略について「二〇〇二年度の戦略文書を見ても、二〇〇六年度のものを見ても、どれも目標や中間目標ばかりで戦略とは言えない」と断じていた。

私はワッツの主張に同意せざるを得なかった(註4)。たくさんの立派な目標が掲げられ、民主主義や経済的福祉といったうるわしい価値観が謳われているけれども、現実の状況にどう取り組むのかがまるで見えて来ない。

戦略の柱とされているのは、ジョージ・W・ブッシュ大統領が掲げた画期的なドクトリンで、大量破壊兵器に対抗するためには必要とあらば予防的な戦争も辞さない、というものである。だがこのドクトリンをどう行動につなげるのかはどこにも示されておらず、たとえば大量破壊兵器の使用をどうやって阻止するのか、どの時点でどんな状況で介入するのか、といったことは曖昧なままだった。しかも、このようなドクトリンを発表したらどんな問題が起きるか、相手はどんな反応をするのか、ということを熟慮した形跡がない。後知恵ではあるが、イラクで大量破壊兵器が見つからないといった失態を防ぐためには、十分な情報収集が必要だった。

予防的な戦争つまりは先制攻撃を仕掛けようとするからには、又聞きの情報でよしとせず、アメリカ軍が直接情報収集を行って裏づけをとるべきだと考えるのが妥当だろう。したがって、先制攻撃を正当化できるような十分な情報収集能力を備えることが、大きな戦略目標とならなければおかしい。しかし、ブッシュ・ドクトリンではそのような目標は設定されていない。そのうえ、アメリカは軍事介入を急ぐあまり、偽情報や誇張された報告を鵜呑みにしがちだとボスニア介入でもイラク侵攻でも指摘されたにもかかわらず、その点の確認調査もされていなかった。しかも、先制攻撃があり得ることを公にすれば、敵は情報が漏れないようガードを固めると同時に諜報活動を活発化させることは明らかであり、また何らかのきっかけがあれば、ためらわず武器を使用することも目に見えている。そうした予測可能な反応への対抗策も立てられていなかった。

国家安全保障戦略が単なるスローガンに終わっていることを示す例は、まだある。たとえば「アメリカは地域紛争を解決するために他国と協力する」という「目標」がそうだ。これはまた中身のない文章と言わざるを得ない。地域紛争に対して、ほかのやり方があり得るだろうか。アメリカが単独で世界のあちこちに出かけて地域紛争に対処することは、現実的ではない。かと言って、よその国のことだと知らぬ顔を決め込むわけにもいくまい。となればこの一文は、誰にとっても何の役にも立たない。しかも、このやり方では次第に地域紛争が解決できなくなっているという、都合の悪い事実から目をそらしていた。現実にはNATOはアフガニスタンで十分な軍事支援も開発協力も提供できなかったし、国連はスーダン、ウガンダ、ネパールの内戦に対して無力であり、イスラエルとパレスチナ紛争にいたってはむしろ助長している。

となれば先ほどの一文は「もう国連は見限って、協力してくれる国とならどこでも手を組む」とも読める。だが誰とでも手を組むというのでは、とうてい「戦略」の名には値しない。いやしくも戦略たるものは、なぜ地域紛争が起きるのか、これまで千年にわたって人々が平和に暮らしてきた場所でなぜ突然安全保障問題が起きるのか、原因を明確にしたうえで、アメリカはどのような力を行使して他国の協力を得るのかを提示しなければならない。また「自由貿易」「民主主義」「自由」に反する国とはどのような基準で判断するのかも明確にする必要がある。

戦略がスローガンに堕している例をもう一つ挙げておこう。「敵対的な国家がわが国あるいは同盟国や友好国を大量破壊兵器で脅かすことを阻止する」という目標が、それだ。この目標は「敵対的な国家にその目標を大量破壊兵器で達成することはできないと理解させ、その使用を阻止あるいは制止し、可能であれば廃棄させる」と説明されている。この文章は、いったい何が言いたいのだろうか。大量破壊兵器で目標達成はできないと「理解させる」ことが果たして可能なのだろうか。冷戦時代のアメリカの戦略は大量破壊兵器に基づいていたのだから、この種の兵器に威力があることは火を見るより明らかである。もしサダム・フセインが核兵器を保有していて、一九九一年にサウジアラビアで、あるいは二〇〇三年にクウェートで多国籍軍相手に使用する意志を持ち合わせていたら、おそらくイラクは侵攻されずに済んだだろう。フセインが米兵を殺すという脅しは実現性が高いが、アメリカ軍が報復措置としてイラクの市民を大量殺戮する可能性は小さいからだ。ロシアの情報担当将校は一九九一年の時点でこのことに気づいており、当時は秘密だった核開発プロジェクトが進展しないことに苛立っていた。二〇〇六年の国家安全保障戦略は核兵器の威力をどう減殺するかについて何も言及していないが、これこそ考える価値のある「目標」と言えよう。

このように国家戦略を批判すると、あなたが読んだのは公表されたものに過ぎず、実際の戦略は秘匿されているのだ、と言う人が必ずいる。だがそのような批判は受け付けられない。というのも、内部情報に通じた複数のアナリストが、中身の乏しさと一貫性の欠如を指摘しているからだ。しかもセミナー参加者自体が「インサイダー」であり、国家戦略の策定に高いレベルで関わってきた人たちである。その彼らが、最近の安全保障戦略は曖昧模糊とした願望を掲げ、結局は既存の装備に予算を追加投入しているだけで、新たな差異を生み出すような方針も計画もないと考えているのである。

セミナーで私に期待されていた役割は、企業の視点から国家戦略策定のヒントを提供することである。参加者はみな、企業はもっと真剣に取り組みうまくやっているのだから、貴重な手がかりが得られると当てにしているようだった。

私はスライドを使ってプレゼンテーションを行い、たしかに多くの企業が効果的な戦略を実行しているものの、コンサルタントとして、また研究者としての個人的な経験からすれば、「悪い戦略」が増えている印象だと説明した。

悪い戦略とは、戦略が何も立てられていないという意味ではなく、また失敗した戦略を意味するのでもない。悪い戦略では、目標が多すぎる一方で、行動に結びつく方針が少なすぎるか、まったくないのである。多くの人が戦略というものを誤解している。大方の経営者は、目標を掲げることだけが自分の仕事だと心得ているらしく、矛盾する目標や、どうかすると実行不可能な目標を得々として発表する。そのような「戦略」では壮大な言葉遣いが高揚感を演出し、中身のなさを隠している。

セミナーのあと数年にわたって私は大勢の経営幹部から戦略について話を聞き、多くの悪い戦略に見受けられる四つの特徴を抽出した。以下では、一つひとつについてくわしく説明しよう。

悪い戦略の特徴1　空疎である

空疎な戦略とは、わかりきっていることをふんだんな専門用語や業界用語で煙に巻くような戦略を意味する。そのような戦略は、専門知識や戦略思考や高度な分析の末に練り上げられたような顔をしているが、実際にはまったくちがう。具体例で説明するほうが話が早いので、ここではある大手リテール銀行の戦略を紹介したい。それは「われわれの基本戦略は、顧客中心の仲介サービスを提供することである」というものである。「仲介サービス」というのはなかなか響きの良い言葉だが、要はお金を預かって貸し出すということで、銀行の本業にほかならない。「顧客中心」は最近の大流行の言葉で、サービス業なら改めて言うまでもないことである。ひょっとすると、より良いサービスを提供して顧客拡大をめざすという意味かもしれないが、そうだとしてもどこでもやっていることで、これだけで差異化が図れるとは思えない。要するに「顧客中心の仲介サービス」はまったく中身のない言葉である。この銀行の戦略から厚化粧をはがせば、「われわれの基本戦略は銀行であることである」となってしまう。

空疎な言葉は学者の世界から借用したものが多いが、最近ではIT業界もネタを提供しているようだ。たとえば最近のEUの報告書は「クラウド・コンピューティング」の将来を展望し、「多数のステークホルダーが関与するコンピューティング資源の共有プールの弾力的な運用環境で、ユーザーはさまざまなプラットフォームからオンデマンドでアクセスし、適切に計測された透明性の高いサービスを利用できる」と述べている(註5)。ひどくむずかしそうだが、要は、グーグルで検索をするときやインターネット上のバックアップサービスにデータを送信するとき、実際にどのサーバーやどのソフトウェアが使われているのか、こちらは知らなくてもサービスを利用できる、ということに過ぎない。やってくれるのはさまざまなコンピュータやネットワークの集合、すなわち「雲」なのだ。どうやって命じられた仕事をこなし、どうやって課金するかは、誰かがやってくれる。

これらは空疎ではあってもさして害のない例だが、たちの悪い空疎もある。二〇〇〇年夏にいまはなきアーサー・アンダーセンが行った講演会はその一例で、出席した私は一部始終を見届けることができた。当時はエンロンがウォール街の寵児としてもてはやされており、その会計監査を担当するアーサー・アンダーセンは、エンロンの戦略から得た知識を利用して新たな顧客層を開拓しようと勢力的に動き回っていた（誤解のないようお断りしておくが、これは会計事務所のアーサー・アンダーセンであり、コンサルティング会社のほうではない）。

講演会のテーマは「人を駆り立てる企業の戦略」である（註6）。発表者によれば、エンロンはまさに人を新しいビジネスに駆り立てる企業である。そのエンロンが、なんとうれしいことに、帯域幅の取引市場を最近創設したというのだ。発表者の言葉を引用するなら、「九カ月前にエンロンが帯域幅取引の戦略を発表すると、その市場価値は九〇億ドルに膨らんだ。今日では、帯域幅取引市場の規模は三〇〇億ドルに達している」という。

エンロンは、もともとはエネルギー取引でのし上がった企業である。ガス・電力取引の規制緩和により、これらの取引市場では価格の変動幅が大きくなった。だが公益企業は、安定的な価格を求める。そこでエンロンのガス・電力事業における戦略は、実物資産をいくらか保有したうえで、先物価格と現物価格の価格差を利用した裁定取引を行うことだった。具体的には、あらかじめ決められた価格でガスまたは電力を将来に供給する契約を公益企業と結び、自社供給と先物契約とをうまく組み合わせてこの約束をカバーする。その一方で、天候、価格変動その他のリスクをヘッジするために、投機筋などとの複雑な取引を行った。こうしてガス・電力取引で米国最大手に上り詰める頃には、エンロンは需給動向や市場のボトルネックについて有利に情報収集ができるようになり、それがまたさらに競争優位となっていった。

ここで誰もが疑問に感じるのは、エネルギー取引の戦略が帯域幅取引でも通用するのか、ということだろう。帯域幅の場合、裁定取引の基準となる直物価格が存在しない。また、引渡可能な帯域幅を定義する品質規格もないし、こちらの地域からあちらの地域へ都合して需給バランスをとるといったこともできない。エンロンが仲介事業者として市場参加者と直接取引しようとする点も、エネルギー取引とちがっていた。さらにガスや電力とは異なり、帯域幅の限界費用はゼロである。すなわち、供給能力が需要を上回る限り、直物価格は限りなくゼロに近づく。しかも二〇〇〇年夏の時点では、敷設済み光ファイバーの能力が需要を大幅に上回ることが明らかになっていた。加えて、ガスや電力の場合には引渡可能なモノであるのに対し、帯域幅は通信に使えるキャパシティに過ぎない。そこで実際に送られるコンテンツ（動画その他）は、その時点ではエンロンは手がけていなかった。

発表者によれば、商品市場はどれも同じ「進化」の過程をたどるので、同じ戦略がすべてに適用できるという。そして、パワーポイントを使って進化の過程を言葉巧みに説明した。それが、次ページの図である。この図を見る限りでは、この種の市場は実物取引から「知識空間」へと進化を遂げ、「エキゾチック」なるものを扱うようになるらしい。またこの図からすると、デリバティブ商品は「価値を得るための高度な手段」ということになる。

このようなプレゼンテーションは、いかにもそれらしい図でごまかして現実の問題に取り組んでおらず、空疎以外の何物でもない。よくよく見れば、根拠のない主張を業界用語とおしゃれな図表で幻

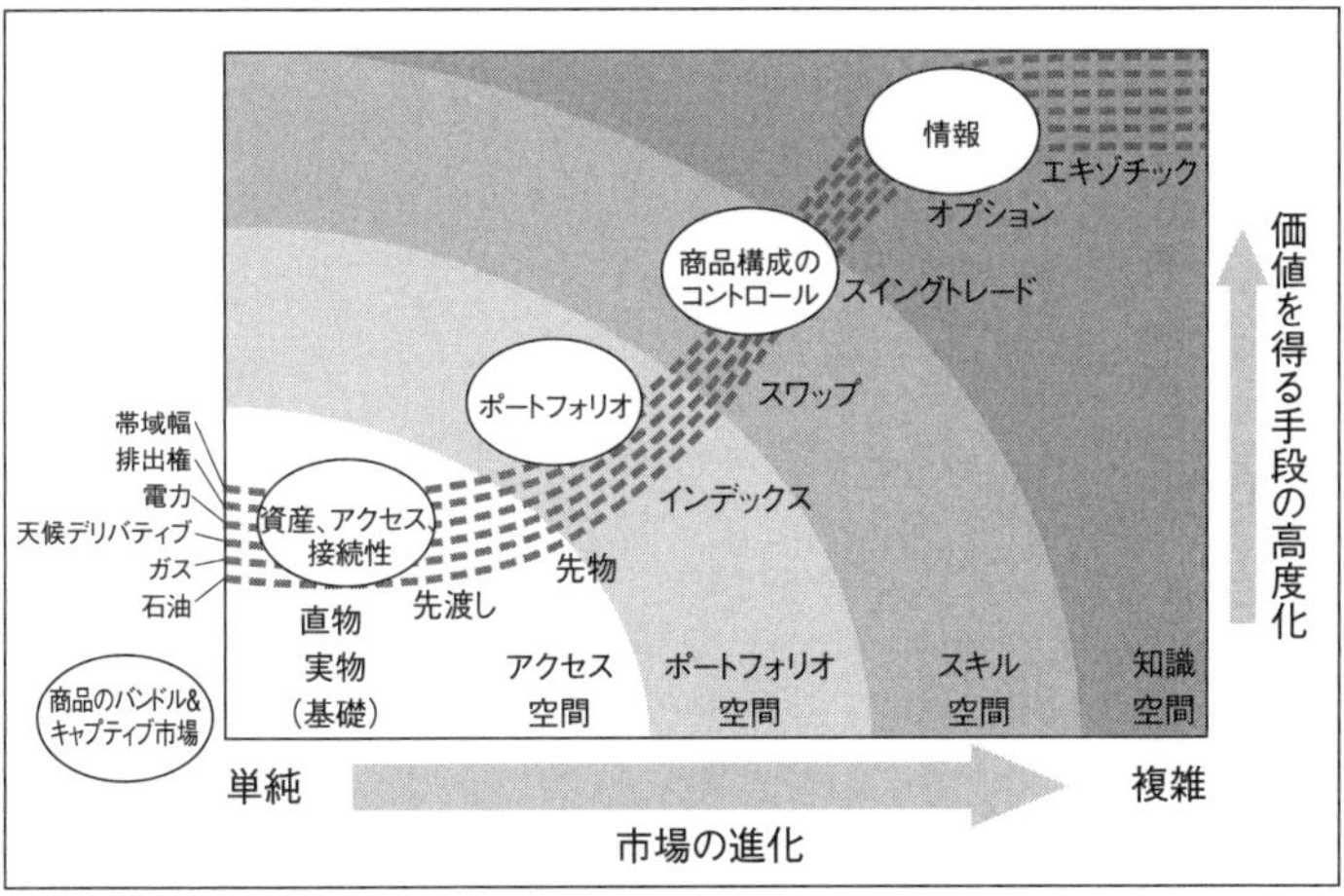

商品市場の進化

惑しているだけである。

　そもそも市場というものは、「単純」から「複雑」へ移行すると決まっているわけではなく、逆方向に進むことも珍しくない。また先物やオプションには何らかの根拠が必要であるが、それは商品である必要はなく、価格ですらなくてよい。たとえばシカゴ・オプション取引所では、ボラティリティ指数（VIX）の先物が取引されている。エンロンのガス・電力取引は実物資産を保有するところからスタートしたけれども、これは市場に厚みをもたせるための便法に過ぎず、すぐに裁定取引が中心になっている。一方、石油や農産物の市場では、ずっと昔から、生産者に限らず大勢の参加者によって先物やオプションが取引されてきた。

　私はこの点を質問したのだが、答を待っている間にすでに失望していた。このプレゼンテーションで提供されたのは、空疎な図のほかは、「人を駆り立てる企業の戦略」リストだけである。そのリストを読むと、エンロンの戦略は「電子取引プラットフォームの運営者」「相対《あいたい》取引の仲介者」「情報の収集・提供者」になることのようだった。だがこれは戦略ではなく、単に名前を放り出したに過ぎない。パン屋になるとか、野球選手になるというのと同じで、理由も方法もわからない。これを戦略だと受け止める人は、エンロンのカモになってしまうだろう。

この講演会から一四カ月後、エンロンの凋落は誰の目にも明らかになった。天文学的な額の負債、利益率の急落、イギリスとブラジルでの大型プロジェクトの失敗、帯域幅取引の巨額損失……。エンロンに契約履行能力があるのか、大勢の人が疑いはじめた。将来の危うい会社と先物契約を結びたいと思う人はいない。こうした心理が同社の衰退に拍車をかけ、不正会計疑惑もあって、二〇〇一年一二月にはついに破産申請にいたる。監査を請け負っていたアーサー・アンダーセンも解散に追い込まれた（ちなみにアンダーセン・コンサルティングのほうは、アクセンチュアとしていまも存続している）。本格的な帯域幅取引市場は、いまだに出現していない。

本物の専門知識や知見の特徴は、複雑なことをわかりやすく説明できることにある。これに対して悪い戦略の特徴は、わかりきったことを必要以上に複雑に見せかける。中身のないことを厚化粧で覆い隠しているのである。

悪い戦略の特徴2　重大な問題に取り組まない

戦略とは、本来困難な課題を克服し、障害物を乗り越えるためのものである。その課題に立ち向かわないなら、戦略の意味をなさないし、それを評価することもできない。戦略の質的な評価ができないとすれば、悪い戦略を排除することも、良い戦略をより良くすることもできないだろう。

農機具メーカーのインターナショナル・ハーベスターは、かつては全米四位の大企業だった。そのルーツは、一九世紀にサイラス・マコーミックが開発した刈取機に遡る。この刈取機は、鉄道の発展と歩調をそろえてアメリカの平野を開拓していった。一九七七年、ハーベスターはゼロックスの社長を務めたことのあるアーチー・マッカーデルをCEOに迎える。そして取締役会は、ぬるま湯的な会社を再生する権限を彼に与えた。

マッカーデルは、革新に次ぐ革新を打ち出した。コンサルティング会社のブーズ・アレン・ハミルトンが組織設計を全面的にやり直した。ヘイ・アソシエーツが近代的な職務規程と報奨制度を導入した。マッカーデル自身が一群のフィナンシャル・プランナーとストラテジストを雇った。一九七九年七月、彼らは「戦略プラン」と銘打ったぶあつい書類を完成させる。それは、典型的な悪い戦略だった。

このプランは、五つの事業部がそれぞれ作成した戦略プランの寄せ集めだった。農業機械部門（三〇億ドル）、トラック部門（四〇億ドル）、産業機械部門（一〇億ドル）、ガス・タービン部門（三億ドル）、部品部門（一〇億ドル）である。この「総合戦略」により、各事業部のシェアの拡大とコスト削減を実行し、会社全体の売上高と利益を拡大するというのである。このプランを数字で表したのが、次ページのグラフである。これによれば、一九七八年の落ち込みからすみやかに立ち直り、あとは右肩上がりの成長を続けることになっている。

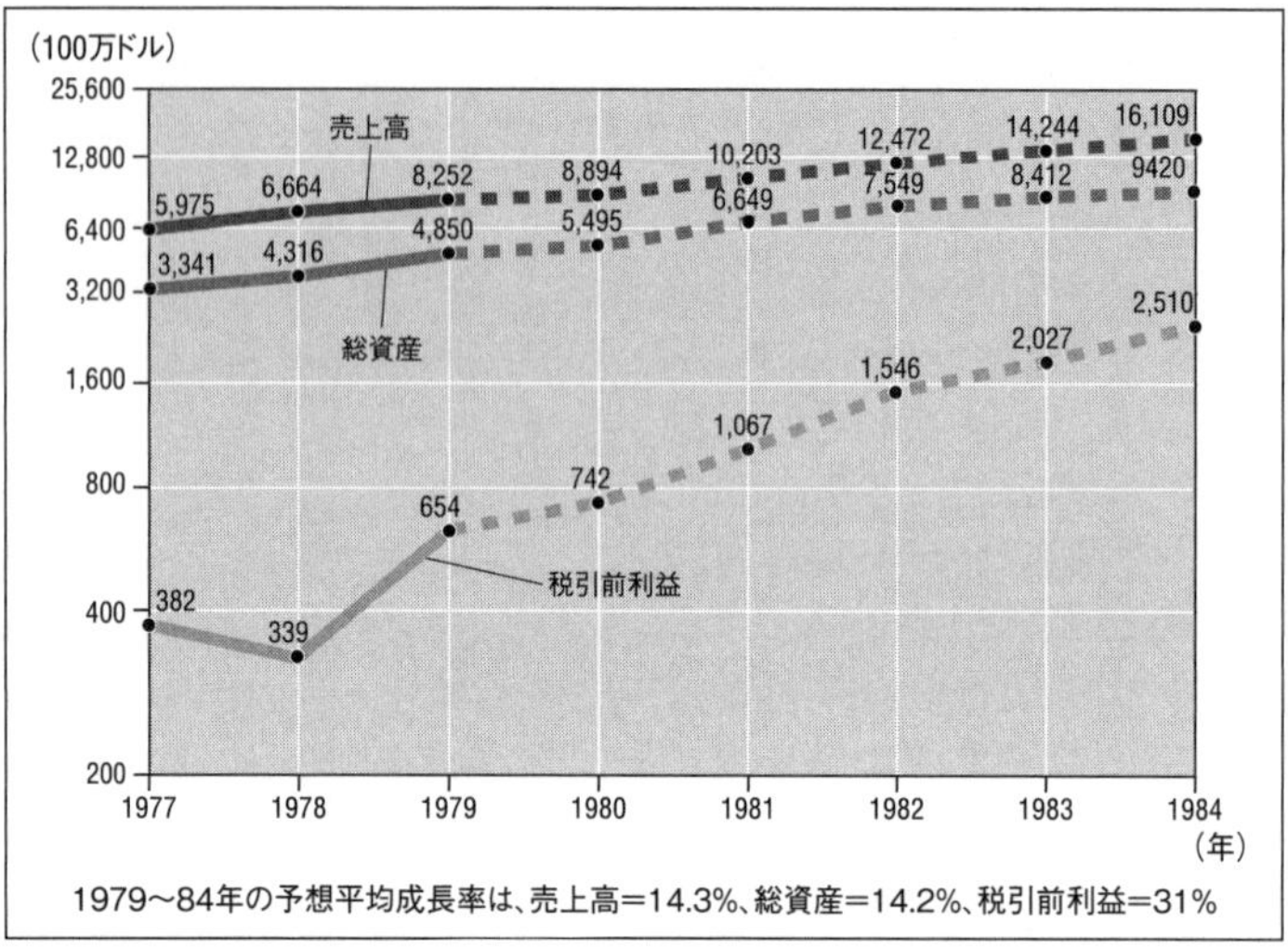

インターナショナル・ハーベスターの売上高、総資産、税引前利益(1977〜1984年)

戦略プランは微に入り細にわたっていた。たとえば農機部門では、セグメントごとの詳細な情報が提示されたうえで、販売網の強化と製造コストの削減が重要であると述べられている。農機ではジョン・ディア、フォード、マッセイ・ファーガソン、JIケースといった競争相手がいるが、シェアは一六%から二〇%に拡大すると見込まれていた。

しかしこの戦略プランの最大の問題点は、部屋の中の象、つまり誰もが気づいていながら口に出さない脅威を無視していることだった。目を皿にしてこのプランを読んでも、象がいることはわからない。なぜなら、一言も書かれていないからだ。ハーベスターの象は、余剰人員を大量に抱えた非効率な組織だった。この問題は、いくら設備投資をしても、シェアを拡大しても、解決しない。たとえば同社の工場では年功の順に好き勝手に職場を変わって良いことになっていた。すると空いたポストに誰かが移るというわけで、こんな無秩序なことをしているものだから、同社の利益率は長いこと業界標準の半分に過ぎなかった。しかもハーベスターの労使関係は、国内で最悪だった。アメリカで最も早い時期に労働争議を起こしており、とくに一八八六年のヘイマーケット事件（シカゴ市内でストライキ中の労働者が警察と衝突し死者が出た）では中心的役割を果たしたとされている。

重大な問題を無視し、分析をしようともしなかったら、戦略を立てることなどできない。重大な問題と無関係の目標や予算は、戦略とは呼べない。

マッカーデルは、経費削減により就任初年度と翌年の利益を改善することはできた。だがその後、労組を甘く見て労使交渉で強硬姿勢を貫いた結果、六カ月におよぶ長期ストライキを招いてしまう。結局、相手の譲歩をほとんど勝ちとれないまま妥結せざるを得ず、ようやくストが終結したときにはもはや会社は立ち直れない状況に陥っていた。一九七九〜八五年にかけて、ハーベスターは三〇億ドル以上の損失を被り、四二あった工場のうち三五を閉鎖し、従業員一〇万人のうち八万五〇〇〇人を解雇した。事業の切り売りも行い、農機部門はテネコに売却され、のちにＪＩケースに吸収された。トラック事業はナビスターと名前を変えて生き残っており、現在では重量トラックとエンジンで大手である。

ハーベスターがやったような戦略プランニングは、今日ではすっかり流行遅れになった。いま人気なのは、穴埋め式のテンプレートである。まずは「ビジョン」を書き込み、次に「ミッション・ステートメント」あるいは「中核となる価値観」を書き入れる。お次は「戦略目標」だ。そして目標ごとに「戦略」を書き出し、最後に「イニシアチブ」を付け加えれば一丁上がり。このやり方については、次の第4章でくわしく取り上げる。

こうしてできあがった戦略プランは、インターナショナル・ハーベスターに負けず劣らず始末に悪い。読者はすでにお気づきと思うが、企業の前途に立ちはだかる重大な問題や困難な課題が認識されていないのである。このような戦略プランを見ると、戦略思考が何もないことがすぐにわかるだろう。そこにあるのは立派な目標と、予算を投じてがんばろうというプランだけである。

■ ■ ■

国防総省国防高等研究計画局（DARPA）は、国家安全保障のための先端的な技術革新を追求する部局である。ハーベスターとは対照的に、DARPAの戦略は問題の本質を鋭く見抜いたうえで立てられている。DARPAが認識した根本的な問題について述べた文章を、ここで紹介しよう。

「軍事研究機関にとって基本的な課題は、軍事上の問題にテクノロジーがもたらす可能性を賢く適用することである。たとえば、テクノロジーの進歩によって新たな作戦が可能になったかどうかをみきわめることなどが、これに当たる。とは言えこの課題は、次の理由からきわめてむずかしい。第一に、ある種の軍事的な問題は、技術によっては容易に解決できないか、解決不能である。第二に、ある種の新技術は軍事面で遠大かつ広範な影響をもたらすと期待できても、それがどのようなものかはっきりしない。DARPAが投資を集中するのは、まさにこの『DARPA

にとって困難なニッチ』である。このような技術は、失敗のリスクはきわめて高い一方で、うまく開発に成功すれば、アメリカの安全保障に多大なメリットをもたらす」(註7)

この困難な課題に取り組むに当たって、DARPAは米軍が現時点で危険すぎるとか任務の対象にはなり得ないと考えているプロジェクトに注目する。彼らが重視するのは、将来どんな司令官がこの技術をほしがるかということであって、いまどんな技術が求められているか、ではない。そして創造性に富んだ有能なチームに開発を任せる。この方式でDARPAが開発に成功した技術には、弾道ミサイル防衛、ステルス技術、全地球測位システム(GPS)、音声認識、インターネット、無人装甲車および無人航空機、ナノテクノロジーなどがある。

DARPAの戦略は、単に方向性を示すにとどまらず、日常的な研究活動の具体的な方針も含んでいる。プログラム・マネジャーを四~六年で交代させてマンネリ化を防ぎ、フレッシュな若手を積極的に登用することなどは、その一つだ。新たに抜擢されるマネジャーには、前任者のアイデアや成果にあえて挑戦状を叩きつける気概が期待される。またDARPAは経費を極力抑え、物理的な施設・設備の投資も最小限に抑えている。これは、枠にはまってしまい、新しい方向に足を踏み出す勇気を失うことを防ぐ措置である。これらの方針は、イノベーションの阻害要因をしっかりみきわめたからこそ、立てられたものだ。「有能な人材を定着させる」とか「イノベーション文化を根づかせる」といった具体策を伴わない願望とは、DARPAは無縁なのである。

DARPAの戦略には、良い戦略に共通する構造が備わっている。すなわち、自らの課題を注意深くみきわめ、現実の世界で遭遇しうる困難を的確に予測した。そして空疎な目標やスローガンを避け、困難の克服にのみリソースと行動を集中する方針を立てている。

悪い戦略の特徴3　目標を戦略ととりちがえている

グラフィックアート会社を経営するチャド・ローガンと知り合ったのは、あるセミナーの席上でのことである。彼はセミナーの後で自己紹介し、ウチの経営チームの「戦略思考」にアドバイスしてくれないか、と依頼してきた。

ローガンの会社は、出版社、広告代理店、企業などから高度なカスタム印刷を請け負っている。ローガン自身は、学生時代はスポーツで鳴らし、その後グラフィックアーティストに転身し、この会社で営業をやっていたという魅力的な人物である。彼は創業者の甥だったため、創業者が二年前に死んだとき経営を引き継いでいた。同社の事業は、大人数のデザイン部門と三つの営業チーム（メディア、法人、デジタル）で編成されている。

ダウンタウンのオフィスと作業スペースは広々としており、CEOの会議室は豪奢なチーク張り。これまでに制作した作品が照明の中に浮かび上がり、磨き上げられたテーブルに反射していた。

ローガンによれば、同社の戦略目標はきわめてシンプルである。名づけて二〇／二〇プランという。これはつまり、売上高を毎年二〇％伸ばし、利益率を二〇％以上にすることだそうだ。「戦略はもう決まっているんだ。われわれは成長し、利益を上げる。残る課題は、その実現に向けて全員の士気を高めることだ。そのためには、誰か経営チームのコーチングをしてくれる人が必要だと考えている。戦略思考を浸透させてほしいんだ。すぐにでも役に立つようにね」

私は戸惑いながら、二〇／二〇プラン以外に戦略はないのかと質問した。彼はテーブル越しに書類を渡してよこした。表紙には「二〇〇五年度戦略プラン」と書かれている。その大半は売上高、コスト、粗利益、営業利益といった数字で、過去五年分の実績と今後四年間の業績予想が示されていた。過去の実績を見ると、シェアはほぼ一定で推移し、税引後利益の売上高比はほぼ一二％と、業界では平均的な水準だった。それなのに、売上高を毎年二〇％増やし、利益率を二〇％以上にするという。「わが社の主要戦略」として挙げられているのは、次の項目だった。

- お客さまに選ばれる会社になる。
- 創造性にあふれる独自のソリューションを提供する。
- 売上高を毎年二〇％伸ばす。
- 利益率を最低でも二〇％確保する。
- 意欲的に取り組む文化を根づかせる。
- オープンな意見交換のできる職場にする。
- 会社の営業圏の地域コミュニティに貢献する。

「いろんな人の意見を聞いてこれを作るのに三週間かけたんだ」とローガンは満足そうだった。「いい戦略だと信じているよ。働いていることが誇りに思えるような、そういう会社にしたいんだ。この戦略を実現できたら、きっとそうなる」

「二〇／二〇プランは非常に意欲的な財務目標だと思う」と私は言った。「これを達成するにはどうしたらいいか、何か考えはあるのか」

ローガンは指で書類を叩きながら力強く言った。「フットボールの選手をしていたときに学んだのは、勝利には力と技術が必要だが、それより何より勝つという意志が大事だということだった。絶対に勝つ、そういう強い気持ちだ。ウチのマネジャーもスタッフもよく働くし、デジタル技術への転換もうまくいっている。だが勤勉に働くことと、絶対にやり遂げるという意志を持つこととはちょっとちがう。二〇／二〇プランは困難な目標だが、成功の秘訣は高い目標を持つことだ、そうじゃないか。われわれは達成するまでやり抜く。それが大事だ」

それは、私が期待していた答ではなかった。私が知りたかったのは、何か飛躍のきっかけになるようなもの、テコの支点となるようなものがあるのか、言い換えれば、この安定した小さな会社が急激に売上を伸ばせると考える理由が何かあるのか、ということだった。戦略とは、力を何倍にもするテコのようなものである。もちろん、筋肉と意欲と綱があれば、大きな岩を運ぶことはできるだろう。だがテコとコロを使うほうがずっと賢い。

「チャド、君が狙っているような飛躍的な業績改善をめざすときには、何か圧倒的な強みを持っているとか、業界の変化によって新たな商機が生まれるといったことが必要だ。いまの君の会社にとってテコの支点となりうる強みは何だろうか」

ローガンは不快そうに眉をひそめて唇をきっと結び、「あんたには何もわかっちゃいない」と言いたげな表情をした。それから、一枚の紙切れを引き出しからとりだし、マーカーを引いた箇所を読み上げる。「不可能と見えることをやり遂げて初めて、不可能が可能であることがわかる」。そして説明した。「ジャック・ウェルチがこう言っているんだ。だからわれわれにもできる」

私には、二〇／二〇プランが功を奏するとは思えなかった。戦略目標は、もっと具体的で明確であるべきだ。たとえば顧客への応答時間を半分に短縮するとか、フォーチュン五〇〇社から契約をとる、などである。だがその状況でローガンと議論するのが建設的とは思えなかった。クライアントと対話が成立しなければ、その後のタフなやりとりで成果を上げることはできない。そこで私は「なるほど、わかった。じゃあ、この戦略プランを預からせてくれないか。数字を検討する時間がほしい」

とは言え、数字を検討する必要などないことはわかっていた。私に必要なのは、どうすればローガンに力を貸せるかを考える時間だった。彼は意欲もあるしいいヤツだ。だがあのプランでは、どう行動すればいいのかさっぱりわからない。ローガンは勇気や意欲や根性を信じているようだが、それは私には第一次世界大戦中のパッシェンデールの戦いを思い出させた。

■　■　■

第一次世界大戦が一九一四年に始まったとき、熱狂した群衆は通りを練り歩いて気勢を上げ、若者たちは帽子を空に飛ばして戦いにかける意気込みを誇示したものである。時代の空気は意志の力、精神力、高揚感、士気といったものに満ち満ちており、とりわけフランスではそうだった。続く三年間、連合軍の将軍は意気軒昂な若者たちを戦場に送り込み、意味のない陣地をほんの数マイル勝ちとるためだけに、数万、数十万の命を犠牲にした。

一九一七年に連合軍最高司令官のダグラス・ヘイグは、ベルギーのパッシェンデール村付近でドイツ軍に攻勢をかけることを決断した。ドイツ軍の要塞線を突破してベルギー海岸までのルートを確保するとともに、ドイツ軍を分断する作戦である。しかしこの地域はもともと埋め立てられた沼沢地で海抜が低く、ドイツの要塞を砲撃すると堤防を破壊し、戦場が浸水する恐れがあった。ヘイグにもその情報は伝えられ、危険性が指摘されたが、それでも彼は作戦に固執した。砲撃が開始されると案の定すぐに堤防は破れ、戦場は大規模なぬかるみと化してしまう。兵士たちは膝、さらには腰まで泥につかり、戦車も馬も沈み、負傷兵は溺死した。

ヘイグは前年にソンムの戦いでイギリス軍一〇万人の死の責任を問われており、作戦がうまくいかなかったときは先発隊を呼び戻す約束をさせられていた。しかしヘイグは約束を守らず、損害が拡大する一方だというのに、「最後のもうひとふんばり」が三カ月にわたって続けられた。最後の一〇日間の攻勢では、カナダ軍二個師団が泥と友軍兵士の死体が散らばる戦場に投入され、まともに敵の機銃掃射を浴び、小さな丘を奪取するために一万六〇〇〇の戦死者を出した。三カ月の戦いで得たのはわずか五マイルの前進に過ぎない。連合軍は七万の兵士を失い二五万が負傷した。ウィンストン・チャーチルは、パッシェンデールの戦いについて「膨大な勇気と命を差し出して、それにふさわしい戦果は何も得られなかった」と述べている。

ソンムとパッシェンデールで、ヘイグは英国軍と旧英連邦派遣軍の若い兵士まるまる一世代を死なせてしまった。フランス軍のジョゼフ・ジョフルはやはりソンムで、ドイツ軍のエーリッヒ・フォン・ファルケンハインはヴェルダンで、同じ過ちを犯している。

パッシェンデールの教訓はいまもヨーロッパで生きている。たとえばアメリカではモチベーションが重視され、実業家で政治家のロス・ペローが「多くの人はあと一歩というところであきらめてしまう。勝利のタッチダウンまでほんの一ヤードまで来ていながら、最後のひとふんばりが足りないのだ」などと言うと、大勢の人が賛同する。だがヨーロッパの人々は、「最後のひとふんばり」という言葉を聞くと、パッシェンデールを思い出すのだ。あの戦いでは、大量の犠牲を出した連合軍にけっしてやる気がなかったわけではない。彼らに欠けていたのは、有能で戦略的な指揮官だった。がんばることは人生において大事ではあるが、「最後のひとふんばり」をひたすら要求するだけのリーダーは能がない。リーダーの仕事は、効果的にがんばれるような状況を作り出すことであり、努力する価値のある戦略を立てることである。

■　■　■

数日後、私はチャド・ローガンに会い、自分の考えを述べたうえで、それでも私に仕事を依頼したいかどうか決めるように言った。

「先日見せてもらった戦略プランはとても野心的だが、あれは戦略ではない。私にはあれが有効とは思えないし、経営チームがあれに沿って行動を起こせるとも思えない。

私からアドバイスしたいのは、まず会社にとって最も有望な機会は何かを、見つけることだ。そうした機会は社内にあるのかもしれない。たとえば制作工程のボトルネックを解消するとか、作業上の障害物を取り除くといったようにね。あるいは社外にあるのかもしれない。機会を発見するためには、少人数のチームを編成し、一カ月ほど時間をかけて調査をするといいだろう。会社のサービスの買い手は誰なのか、競合相手は誰で、どんな強みを持っているのか、どんな新しいサービスが可能か、開拓可能な見込み客は誰か、そういうことを調べるんだ。自分の業界にどんな変化が起きているか、くわしく調査することはどんなときにも役に立つ。そこに飛躍のヒントが隠されているかもしれない。調査でわかったことはすべて経営チームで共有し、検討する。もし君が望むなら、このプロセスをお手伝いすることはできるし、調査結果を検討するに当たってアドバイスすることもできる。こうすれば、一つか二つの最も魅力的な機会やブレークスルーにエネルギーを投入する戦略ができあがるはずだ。

どこにどんな機会があるのか、いまの段階ではわからない。売上高がどの程度伸びるのかもわからない。新しいサービスを始めることになるのか、赤字事業から手を引くのか、いま優位の事業を一段と強化するのか、それもわからない。請け合えるのは、最も重要なターゲットを絞り込んだリストができあがるだろう、ということだけだ。それをベースに前へ進めばいい。少なくとも、私が経営者ならそうする。

いまの君の方針では、モチベーションだけが頼りということになる。率直に言って、そのやり方は奨められない。ビジネスの競争は力と意志だけではどうにもならないからだ。モノを言うのは洞察力や差異化を図る能力だ。私のみるところ、モチベーションだけで君の掲げる目標を達成できるとは思えない」

ローガンは礼を言い、一週間後に別のコンサルタントを雇ったと連絡してきた。その新しいコンサルタントの指導の下で、マネジャーたちは「ビジョニング」というエクササイズをしているそうである。これは、望ましい将来のイメージを思い描くことであるらしい。「この会社はどれほど大きくなれるでしょうか」とファシリテーターが訊ねる。そして「もっと大きく」「もっともっと大きく」と要求する。翌日になると「二倍に大きくなった会社を想像しましょう」。ローガンは喜んでいる。私も別の仕事ができるので喜んでいる。

■　■　■

ローガンの戦略プランは、戦略ではなく業績目標である。ローガンの会社だけでなく、多くの企業がこのとりちがえをしている。

経営者は戦略が必要だと理解しているが、戦略プランニングと呼ばれるプロセスには不満を抱いている人が多い。というのも、ほとんどの企業では、基本的に業績予想に基づいて三年あるいは五年単位の継続的な予算を組むことをプランニングと称しているからだ。これでは、予算編成とセットで戦略ができあがるという誤解を与えかねない。

もちろん、計画を立てるのは悪いことではない。いや、経営には必須の作業である。たとえば急成長中の小売チェーンだったら、土地購入、建設、店舗スタッフ教育などの計画が必要である。このタイプの計画は資源計画と呼ばれ、出店スケジュールに合わせて必要な資材を順次調達し、遅れや不備をチェックするのに欠かせない。またグローバル展開する企業なら、地域ごとの人材採用計画やオフィスの開設・拡張計画、資金調達計画などが必要になるだろう。

毎年繰り返されるこうしたプランニング・プロセスをどうしても「戦略プランニング」と呼びたければそうしてもいいが、これらは戦略ではない。なぜなら、より上をめざす道筋をつけることはできないからである。より上をめざすためには、機会をみきわめたうえで前進を阻む障害物を見抜き、乗り越える方法を考えなければならない。それは製品の差異化を図ることかもしれないし、販売網の見直しかもしれないし、組織改革かもしれない。あるいはまた、外部環境の変化、たとえば技術、顧客の嗜好、法規制、資源価格、競争相手の動向などをみきわめてそれをうまく活かすことかもしれない。どの道を選ぶのが最も実りが多いかを判断し、自社の知識、資源、エネルギーをそこに集中的に投入する方法を設計することが、リーダーの仕事である。機会も、障害物も、変化も、年一回セットになってやってくるわけではない。したがって、戦略策定は時に応じて必要になるものであって、毎年機械的に行う性格のものではない。

悪い戦略の特徴4　まちがった戦略目標を掲げる

一般的な企業では、ミドルマネジャー個人の目標は上司が決めることが多いだろう。少し開けた企業なら、上司と一緒に目標を決めるのかもしれない。どちらの場合にも、そうやって決めた目標を達成するにはどうしたらいいか、戦略を考えることになるだろう。これはまったく自然な流れと言える。だがこのやり方をトップレベルの経営幹部に当てはめるのは、大きなまちがいだ。

ＣＥＯや社長を始めとする経営幹部は、一般の社員より多くの権限を持ち、目標設定に関する自由度が高い。有能なリーダーは場当たり的に目標を追いかけるようなことはせず、どれを優先すべきかを決める。そのうえで社内の各部署が追求すべき下位の目標を設定する。この下位の目標が戦略目標に相当し、どのような戦略でも遂行の決め手となる。リーダーになるということは、「誰かが自分の目標を決めてくれる」ポジションから「組織の目標を自分で決める」ポジションに移ることを意味する。これこそがリーダーとしての課題と言えよう。

リーダーは、組織としての理想や価値観や期待を表す「努力目標」あるいは「最終目標」と、戦略実行のための「戦略目標」を明確に区別することが望ましい。たとえばアメリカにとって、自由、正義、平和、安全、幸福は最終目標と位置づけられ、それを実行可能な戦略目標に転換するのが戦略の役割になる。たとえば「タリバンを倒してインフラを再建する」などは戦略目標に当たる。最終目標に即して戦略目標を絶えず微調整するのはリーダーの大切な仕事である。

ここでは、急成長中の高級食品卸チェン・ブラザーズを紹介しよう。チェン・ブラザーズの最終的な目標は、利益の拡大と働きやすい職場の実現、そして信頼できるオーガニック食品卸になることである。これらは立派な目標であるが、戦略ではなく、むしろある種の枠組みであることを経営陣はわきまえていた（目標から逸脱した行動を排除するという意味で、良い目標はゲームのルールのような役割を果たす)。

　では同社の戦略は何かと言えば、それは、大手スーパーでは扱わない高級食品や珍しい食材を高値で仕入れてくれる地元の食品店にターゲットを絞り込み、そこでシェアを拡大することである。経営チームはターゲット顧客を三つのランクに分け、それぞれに戦略目標を設定している。最も重要な目標は、第一ランクの食品店で圧倒的シェアを獲得すること。続いて第二ランクでは売り込みに見合うシェアを獲得すること、第三ランクでは商品の浸透を図ること、である。

　最近になってグルメ・スーパーと呼ばれるホールフーズが急成長を遂げ、チェン・ブラザーズがターゲットにしていた地元の食品店を圧迫しはじめた。そこで経営チームは、地元の食材メーカーに働きかけて仕入商品を一つのブランドとして統合し、ホールフーズに売り込むという新たな戦略を立てる。この戦略を導入しても会社の最終目標は何ら変わらないが、戦略目標は見直さなければならない。チェン・ブラザーズは仕入・販売からマーケティング、広告、財務担当者までそろえたホールフーズ・チームを発足させ、新ブランドのホールフーズへの売り込みに総力を挙げる。この戦略目標が達成されると、次には他の商品の売り込みへ、さらには店頭シェア、地域シェアの拡大へと目標を修正していった。

　このように、チェン・ブラザーズはビジョンや業績目標を戦略ととりちがえる誤りとは無縁である。同社は一つか二つの重要な戦略目標を絞り込み、確実に実現させる戦略を立てている。一つの目標が達成されると新たな機会が視界に入ってくるので、より高い目標を立てるというふうに、会社は前進を続けることができる。

寄せ集めの目標

良い戦略は、一つか二つの決定的な目標にエネルギーとリソースを集中投下し、それを達成することによって次々と新しい展開へとつなげていく。これに対して悪い戦略では、いろいろなことを詰め込みすぎてごった煮状態の目標が掲げられていることが多い。

長々しい「やることリスト」は単にやるべきことを列挙しただけであって、戦略目標とは言えない。さまざまな部署から関係者が集まってそれぞれにやるべきこと、やってほしいことを言い合うような戦略プランニングをやっていると、えてして寄せ集めの「戦略プラン」ができやすい。そして、さすがにこれではやることが多すぎてすぐにはできないと気づくのか、「長期的」という言葉が追加される。これでもう、誰も今日明日にやる必要はない。

こうした例は枚挙にいとまがないが、私が最近出くわした顕著な例は、西海岸のとある小さな市長が見せてくれた「戦略プラン」だった。この市の戦略プランニング委員会が決定したもので、戦略は四七、取組事項はなんと一七八に上る。その一二二番目に「戦略プランを作成する」と書かれていたのには、思わず笑ってしまった。また、ロサンゼルス統合学区が重点校（これについては後で説明する）向けに策定した戦略プランは、戦略七、戦術二六、取組事項二三四で構成されていた。このような寄せ集め戦略は企業にも見られるが、とくに地方自治体、教育機関、非営利団体などに多い。

非現実的な目標

悪い戦略目標の第二のタイプは、現実的でない目標である。良い戦略は重要な課題をみきわめ、その課題にどう取り組むか、行動の道筋をつける。言い換えれば願望と手の届く目標との橋渡しをする。このため、良い戦略が設定する目標は、手持ちのリソースや能力で取り組んでも成功率が高い（達成率の高い目標については第7章でくわしく取り上げる）。対照的に非現実的な目標は、単に願望を語るだけだったり、困難な課題を説明するだけだったりする。つまり、それを実現あるいは克服するにはどうすればいいか、この肝心要のところが無視されている。

仮に課題を明確に意識し、それに取り組む意欲があったとしても、戦略目標が実行不能だったり非現実的だったりしたら、さしたる前進は望めないだろう。良い戦略は、困難な課題を乗り越える現実的な方法を示す。戦略目標がそもそもの課題と同じぐらい歯の立たないものだったら、戦略を立てる意味はない。

■　■　■

二〇〇六年、元アメリカ海軍中将のデービッド・ブリューワーはロサンゼルス統合学区の教育長に任命された。この学区は全米最大の規模を誇っており、ブリューワーはその成績評価の立て直しを期待されたのである。

カリフォルニア州では統一学力テストが実施され、公立学校はその点数を基にしたＡＰＩと呼ばれる指数で評価される。ロサンゼルスにある九九一校の大半はこのテストでかなり良い成績をとっているが、三〇九校は教育省が定める「落ちこぼれゼロ基準」に到達していない。状況をざっと把握したブリューワーは、学区全体を底上げするためには、最も成績不振の三四校（中学校一七校、高校一七校）の点数を大幅に引き上げることが必要だと判断する。彼はこの三四校を「重点校」に指定した。まずはこの重点校の改善に全力投球し、しかるのちに残りの学校にも取り組みを拡げていけば、学区全体の成績が向上すると考えたのである。

たしかにこの三四校はずっとAPIが最低の問題校だったのだし、的を絞った戦略を立てた点で、ブリューワーは称賛に値する。九九一校もある中で三四校だけに努力を集中すれば、残念な過去に決別できる可能性は高そうだし、取り組みを進めるうちには、がんじがらめの規則、教員組合の干渉、肥大化した組織といった問題にも解決の糸口が見つかると期待された。実際のところ、この問題一つに絞り込んでいたら、なにがしかの成果は得られたかもしれない（しかしさきほど述べたように、戦略は七つもあった）。

とは言え、APIの点数を上げるのにいささか不愉快な戦略があり得ることは、指摘しておかねばならない。じつはAPIでは、ロサンゼルス統合学区の中退率がおそろしく高いことが無視されている。とりわけ中退が多いのは黒人とヒスパニックの生徒である（それぞれ一三％、七〇％を占める）。ロサンゼルス統合学区では、高校に入学した黒人の三三％、ヒスパニックの二八％が中退してしまう。APIは在籍生徒の成績しかカウントしないので、出来の悪い生徒はどんどん退学させてしまうほうが点数は上がることになる。

成績不振であれ業績不振であれ、望ましくないこと自体を取り組み課題に掲げるのは悪い戦略だということを覚えておいてほしい。成績不振は結果に過ぎない。取り組むべきは、なぜ成績が悪いのか、その原因のほうである。なぜうまくいかなかったのか、なぜ改善がむずかしいのか、その原因を見つけようとしない限り、良い戦略を立てることはできない。

これは、ブリューワーの立てた他の「戦略」についても言える。たとえば、「信念・価値観・目標をすべての生徒および保護者と共有する学校・学区のリーダー・チームを発足させ、質の高い教育を実現するために継続的な改善に努める」という項目がそうだ。そのためには「改革リーダー」を置き、学校運営に必要とされるスキルをみきわめ、育成し、適用するプログラムに力を注ぐ」という。

これは、典型的な悪い戦略目標である。第一に、「質の高い教育を実現」できていないのはなぜか、原因究明がまったく行われていない。この点に真剣に取り組んでいたら、いろいろなことが見えていたはずである。たとえば重点校では数十年にわたって成績不振が続いており、毎年生徒一人当たり二万五〇〇〇ドルを注ぎ込んでいるにもかかわらず、中学二年生になっても読み書きや足し算のできない生徒が大勢いる（註8）。熱心な校長や先生はもちろんいるが、無能な先生も多い。さらに、管理職がむやみに多い官僚的な組織が何事につけ改革を阻んできたこともわかっただろう。

第二に、「改革リーダー」なるものに何かを期待するのは、まったく非現実的である。いったい、改革リーダーにはどのような権限があるのだろうか。学校そのものは巨大な官僚制度と教職員組合にがっちり首根っこを押さえられており、改革リーダーにせよ誰にせよ、上層部の許可を得ない限り、学校で使う紙の色すら変えられないのだ。まして、改革に非協力的な校長の退任を要求することなど、できるはずもない。何をするにしても水面下の交渉や根回しが必要だという現状は、組織の硬直化とムダの多さを雄弁に物語っている。

ブリューワーの戦略で一つ興味深いのは、リーダー・チームは「信念・価値観・目標をすべての生徒および保護者と共有」すべきだと謳われていることである。教育界では、最近よくこうした表現を耳にする。こういうことを言う人たちは、北朝鮮のように全員が同じ価値観を抱き同じ信念を共にすることが学業成績の向上につながると信じているのだろうか。もっともらしく聞こえるが実際にはあり得ないし望ましくもないこうした目標が、教育界ではいまだに追求されているらしい。

これと関連するもう一つの戦略に、「学校ごとに保護者、教師、学校職員、地域パートナーによるコミュニティを形成し、質の高い教育・学習の実現に向けて協力する」というものがある。そのためには「コミュニティの連携」が必要であるとし、毎月のミーティング、年二回の保護者連絡協議会、ボランティア・プログラムを義務づけている。

コミュニティの関与は、教育にとって望ましいことかもしれない。だがこれは、非現実的な目標である。重点校三四校の問題は生徒の幼稚園時代から表れ、成長とともに深刻化する。その主な原因は、これらの学校が貧しく無秩序な環境に置かれていることにある、と言えるだろう。ロサンゼルス統合学区では、多くの生徒が不法移民か、不法移民の子供である。名前も仮名なら住所も架空で、そもそも学校へ行かせたがらない親が多い。ティーンエイジャーで母親になり学校を辞めてしまう子供も珍しくない。このような環境で、低賃金の労働に従事している疲れ切った親たちが、コミュニティ活動などに参加できるはずはあるまい。そしていまここに列挙したことこそ、良い戦略が認識し取り組まなければならない問題なのである。

■　■　■

本章では、アメリカの国家安全保障戦略からアーサー・アンダーセン、インターナショナル・ハーベスター、チャド・ローガン、そしてロサンゼルス統合学区と、さまざまな悪い戦略を見てきた。悪い戦略は空疎であり、矛盾を内包し、ほんとうの問題に取り組まない。悪い戦略は、読んだり聞いたりするだけでうんざりさせられるので、すぐにわかる。次の章では、悪い戦略がこれほど多いのはなぜかを検討することにしたい。

第4章 悪い戦略がはびこるのはなぜか

戦略が重要であることはほぼ万人が認めるところだろう。となれば、「なぜ悪い戦略がこれほど多いのか」という疑問が当然ながら湧いてくる。最初に言っておきたいのは、悪い戦略とは見込みちがいや判断ミスから生まれるわけではない、ということである。私は職業柄さまざまな失敗を見てきた。競争相手の力量を見誤る、自社のリソースを過大評価する、過去の教訓を読みちがえる、状況の変化による機会や脅威を見落とす、等々である。

だが長年企業でアドバイスをしたり、MBAコースで学生やエグゼクティブに教えたりしているうちに、こうした判断ミスを減らすための訓練をいくらやっても、悪い戦略の出現を防ぐ効果はほとんどないことに気づいた。悪い戦略がはびこるのは、分析や論理や選択を一切行わずに、言わば地に足の着いていない状態で戦略をこしらえ上げようとするからである。その背後には、面倒な作業はやらずに済ませたい、調査や分析などしなくても戦略は立てられるという安易な願望がある。つまり悪い戦略は、良い戦略を練り上げるためのハードワークを自ら避けた結果なのである。なぜ避けるのかと言えば、考えるのは大変だし選ぶのはむずかしいからだ。しかし相反する要求や両立し得ない価値観の中から選択をすることこそリーダーの仕事であり、それを放棄するとなれば、悪い戦略しか生まれない。

悪い戦略はまた、お仕着せの穴埋め式テンプレートからも量産されている。空欄にビジョンやミッションや戦略を書き込んでいく、あれだ。このやり方では、自社が直面する状況をみきわめ、どう対処するか考えるという作業をせずに、手順に従っているうちにお手軽に「戦略」ができあがっていく。

悪い戦略を生むもう一つの源泉は、アメリカの宗教運動ニューソート（New Thought）から派生したポジティブ・シンキングに代表される思考法である。端的に言えば「信じれば思いは叶う」といった考え方で、チャド・ローガンはまさにこれだった。悪い戦略を生む要因はほかにもあるが、主なものはいま挙げた三つである。以下ではそれぞれについてくわしく説明したい。

困難な選択を避ける

良い戦略は重要な課題にフォーカスする。となれば当然、たくさんある課題の中から選びとる作業が必要になる。どれかを選んで残りは捨てなければならない。この困難な作業をやらずに済ませようとすると、ごった煮ができあがってしまう。

一九九二年の初めに、私はデジタル・イクイップメント・コーポレーション（DEC）の戦略会議に参加したことがある。DECは一九六〇年代、七〇年代にミニコンピュータで全米最大手となり、ユーザー・フレンドリーなOSの開発でも知られた企業である。しかし三二ビット・パソコンで出遅れて急速にシェアを失い、私が会議に呼ばれた時点では、何か大胆な改革を行わない限り存続も危ぶまれる状況に陥っていた。

会議には幹部全員が出席していたが、ここではキーパーソン三人だけを取り上げることにしたい。三人の名前は、仮にアレック、ビバリー、クレイグとしておこう。この三人は、会社の将来の方向性についてまったく異なる考えを持っていた。

アレックは、DECはこれからもずっと純粋なコンピュータ企業でありつづけ、使い勝手の良いハードウェアとソフトウェアの統合に力を入れていくべきだと主張した。

ビバリーは、アレックが主張するのは「箱もの戦略」だと批判し、「箱はすぐにコモディティ化する。顧客が抱える問題に応じてソリューションを提供していくことが、これからのDECが生き残る道だ」と述べた。

クレイグは、コンピュータ産業の浮沈を決するのは何と言っても半導体技術であり、DECもチップの開発に本腰を入れるべきだという。「われわれには顧客各社が抱える固有の問題にオーダーメイドのソリューションを提供する能力はない」とクレイグは断じた。「そもそも自社の問題でさえ解決できずに右往左往しているんだからね」。だがアレックもビバリーも、いまさらチップ開発に乗り出してもIBMやインテルに追いつけるはずがない、と懐疑的だった。

こういうときに、議論するのはやめてとりあえず三つともやってみればいいじゃないか、と言い出す人がいる。だが、二つの理由からそれは好ましくない。第一に、争いを避けるために全員の意見を採用するという方針をとった場合、誰も厳しく意見を吟味しなくなる。最適の意見しか選択されないとわかっているからこそ、自分の提案に磨きをかけるのだし、出された意見の長所短所を真剣に評価

	アレック	ビバリー	クレイグ
箱もの	1位	2位	3位
チップ	2位	3位	1位
ソリューション	3位	1位	2位

するのである。秩序ある議論では、しっかりした裏づけや納得のゆく根拠が要求されるので、説得力のある意見はより堅固になり、根拠に乏しい意見は淘汰されて、妥当な選択につながりやすい。第二に、チップ戦略とソリューション戦略では、DECがこれまでに持っていなかったスキルを追求する大々的な変革が必要である。この二つの戦略を成功させるには、能力開発とともに業務の抜本的な見直しもしなければならない。会社の存続がかかっているときにはあまりにリスクの大きい戦略であり、箱もの戦略が失敗に終わった場合以外、手を出すべきではない。またその場合でも、両者を同時に追求するのは、共通性がほとんどないため無理がある。二正面作戦は、何事につけ成功率が低い。

■　■　■

DECの三つの選択肢（箱もの、チップ、ソリューション）に関するアレック、ビバリー、クレイグの優先順位は上のとおりである。

つまり三すくみ状態になっており、「コンドルセのパラドクス」が成り立つことがわかる（註1）。コンドルセのパラドクスとは、次のようなものである。三すくみ状態を解決するために、まず箱ものとチップで決選投票をする。アレックとビバリーは箱ものに投票するので、箱ものが勝つ。次に箱ものとソリューションで対決すると、今度は、チップを打ち負かした箱ものにソリューションが勝つ。この結果に納得できないクレイグが、ソリューションとチップで勝負しようと言い出したとしよう。すると何たること、チップがソリューションに勝ってしまう。こうした次第で、いっこうに最終勝者は決まらない。これが、フランスの数学者コンドルセを悩ませたパラドクスである。

この問題を解決するには、各自が優先順位に重みをつける方法が考えられる。この重みを足し合わせれば、勝者は簡単に決められるはずだ。しかしノーベル経済学賞を受賞したケネス・アローは、これでは実のある結果は得られないと主張している(註2)。このような集団の不合理は民主投票においてつねに悩ましい問題であり、その解決方法は高校の社会科では教えてくれない。

DECの戦略会議では、投票は行われなかった。だが結論はいっこうに出ず、会議は手詰まり状態になってしまう。ビバリーがクレイグと結束してソリューション戦略を推進しようとすれば、アレックはチップ戦略でクレイグに協力を申し出る、それを見たビバリーが箱もの戦略に肩入れするという具合で、三人のうち二人が安定的な多数派を形成することができないため、議論は膠着状態に陥った。

■　■　■

同程度の地位と影響力を持つ三人が自説を主張して譲らないため、議論は白熱した。三人とも私利私欲に駆られているわけではなく、会社の将来を真剣に考えてのことだけに、妥協する気配がない。

DECのケン・オルセンCEOは苛立ち、なんとか意見をまとめろと指示する。これはまったく不適切な指示だった。三人の意見にはどこにも共通点がなく、上下関係から言っても誰かが譲歩する必然性はなかったからである。結局戦略会議が「まとめた」のは、次のようなステートメントだった。

「DECは高品質の製品およびサービスを提供するために努力し、データ処理で業界トップをめざす」

この空疎で毒にも薬にもならないステートメントは、もちろん戦略ではない。意見を一つにまとめなければならないが、どれを取ってどれを捨てるかを決めるのがむずかしいときは、えてしてこのような結果になりがちである。選ぶという困難な作業を避け、どの意見も捨てず、誰の体面も傷つけないようにしていたら、良い戦略は生まれない。

ケン・オルセンは一九九二年六月に更迭され、半導体事業を率いていたロバート・パルマーが新CEOに就任した。パルマーはただちにチップ戦略の推進を宣言し、ほどなく黒字転換に成功する。だが、パソコンの高性能化の流れに乗ることはできず、結局一九九八年にコンパックに買収され、そのコンパックも三年後にヒューレット・パッカードに買収されることになった。

成功している企業で重大な戦略変更をするのはむずかしく、オオカミが戸口に迫ってくるまで決断できないケースがよくある。いやそれどころか、オオカミがドアを引っ掻きはじめてようやく決断にいたるケースも少なくない。これらはすべて、良い戦略を立てるのは容易ではないからである。DECの場合、オオカミはすでに一九八八年の時点で戸口に迫っていた。だがさまざまな立場にある人たちの知恵と知識を結集し、異なる意見を吟味して選択する作業は先送りされた。オオカミがドアをぶち破って入ってきたときになって、ようやく一つの戦略が選択された——だがそれは五年も遅すぎたのである。

■　■　■

戦略や競争優位についてはさまざまな理論が展開されているが、戦略策定のむずかしさは、結局のところ選択そのものにある。一つか二つの課題に絞り込んで結果を出そうとするのだから、どうしても選択しなければならない。戦略は一本の柱、一本の道なのであって、あれこれと願望を表明する手段ではない。真の戦略を持つためには、一つを選んで他を捨てなければならないのである。だが夢や希望に「ノー」と言うのは、心理的にも、政治的にも、組織運営上もむずかしい。

ある一つの戦略がうまくいったとき、捨て去られた他の選択肢のことは忘れてしまい、実現されたことだけに注目しがちである。たとえばアイゼンハワーは一九五二年の大統領選挙の際に、ソ連に東欧から手を引かせると公約した。だが地滑り的な勝利で大統領に就任した後、対ソ国家戦略の見直しを行う。この見直し作業はソラリウム・プロジェクトと呼ばれ、いまなお国家安全保障戦略のあり方の手本とされている。問題点を整理し、さまざまな案を検討した末に、アイゼンハワーは困難な選択に踏み切った。選挙運動中の公約を破棄し、ソ連による東欧支配はあえて妨げないことを選んだのである（註3）。ソ連が西ヨーロッパに手を出そうとしたら、これは断固阻止しなければならない。だが、ソ連の東欧からの撤退は要求しない、という選択だった。ラジオ・フリー・ヨーロッパは存続するだろうし、スパイも活動を続けるだろう、だがそれでも、第二次世界大戦末期にソ連に占領された国々は支配下を脱することはできまい、と読んだからである。

的を絞り込んだ戦略では、明確な目標にリソースを集中させる。そのためには、戦略目標以外からリソースを引き揚げて戦略目標に回さなければならない。これは、選択と集中の必然的な結果である。だが、それまで予算も人員も潤沢に投じられていた事業やプロジェクトを打ち切るのは、大きな苦痛を伴う。インテルのCEOアンディ・グローブは、まさにこの困難に直面した。半導体記憶素子DRAMの製造を打ち切り、マイクロプロセッサに集中するという選択は、心情的にも政治的にもきわめてむずかしいものだった。

インテルは半導体メモリからスタートした会社で、さまざまな高度な技術を開発したことで知られる。だが一九八四年になる頃には、インテルがDRAMで日本企業との価格競争に耐えられないことがはっきりしていた。赤字を垂れ流しながらも「赤字を出す余裕があったからひたすらがんばっていた」のだとグローブは話す。だが赤字は増える一方だというのに、経営陣はどうすべきか決断できず、果てしない議論を続けるだけだった。ターニングポイントは一九八五年だったとグローブは回想する。その年のある日、グローブはインテルの会長であるゴードン・ムーアに憂鬱な質問を発したのだ。「もしわれわれが更迭され、取締役会が新しいCEOを連れてきたとしたら、その男はまず何をすると思いますか」。ムーアは即答した。「メモリ事業から撤退するだろう」。グローブはしばしこの言葉を噛みしめ、それからおもむろに言った。「ではなぜわれわれが、クビになったつもりになって、それをやらないんです？」(註4)

これだけ決心を固めてからも、実際に改革を断行するまでにはなお一年を要した。なにしろメモリ事業は長いこと中核事業として研究、製造、キャリア形成いずれの面でも花形でありつづけ、インテルの誇りそのものだったのである。営業部門は顧客の怒りを買うとして困惑し、研究陣はメモリ関連の予算打ち切りに猛反発した。それでもグローブはぐらつかず、メモリ事業からの撤退とマイクロプロセッサへの転換を断固として推進する。やがて三二ビットの386プロセッサの成功により、一九九二年にはインテルは半導体で世界最大手に上り詰めていた。

戦略を転換し資金や人材やエネルギーや注意をどこか一カ所に集中しようとすれば、会社そのものに倒産の危機が迫っているようなときは別として、必ず不利益を被る人が出てくる。したがってこの人たちは、戦略の転換に頑固に反対する。大きな企業の場合、これは避けられない事態と言える。戦略についての話し合いがいくら行われても、どれほど説得されても、この人たちは変化を望まない。そしてリーダーが選択に踏み切れず、新しい戦略を導入することができないと、八方美人型あるいは当たり障りのない戦略もどきでお茶を濁すことになる。そのような戦略もどきが発表されたら、それはリーダーに困難な選択を貫き通す強固な意志や政治力が欠けていることの証拠と言える。盛りだくさんの目標を掲げる企業では、選択が行われていないと考えてよい。

企業でも、あるいは政治でも、同じ行動パターンが長く続けられているほど、それは深く根を下ろし、既得権と化す。たとえば、今日のマンネリ化した安全保障戦略とアイゼンハワーの時代のそれとを比較してみよう。国防総省も独立空軍（陸軍の指揮下から独立）も中央情報局（ＣＩＡ）も国家安全保障会議（ＮＳＣ）も、北大西洋条約機構（ＮＡＴＯ）も、じつはアイゼンハワー時代に新たにつくられたものである。新しい組織は柔軟で進取の気性に富む。だからアイゼンハワーは指導力を発揮して各組織のミッションを見直し、国務省との調整を円滑に行うことができた。しかし、それから半世紀以上が過ぎた今日では、これらの組織を協調させようとしたら、アイゼンハワーの何倍もの時間と労力がかかることだろう。各組織の抵抗を抑えるには、強固な政治的意志と強大な権力の行使が必要になると考えられる。しかしそのような権力は、それとして大きな危険をはらむ。

穴埋め式チャートで戦略をこしらえる

ひどく奇妙なことだが、ある種の悪い戦略を量産するきっかけを作ったのは、カリスマ的リーダーの研究である。かいつまんで言うと、まずこの種の研究は、多くの人を惹き付ける卓越したリーダーに注目するところから始まる。モーセ、チャーチル、マーティン・ルーサー・キング・ジュニア等々、生まれや地位による裏づけのないリーダーたちだ。こうしたリーダーを分析するところからアカデミックなリーダー論が生まれ、さらには経営コンサルティングが登場するにいたった。

カリスマ性のあるリーダーに最初に着目したのは、社会学の父と言われるマックス・ウェーバー（一八六四～一九二〇）である。ウェーバーはさまざまなリーダーを分析しているうちに、正式に任命されたリーダーと個人のカリスマ性によるリーダーとは区別すべきだと気づいた。ウェーバーの描写によれば、カリスマ的リーダーは「超自然的・超人間的で、少なくとも表面上は、常人にはとうてい到達できないような卓越した能力と資質に恵まれている」(註5)。

伝統的にカリスマ的なリーダーとされてきたのは、企業経営者ではなく、宗教の教祖や政治指導者である。しかしこの傾向は、一九八〇年代半ば頃から変わりはじめる。一九八五年に出版された二冊の本がきっかけだった。ウォーレン・ベニスとバート・ナナスによる『リーダーシップの王道』、バーナード・バスの『変革のリーダー』である。これらの本の著者は従来の見方に叛旗を翻し、カリスマ的なリーダーシップ（最近では変革のリーダーとかチェンジ・リーダーという言葉が好まれるようである）は学ぶことができるし、学校でも企業でも美術館でも発揮できると主張した。彼らによれば、まったく新しい視点から高邁なビジョンを掲げ、そのビジョンに価値観やニーズを結びつけて人々のエネルギーを解き放つのが変革リーダーである。この二冊に続いて、ジェームズ・クーゼスとバリー・ポズナーの『リーダーシップ・チャレンジ』、ノール・ティシーとM・A・ディバナの『現状変革型リーダー』、D・A・ベントンの『カリスマ・エグゼクティブ』などが次々に出版された。

もちろん、誰もがこの流れに乗ったわけではない。経営学の巨人と言われるピーター・ドラッカーは、「有能なリーダーはカリスマ性には頼らない。ドワイト・アイゼンハワー、ジョージ・マーシャル、ハリー・トルーマンはすばらしいリーダーだったが、カリスマ性とは無縁だった。(中略)カリスマ的な魅力があるからと言って、それだけでリーダーとして有能だということにはならない」と述べている。

ともあれ、カリスマ的リーダーあるいは変革リーダー論で革新的なのは、リーダーの公式が編み出されたことである。それは、おおむね次のようなものだ。第一に、ビジョンを持っている。第二に、周囲の人を「組織のために尽くそう」という気にさせる。第三に、人々に自信と力を与えてビジョンの実現をめざす。このほかに、モラル、献身、責任感といったことを重視する研究者もいる。

こうした図式化されたモデルは、高学歴の人たちの間でひどく人気が高い。彼らは同じく高学歴の部下を管理しなければならない立場であり、組織の変革は必要だが部下に命令するのはいやだという矛盾した感情を抱いている。だから、命令するのではなく「その気にさせる」「力づける」というアプローチはたいへん好ましい。

このようなリーダー観についてとやかく言うつもりはないが、変革リーダーの存在が良い戦略を保障するものではないことだけは言っておきたい。強力なリーダーは、戦略遂行の意欲や自己犠牲を引き出すことはできるだろう。そして、苦痛を伴う変革を受け入れさせることもできるかもしれない。しかしそれは、追求する価値と実現する可能性を備えた戦略そのものを立てることとは、まったく別のことである。

■　■　■

戦略を持たないカリスマ的リーダーはいくらでもいる。その典型例を少年十字軍に見ることができよう。一二一二年、フランスの羊飼いの少年エティエンヌが聖地を奪回せよとのお告げがあったと説いて回る。ちょうどモーセがやったように、われらの前で海は二つに分かれて聖地へ向かわせてくれるにちがいない……エティエンヌの言葉を聞いた人は例外なくその気高い理想と情熱と雄弁に幻惑され、数千の少年少女が集まったという。この噂はドイツにも伝わり、ニコラスという若者がやはり少年十字軍を組織する。かくして二人のカリスマ的リーダーは、大勢を引き連れて苦難の旅に出発した。

エティエンヌの軍は数カ月歩き続けた末にようやくマルセイユにたどり着き、七隻の船を手に入れることができた。しかし二隻は難破して全員が死亡し、残る五隻は海賊に捕えられ、少年たちは奴隷として売り飛ばされてしまう。

ニコラスは二万人の子供たちを連れて南をめざし、アルプス山脈を越え、大勢の脱落者を出した末にローマに入る。そこで教皇に説得されて故郷に引き返すことになったが、無事戻ることができたのはほんのわずかしかいなかった。子供を亡くした親たちは怒り、ニコラスの父親を縛り首にした。

この例からもわかるように、カリスマ的リーダーが人々の心を動かすことは疑う余地がない。したがって、このようなリーダーシップは無気力に活を入れ、士気を高揚させ、自己犠牲を促す役には立つだろう。だが、数千数万の命が無益に奪われるケースも少なくない。

実りある結果を手にするためには、カリスマ的リーダーであれ、変革リーダーであれ、前途にある障害に注意深く気を配り、戦略を立てなければならない。たとえばガンジーがそうだった。ガンジーは細心の注意を払って不服従運動や「塩の行進」を組織し、それを全世界に知らせ、たびたびの投獄にも怯まなかった。こうした一連の一貫した行動が、イギリスは公正な国だという国際的なイメージを覆すにいたったのである。インドにこの誇るべき行動と独立とをもたらしたのは、ガンジーのカリスマ性と高い理想、そして良い戦略だった。

■　■　■

二〇〇〇年代前半になると、リーダーシップとともに戦略理論の研究も進み、テンプレート式の「戦略プランニング」が考案されるようになる。いまやこの種のフォームは大流行で、「ビジョン」「ミッション」「戦略」をキーワードにグーグルで検索すると、一〇〇〇以上のテンプレートが販売され、あるいは使用されていることがわかる。テンプレートは、だいたいこんなふうになっている。

ビジョン――組織の将来の姿を思い浮かべながら、ここにあなた独自のビジョンを書き入れてください。ビジョンとしては、トップやベストをめざすというものが一般的です。たとえばダウ・ケミカルのビジョンは「世界で最も収益性が高く尊敬される化学品メーカーになる」というものです（註6）。

ミッション――高い理想と正しい信念に裏づけられたミッションを書き入れてください。たとえばダウのミッションは、「人類の進歩に欠かせないイノベーションに情熱的に取り組み、顧客に持続可能なソリューションを提供しつづける」です。

価値観――組織の価値観を示す文章を書き入れてください。反感を買うようなもの、論争になるようなものは避けることが大切です。たとえばダウの価値観は「高潔、尊敬、環境保護」です。エンロンのは「尊敬、高潔、コミュニケーション、卓越」です。

戦略――あなたが願うこと、目標とすることを書き入れてください。これが組織の戦略となります。たとえばダウの戦略は、「高度な技術を持ち市場で評価されるとともに、株主に価値をもたらし成長を牽引できるような高業績事業ポートフォリオに選択的に投資する。川下部門に価値をもたらすような資産集約型の基礎事業ポートフォリオを管理する」というものです。

このテンプレート方式は、企業でも教育機関でも政府官庁でも熱狂的に支持された。この手順に従って書き込んでいくだけで、あたかも深い洞察に裏づけられているかのようなありがたいステートメントができあがるからである。

かくして、ミッションとは何か、ビジョンとは、戦略とは、イニシアチブとは、優先順位とは、といったことを嬉々として説明し指導するコンサルティング会社が大量に出現した。そして町の小売店から大規模なIT企業にいたるまで、ありとあらゆる組織がコンサルタントの指導の下で戦略を立てるようになる。考えてみればコンサルタント自身も、テンプレートのおかげで、クライアントが直面する課題や機会を分析し選別する難儀な作業から解放されたわけである。それに、課題や難局には目をつぶってビジョンやミッションといった前向きなものに取り組んでいれば良いのだから、誰の感情も傷つけずに済む。

それでは、テンプレートから生まれるビジョンやミッションがどういうものか、いくつか例を紹介しよう。

- 国防総省のミッションは「紛争を阻止する。阻止に失敗した場合には、戦って勝つ」というものである。これに異論を唱える人はあるまいが、このミッションは何も意味しない。わざわざ印刷して配るのは資源のムダと言うべきだろう。
- コーネル大学のミッションは「未来のリーダーを育て知のフロンティアを拡げることによって、社会に貢献する学問の場でありつづける」である。これは要するに「コーネル大学は大学である」と言っているに過ぎず、何も意味のある情報を発していない。コーネル大学が何かを計画したり方針を立てたりするときに、このミッションは何の指針にもならないだろう。優秀な頭脳が集まってこういうミッションを語っているのでは困ってしまう。

• カリフォルニア州立大学サクラメント校は、「卓越した学習プログラムと共通カリキュラムにより、サクラメントのみならず広く全米に知られる大学になる。また本学は、多様性を特徴とする『ニュー・カリフォルニア』開発の主要パートナーとなる」というビジョンを掲げている（註7）。これを読む限りでは、同大学が成功の基準としているのは「知名度」であるらしい。これでは、セレブの追っかけ雑誌《ピープル》と変わらない。

カリフォルニア州立大学サクラメント校では、このビジョンの下でいくつかの「戦略的重点目標」を立てている。その第一は、「全学を挙げて学生の就職率、定着率、卒業率を改善する」である。重点目標が印刷された立派な冊子によれば、学生の在籍数に応じて州から補助金がもらえるので、非常に重要だと説明されている。つまり中退する学生や落第し退学させられる学生がいると、大学は収入が減ってしまう。そこで定着率を引き上げる「戦略」として、「学業の継続、卒業、学生の成績向上を支え促す文化を育てる」という。この空疎な表明から何か具体的な行動を導き出すのはむずかしい。一方、「卒業率を五七％から六二％に引き上げる」という戦略目標のほうは明確であり、あるいは達成可能かもしれない。だが卓越したプログラムにより全米に名を轟かすというビジョンと、中退者を減らして州からできるだけ多く補助金をもらうという戦略目標の間に整合性があるとは言えまい。どうもビジョンと戦略目標の比重を見ていると、この大学は州からの補助金を増やすことを最優先しているように思えてならない。

- CIAのビジョンは、「一つのエージェンシー、一つのコミュニティになる」というものである。持てる力を結集して強力な情報収集コミュニティを形成しよう、ということらしい(註8)。公式に発表されているビジョンのほうは、「より良いチームワークと能力開発」である。これを見たら、ウサマ・ビンラディンの殺害が最優先目標であるなどとは、想像もつくまい。そもそもCIAが戦略目標をウェブサイトで公開することなど、誰も望んではいまい。それなのに、なぜ空疎な目標をわざわざ発表するのだろうか。

- 私は最近、日本の大手メーカーNECの戦略発表会に出席した。NECの今後一〇年間のビジョンは「人と地球にやさしい情報社会をイノベーションで実現するグローバルリーディングカンパニー」である。プレゼンテーションによると、同社は「限られた地球の資源を、ICTによるインテリジェンスを用いて効率的に活用し、将来にわたって持続可能な社会」の実現に力を尽くすという。現在NECはコンピュータと通信機器の大手で、日本市場ではそれなりのシェアを占めているものの、海外ではさほど成功していない。この種の製品は競争が激しく、どこのメーカーも利益率が下がってきている。NECの株主資本利益率は二%未満、営業利益にいたっては売上高比で一・五%という低さだ。これでは研究開発費も捻出できまい。NECに必要なのは利益を増やす戦略であって、聞こえの良いスローガンではない。

この種の美辞麗句に満ちたビジョンやスローガンは、カリスマ的リーダーや変革リーダーが得意とするところであり、「リーダーたるものビジョンを打ち出さねばならない」という発想の申し子と言える。しかし個人のカリスマ的魅力だけから戦略を生み出そうとするのは、安易に過ぎると言わざるを得ない。

大方の人が美辞麗句で満足しているのだから、何も目くじらを立てる必要はない、という声も聞く。だがほんとうに有効な戦略を練り上げて実行しようという人にとっては、空疎なレトリックや悪い戦略の存在は重大な障害物となる。戦略なんてこんなものだという見方が定着し、意味のある戦略を掲げても、テレビのＣＭのように聞き流されかねない。

成功すると考えたら成功する

前章に登場したチャド・ローガンはジャック・ウェルチに心酔し、「不可能を可能にする」のだと言った。当時ウェルチは偉大な経営者の一人ともてはやされていたのだから、ローガンがウェルチをまねたくなる気持ちはよくわかる。ウェルチはリーダーシップについて、あるいは戦略や経営について本を書き、講演し、さまざまなメディアの取材に応じた。だがじつは彼の発言や著作は、ちょうど聖書のように、どのように解釈することも可能である。ウェルチは戦略プランニングなど時間のムダだと話す一方で、「戦略策定の第一歩は、持続的な競争優位となる何かを見つけ出すこと、言い換えれば、どうすれば勝てるかをみきわめることだ」と言っている。またウェルチはがんばる意欲が重要だと語る一方で、「競争優位がないなら競争するな」とも言い切った。たしかにウェルチは、家電、石炭、半導体事業には「がんばれ」とは言っていない。彼はこれらの事業から全面的に撤退し、業界でトップを争える事業だけに集中した。切り捨てる事業の人間には、ビジョンを共にすることさえ求めていない。こうしたわけだから、ジャック・ウェルチをめざす人は、ウェルチ（もっと正確には彼のゴーストライター）が書いたことではなく、彼の行動に注意を払うべきである。

ジャック・ウェルチは「不可能と見えることをやり遂げる」うんぬんと言ったとされているが、これは士気を鼓舞する典型的な表現であり、古今東西の指導者の演説や著作はもちろん、カレンダーやメモ用紙にもこの手の言葉をよく見かける。いわゆるポジティブ・シンキングの源流は、プロテスタント流の個人主義にある。

いまから一五〇〇年前のアメリカで始まったプロテスタント改革では、個人と神との間にカトリック教会が介在する必要はないと主張された。思想家で伝道師でもあるラルフ・ウォルドー・エマソンを筆頭に、個人が神と直接対話することは可能である、なぜならどの人にも内なる神性があるからだ、という考えが主流となっていく。

この思想からクリスチャン・サイエンスが派生し、すべての病気の原因は心的なものであり、健全な思想と信念を持つことによって病を根絶できると唱えた。一八九〇年になると、この宗教哲学は、人間の信念には物理的世界に影響をおよぼす力があるという神秘思想へと変化する。これが、ニューソート運動である。この運動は、宗教感情と世俗的な成功の希求とを結びつけるものだった。要するに、成功すると考えたら成功するというのである。逆に、失敗すると考えたら失敗することになる。

ニューソート運動の創始者であるプレンティス・マルフォードは、一八八九年の著作『精神力』の中で次のように述べている。

「何らかの事業や発明のために計画を立てるとき、私たちはちょうど機械を作るときに鉄を扱うように、思考という見えない要素を扱っている。計画つまり思考は、練り上げられると同時に、また別の見えない要素、すなわち計画を実行し具体的な成果を出す能力を自ずと生み出す。私たちが失敗を恐れ不運を予感するときも、見えない思考を形作っているのであり、先ほどと同じ引き寄せの法則により、自ら失敗や不運を招く」（註9）

二〇世紀初めの二〇年間ほどは、この種のマインド本の全盛期だった。おそらく最も影響力があったのは、ウォレス・ワトルズの『富を引き寄せる科学的法則』だろう。ワトルズは、どんな人にも神のようなパワーがあると考えていた。しかし宗教を連想させるようなものは巧みに排除して、魅力的な呪文の数々を書き連ねている。

「あらゆるものは考えから作られます。考えは広大な空間に広がり、浸透し、充満します。考えこそが、考えによってイメージされたものを作り出すのです。人間は、頭の中でものを作り上げることができます。そしてその考えを形のないものに投影することによって、作ろうと考えていたものを生み出すことができるのです。（中略）病気の兆候が出ているときに健康のことを考え、貧困の中で金持ちになることを考えるには、たしかにパワーがいります。しかしこのパワーを手にしたなら、あなたは何も恐れることはなくなります。あなたは運命に打ち克つことができるでしょう。あなたは、なりたいものになれるでしょう」（註10）

クリスチャン・サイエンスの影響を受けて宗教科学運動を起こしたアーネスト・ホームズは、一九一九年の著作『クリエーティブ・マインドと成功』の中で、成功するためには失敗という観念を完全に排除しなければならないと説いた。

「考えは力であるだけでなく、あらゆるものを生み出す。人が何かを引き寄せる力は、精神の状態と正確に呼応している。したがって成功するためには幸福のことだけを考えていなければならない。そうすれば前向きになり、不安や憂鬱は消し去られる。希望に満たされ、周囲をも心地よくすることができる。あらゆるネガティブな感情を意識から排除しなさい。そうしたものとは無縁だと宣言しなさい。他人が何と言おうと、あなたは成功する。何物もあなたを邪魔することはできない」（註11）

ニューソート運動は一九二〇年代前半にピークに達し、その後はさまざまな思考法に形を変えて、一九三〇年代にはモチベーションやポジティブ・シンキングが主流になる。一九三七年に書かれていまなお人気のナポレオン・ヒル『思考は現実化する』を筆頭に、ノーマン・V・ピール『積極的考え方の力』、クレメント・ストーン『心構えが奇跡を生む』、キャサリン・ポンダー『「宇宙の力」を使いこなす方法』、アンソニー・ロビンズ『一瞬で自分を変える法』、ディーパック・チョプラ『富と成功をもたらす7つの法則』……。最近では、ワトルズの信奉者であるロンダ・バーンが二〇〇七年に書いた『ザ・シークレット』が大ヒットし、映画化もされている。とは言えバーンの「秘密」はマルフォードの「引き寄せの法則」とまったく同じで、要するに願ったことは叶うというのである。今日ではこうした考え方を、一世紀前に書かれた著作の焼き直しであるにもかかわらず、「ニューエイジ」と呼ぶ。

ニューソートを構成するさまざまな要素を組み替えて生まれたのが、いわゆる戦略思考である。この方面の研究は、出始めの頃は、型にはまった経営論や組織論に健全な一石を投じるものとなった。だが最近では、マルフォードばりの発想を組織の中に置き換えたような論調が目立つ。

その典型が、ベストセラーになったピーター・センゲの『最強組織の法則』である。センゲが強調する「共有ビジョン」の重要性は、企業経営者に多大な影響を与えた。「AT&T、フォード、アップルといった企業の成功は、共有ビジョンの存在なしには考えられない。（中略）こうした個人のビジョンが企業のあらゆるレベルで共有されることこそが重要なのだ。それによって何千人もの社員のエネルギーを集中させ、多様な人々の間に共通のアイデンティティを生み出すことができる」（註12）とセンゲは主張する。

この主張は多大な説得力を持っていたが、実際には的外れである。フォードやアップルの成功は卓越した能力と幸運の賜物であって、それをあらゆるレベルで共有されたビジョンに帰すのは、事実の歪曲と言わざるを得ない。アップルはパソコンを発明したわけではない。その技術はすでに存在していて、無数の起業家が「誰もが使えるコンピュータ」を設計しようと躍起になっていた。アップルがそれに成功したのは、スティーブ・ウォズニアックという一人の天才によるところが大きい。ウォズニアックは、アップルIIの心臓部であるモトローラ製マイクロプロセッサを使って画像出力装置とフロッピーディスクを直接動作させる（したがって高価な後付け製品を使わない）仕掛けを作った。さらに世界初のパソコン用表計算ソフト、ビジカルク（VisiCalc）が開発されるという幸運に恵まれ、それまで一部の人しか使わなかったパソコンを誰もが買うようになった。これが、アップルIIの爆発的ヒットにつながったのである（註13）。

フォードの場合も、「誰もが乗れる車」を作るというビジョンは別に目新しいものではなかったし、一日五ドルで働く組立工に共有されていたとは言えない。一九〇七年のデトロイトは、いまのシリコンバレーだった。そこには誰もが乗れる車を作ろうとするエンジニアが何千人もいてしのぎを削っていた。フォードが成功したのは、部品の規格化や流れ作業システムの確立を通じた生産性の向上と販売促進の巧みさによる。

センゲは継続的な自己の向上（自己マスタリー）を奨め、そのためには自分の内面を見つめる作業が必要だとして、そのお手本にフォードの神秘的な信念を引用している（もちろんセンゲは、フォードの激しいユダヤ嫌いを見習うようには奨めていない）。「ごく小さな見えないものが私の精神に働きかける。そうした見えないものはそこにあって、私たちが気づいて呼びかけ活用するのを待っているのだ」。フォードは常々、自分が成功したのはラルフ・ウォルドー・トライン『人生の扉をひらく「万能の鍵」』を読んだおかげだと語っていた。トラインもやはりニューソートの流れを汲んでおり、ネガティブな思考を追い出し、自分の望むことを明確に思い描きなさいと説いている(註14)。
ニューソート系の思想では、とにもかくにもネガティブなことを思い浮かべてはいけないとされているが、共有ビジョン派では揺るぎないコミットメントが大切であり、自らのビジョンの正しさを何物にも惑わされることなく信じなさいと説く。たとえばマーク・リプトンは『成長を導く』の中で次のように述べている。

「成長ビジョンの策定プロセスに携わる人は、自分の疑念をひとまず棚上げすることが必要である。この点は、いささか当惑の種になるかもしれない。経営幹部になるような人は高度な教育を受け、経験も積んで、現実的・実務的なことには長けている。だがゼロからスタートして何ができるかを考えるためには、一時的に疑念を封印することが必要だ。たとえ実務家の感覚に反するとしても、これはエグゼクティブのリーダーシップに必要な能力である。夢を信じるだけでなく、夢を実現させる能力があると信じなければならない」(註15)

またセンゲは、『出現する未来』の中で、コロンビア大学の人気教授スリクマー・ラオ教授を賞賛し引用している。

「長い間あたため続けてきた意志は、必ず実現する。あなたは自分が何をしたいのか、このうえなくよく理解していることだろう。自分の意志を何度も何度も問い直すこの深化と純化のプロセスは、ある意味では、自分の中で意志を宣言するようなものだ。自分はこうしたい、こうするのだと宣言してしまったら、あとはもうやるしかない。意志は宣言することによって実現する。あなたのすべきことは、視野を拡げ、辛抱強く待ち、あらゆる可能性に心を開くことである」(註16)

こうした思想がいつも新しい考えであるかのように提出されることには、まったく驚かされる。何度も繰り返され手垢のついたアイデアであっても、そのたびにフレッシュなものとして多くの読者を惹き付ける。こうしたアドバイスは宗教のまじないのようなもので、強く望めばきっと何かが起きると信じたい気持ちをうまく利用しているのである。

強く念じることや自分の内面を磨くことでパワーが出るものかどうか、私は知らない。だが、精神から発する光が現実の世界を変えられるとか、成功すると思えば成功すると信じるのは一種の妄想であって、経営や戦略への取り組み姿勢としては奨められないことだけは確かだ。分析というものは起こりうる事態を考えるところからスタートするのであって、その中には好ましくない事態も当然含まれる。大空を飛ぶイメージだけを思い浮かべ失敗を考えたことのない人々の手で設計された飛行機には、私は乗りたくない。だが想念だけでビジョンは実現するという教えは多くの人を心酔させてきた。そのような教えを信じることは、批判的に考える能力を捨て、良い戦略をあきらめることにほかならないと私には思える。

第5章

良い戦略の基本構造

良い戦略は、十分な根拠に立脚したしっかりした基本構造を持っており、一貫した行動に直結する。この基本構造を「カーネル（核）」と呼ぶことは、すでに述べたとおりである。良い戦略がカーネルだけで成り立っているわけではないが、カーネルがなかったりまちがっていたりすると、深刻な事態になりかねない。カーネルを理解してしまえば、戦略は立てるのも表現するのも評価するのも容易になる。カーネルを組み立てるときに、ビジョンやミッションや目標や戦術をあれこれ考える必要はなく、先行者利得や競争優位を追求する必要もない。経営戦略、事業戦略、製品戦略等々に分けることも無用だ。ずばり単刀直入なのが良い戦略である。

カーネルは、次の三つの要素から構成される。

1　診断――状況を診断し、取り組むべき課題をみきわめる。良い診断は死活的に重要な問題点を選り分け、複雑に絡み合った状況を明快に解きほぐす。

2　基本方針――診断で見つかった課題にどう取り組むか、大きな方向性と総合的な方針を示す。

3　行動――ここで行動と呼ぶのは、基本方針を実行するために設計された一貫性のある一連の行動のことである。すべての行動をコーディネートして方針を実行する。

それでは、いくつか例を挙げておこう。

- 医師にとって解決すべき問題は、病気の兆候あるいは症状を示し、既往症を持つ患者そのものである。医師は診断を行い、病名をつける。次に、治療法を決める。これは基本方針に相当する。そして、治療法に基づいて食餌療法、投薬など一連の行動を調整し、治癒をめざす。
- 外交政策では、むずかしい局面に直面したとき、過去の類似の状況を参照しながら診断することが多い。そして、過去にある程度成功したアプローチに基づいて基本方針が決められる。したがって、仮にイランのマフムード・アフマディネジャド大統領を「第二のヒトラー」と診断したら、基本方針として戦争が選ばれるだろう。しかし「第二のカダフィ」と診断した場合には、水面下の接触を通じて圧力をかけるといった方針が選ばれるかもしれない。外交政策では、経済、外交、国防当局が連携して一貫した行動をとる。
- 企業の場合、取り組むべき課題は変化や競争への対応であることが多い。企業にとって大切なのは、やみくもに業績目標を掲げるのではなく、状況を診断して課題の本質をみきわめることである。この診断がついたら、どうすれば最も効率的かつ効果的に対処できるか、方針を決める。そして一連の行動とリソース配分をデザインし、方針を実行に移す。

- 大規模な組織の多くは、内部に問題を抱えていることが多い。つまり外部との競争よりも、時代遅れの業務慣行、官僚主義、既得権益、縦割り組織、旧態依然の経営手法などのほうが深刻な問題となっている。したがって、こうした問題点をみきわめ、組織改革や組織再生の基本方針を打ち出すことが必要である。この方針に基づいて、人事の刷新や業務手続きの見直し、権力構造の解体・再編など一連の行動をとることになる。こうした問題が存在しないというときには、新分野の開拓や競争優位の確立といったことが課題になるだろう。

三つの要素を私がカーネルと呼ぶのは、戦略の屋台骨であり、なくてはならない存在であることを強調したいからである。カーネルは壮大なビジョンとは無縁で、目標や中間目標や年間目標といったものとも関係がなく、期限すらない。こうしたものは、脇役に過ぎない。カーネルは戦略の考え方を表し、戦略の策定を促し、戦略を表現し、行動へと駆り立てる。カーネルはまた、戦略を分析・評価するときの手がかりにもなる。繰り返しになるが、戦略の核は状況の診断、診断で明らかになった課題に取り組む基本方針、基本方針に基づく一貫した行動である。以下では、一つひとつについてくわしく検討する。

1　診断

同僚のジョン・マメーは、ＵＣＬＡアンダーソン・スクールの学部長を退任した後、学生に教えるコツを知りたいと言って私のクラスに一〇回ほど参加したことがある。そして七回目ぐらいだったか、私たちはクラスの後で教育談義をし、戦略コースの授業は質問で成り立っているという話になった。質問を重ねていくことによって複雑な状況を整理し、過去の例との関連性を見出して、解決の糸口をつかめるのだと私が言うと、ジョンはしばらく私の顔を見てから、おもむろにこう言ったものである。

「でも君は、クラスで一種類の質問しかしていないように見えるけどね。つまりそれは、いま何が起きているのか、という質問だよ」

そのようにずばりと言われたことはなかったので私は少々鼻白んだが、しかしジョンの指摘はまったく正しかった。実際、戦略を立てる作業の多くは、何が起きているのかを洗い出すことにある。何をするか決めることだけが戦略ではない。より根本的な問題は、状況を完全に把握することである。

診断では、少なくとも悪い箇所を特定し、病名をはっきりさせなければならない。断片的な兆候や症状からパターンを割り出し、どこに注意を払い、どれはあまり気にしなくてよいかを選別する。すぐれた診断は、ときに状況に対する見方を変え、まったく新しい見通しを示してくれる。診断によって、目の前の状況のタイプやパターンがわかれば、過去の類似の状況を探してヒントを得ることができる。また信頼できる診断が下されれば、従来の戦略を評価できるようになるので、それを軌道修正したり、状況に応じて方針転換したりすることも可能になる。

ここでは、スターバックスを例にとって考えてみよう。スターバックスは、たった一軒のコーヒーショップからスタートしてアメリカのシンボルと言えるほどに成長した企業である。しかし二〇〇八年には、既存店の売上高は横ばいか下落気味になり、利益率は下がっていた。総資産利益率（ROA）は、それまで一四％の高率を誇っていたのに、五・五％前後に落ち込んでしまう。さてここで質問は、これはどの程度深刻な問題なのか、ということである。急成長を遂げてきた企業は、遅かれ早かれ市場が飽和する事態に直面するので、拡大ペースにはどうしてもブレーキがかかる。成長が鈍化すれば株価に響くけれども、これは企業の発展段階で避けられない局面と言える。また、仮にアメリカ市場が飽和したとしても、海外進出の余地はまだあったのではないか。この点についてドイツ銀行は、海外での競争も熾烈になってきたと指摘している。たとえばオーストラリアでは二三店舗が営業を続けているが、対するマクドナルドでは、七六四店舗がラテやカプチーノといったおしゃれなコーヒーを提供しはじめたという(註1)。その一方で、オッペンハイマー・ファンドのように「ヨーロッパはまだ開拓の余地があり、十分に成長を維持できる」という意見もあった(註2)。海外市場はまだ期待できるのか、できないのか、どちらなのだろう。

あるいはほかにもっと深刻な問題が隠れているのだろうか。出店数を増やしすぎたために経営の質が低下したのか。競合店がコーヒーのクオリティを改善したため、スターバックスの強みが薄れてしまったのか。そもそもコーヒー自体のクオリティよりも店舗の立地や雰囲気のほうが重要だったのではないか。スターバックスは高級なコーヒーを味わうための店なのか、都会の中でほっと一息つくオアシスのような存在なのか。スターバックスというブランドはコーヒー以外の製品あるいはコーヒーショップ以外の形態にも発展可能なのか。さまざまな質問が考えられる。

スターバックスでは、ある経営幹部は「顧客の期待にどう応えるかという問題だ」と状況を総括した。別の幹部は「新たな成長の基盤を探すべきだ」と主張し、別の幹部は「競争優位が薄れてきた」と結論づけた。どの見方も、あることに焦点を当て、それ以外を棚上げしてはいるが、それとして行動につながるものではない。何より問題なのは、これらの診断が正しいかどうか検証できないことである。どれも、どの問題が重要かを判断しているだけで、事実に基づく診断とは言えない。

このようにスターバックスは、問題に取り組む以前に、問題を突き止め明確に定義することができていなかった。したがって、どのような結果をめざしてどう行動するかもわかっていなかった。事実を客観的に観察して問題点を把握しておかないと、現実的な戦略を立てることはできない。そこでスターバックスの診断は、知識や経験に基づく推測にならざるを得なかった。

状況を適切に診断できたときは、複雑な現状が整理され、よりシンプルな形で提示される。この整理された形を見れば、どこに注意を払うべきかがわかりやすい。そして何がほんとうの問題なのかを理解し、解決に向けて前進することが可能になる。

また的確な診断は、単なる状況説明では終わらず、どのような行動が必要なのかを自ずと示すことができる。社会学では結果を最も正しく予測できる分析が良い分析とされるが、良い戦略でも多くの場合、望ましい結果への道筋が見通せるような診断が最初に下されている。たとえばアメリカの義務教育課程の生徒を対象にした調査では、学業成績は一学級の人数や年間教育予算よりも社会階層や家庭教育に左右されることがわかっている。だがこのような事実がわかったところで、政策的に何も打つ手はあるまい。これに対して同僚のビル・オーウチは、まったく異なる戦略的分析を行っている。オーウチの著書『学校を機能させる』によれば、学校の問題は学級や文化や予算やカリキュラムではなく、組織にあるのだという(註3)。権限委譲の進んだ学校では、生徒の成績も良いのである。ここでポイントは、組織の問題が学業成績のばらつきの大半を説明できるかどうかは、決定的な要素ではない、ということだ。重要なのは、成績のばらつきの一部は学校組織によって説明できること、しかもこれは、文化や社会階層などとは異なり、十分に政策に反映させられることである。

診断は、すでに認められている枠組みとの類似性や共通性の形で示されることが多い。たとえばアメリカの国家戦略を学ぶ学生なら誰でも、冷戦中の封じ込め政策につながった診断を知っている。これを行ったのは、当時在モスクワ米国大使館の高官だったジョージ・ケナンである。一〇年以上におよぶ駐ソ経験を持つケナンは同国の政治や恐怖心をつぶさに見ており、そのイデオロギーや権力を詳細に分析して、一九四六年の有名な「長文電報」で本国に報告した。ケナンの診断は、ソ連はふつうの国民国家ではない、というところから始まる。ソ連の指導者は、資本主義に反対することを使命と心得ており、ありとあらゆる手段を使って革命共産主義を世界に浸透させることを至上命令と考えている。ケナンは、共産主義社会と資本主義社会の敵対関係こそがソ連の政治体制の基本になっており、両者の間にいかなる妥協も和解も、信頼できる国際協定の成立もあり得ないと断じた。その一方で、ソ連の指導者は力関係に関しては現実的な目を持っているとも指摘している。そして基本方針として、注意深く力で拮抗することを進言した。

「以上を総合すると、西側の自由体制に対するソ連の圧力は、綿密な注意に基づく対抗力によって封じ込め得るが、説得や交渉によって抑えるのは不可能であることがわかる。対抗力は、ソ連の政策の変更に応じて、さまざまな地点や政治局面で発揮する必要がある。ソ連は無期限の抗争を予測しており、この戦いにおいてすでに多大な成果を上げたと考えている」（註4）

長期戦を覚悟すべきであり交渉による和解の余地はないというケナンの診断は、アメリカの政策当局に広く受け入れられた。それは、封じ込め政策が幅広く多様な行動を可能にするという点で非常に魅力的だったからでもある。言うなれば、ソ連はウイルスに感染した重病人であり、アメリカは感染の拡大を極力抑えてウイルスが死に絶えるのを待つ、という方針である。とは言えケナンの進言した基本方針は、具体的な行動を示していたわけではない。そこでトルーマンからジョージ・H・W・ブッシュにいたる歴代大統領は、苦労しながら行動に移していった。北大西洋条約機構（NATO）と東南アジア条約機構（SEATO）の創設、ベルリン大空輸、朝鮮戦争、ヨーロッパへのミサイル配備、ベトナム戦争などは、すべてこの基本方針に沿ってとられた行動である。

一九四七年に別の見方が採用されていた場合、歴史はどのように変わっていたかを想像してみると、ケナンの診断の影響力を知ることができる。アメリカは融和策を選び、マーシャルプランの対象にソ連も含めて、ソ連を世界共同体の一員に引き込んでいたかもしれない。あるいはアメリカは事態を傍観する道を選び、ソ連の勢力伸長の問題は国連に委ねられていたかもしれない。あるいはソ連は独裁国家への道を突き進み、アメリカはこれに対抗し武力干渉していたかもしれない。

企業経営では、重大な戦略転換が診断によってもたらされることが多い。置かれた状況を従来とは異なる角度から見ることによって、診断の結果はまったくちがうものになる。たとえば一九九三年にルー・ガースナーがＩＢＭのＣＥＯに就任したときがそうだった。当時ＩＢＭは深刻な業績低迷に悩まされていた。長らく同社の成功の方程式は、すべてを統合した完全なソリューションを大企業や政府官庁に提供する、というものだった。だがマイクロプロセッサの出現で、業界の様相はがらりと変わってしまう。コンピュータ業界は細分化され、チップ、メモリ、ハードディスク、ソフトウェア、ＯＳ等々に特化した企業が続々と出現した（これについては第13章でくわしく取り上げる）。デスクトップ機が主流になり、ウィンテルが業界標準になると、雨後の筍のようにクローンＰＣが次々に出現し、あっという間にＩＢＭのモデルはコモディティ化してしまう。いったいどうしたらよいのか。当時はＩＢＭの社内でもウォール街でも、ＩＢＭは図体が大きくなりすぎたという見方がもっぱらだった。新しい業界構造のキーワードは細分化である、したがってＩＢＭも解体し、身軽になるべきだ、というのである。ガースナーが着任したときは、すでに分社化の準備が着々と整えられていた。

だが状況を検討したガースナーは、大方の見方とは異なる診断を下す。細分化の進む業界にあって、すべての分野に通じているのはけっして悪いことではない。ＩＢＭの問題は、総合メーカーであることではなく、総合的なスキルを活かせていないことにあるのだ、というのがガースナーの見立てだった。むしろＩＢＭはもっともっと統合化を進めるべきだ、しかしこれからは、ハードウェアではなく顧客向けのソリューションに力を入れていく、とガースナーは宣言する。このとき最大の障害となったのは、社内に横のつながりがなく、行動をコーディネートするのに時間がかかり、まったく俊敏性に欠けることだった。この新たな診断に基づき、すべてを自前で提供できるというＩＢＭの独自性と高度な技術力、そしてブランド力を活かして顧客にオーダーメイドのソリューションを提供する、という基本方針が立てられた。ただし、必要に応じて外部のハードウェアやソフトウェアも積極的に採用していくことも決まった。ＩＢＭの付加価値を生み出す源泉は、システム・エンジニアリングからＩＴコンサルティングにシフトしたと言えるだろう。「総合メーカーは時代遅れだ」とか「ＩＴの全分野にわたって専門知識と能力を備える」というだけでは戦略ではないが、そうした見方を踏まえて何が問題なのかを正しく診断したとき、ＩＢＭは新しい方向に進みはじめたのである。

2　基本方針

基本方針は、診断によって判明した障害物を乗り越えるために、どのようなアプローチで臨むかを示す。「基本」という言葉がついているのは、大きな方向性を指し示すだけで、具体的に何をすべきかを逐一教えるものではないからだ。ケナンの封じ込め政策や、ガースナーのオーダーメイドのソリューション提供という方針は、まさしく基本方針に当たる。ちょうどガードレールのように、基本方針は行動を一定の方向に導き逸脱を防止する。しかしこまかい内容は指示しない。

良い基本方針は、目標やビジョンではないし、願望の表現でもない。難局に立ち向かう方法を固め、他の選択肢を排除するのが基本方針である。

たとえば金融大手ウェルズ・ファーゴは「すべてのお客さまの金融ニーズに応え、より良い資産形成をお手伝いする。活動するすべての市場において最高級の金融サービス・プロバイダーになり、アメリカで最もすぐれた企業の一つとして世界に知られるようになる」というビジョンを掲げている(註5)。このビジョンからは野心は伝わってくるが、どのような戦略で、具体的にはどのような方針でその野心を実現するのかはまったくわからない。ウェルズ・ファーゴの名誉会長で元CEOのリチャード・コバセビッチはこのことを十分承知しており、ビジョンとは別に基本方針を立てている。それは、「より多様な金融商品を扱いネットワーク効果を活用する」というものである。コバセビッチは、より多くの種類の金融商品を顧客に買ってもらうことができれば、顧客についても、また顧客のネットワーク全体についてもよりよく知ることができると考えていた。そしてこの情報に基づいてさらにきめこまかく金融商品を開発する、という発想である。この基本方針は、漠然としたビジョンとは異なり、ウェルズ・ファーゴが競争で優位に立つ道筋をはっきりと示している。

賢明な読者はすでにお気づきかもしれないが、私が「基本方針」と呼ぶものを戦略と称している企業がかなり多く見受けられる。だが、戦略を基本方針で代用するのはまちがっている。診断を伴わない場合、どのような方針が可能か、比較検討して選ぶことができない。また基本方針に沿って行動を起こしてみないと、その方針が現実に実行可能かどうかを確認することもできないだろう。良い戦略とは「何をやるか」を示すだけでなく、「なぜやるのか」「どうやるのか」を示すものであるべきだ。

良い基本方針は、埋もれていた強みを引き出し、あるいは新たな優位性の源泉を開発して難局を打開する。いやむしろ、こうした優位性を見つけることこそが戦略の要諦と言えよう。テコを使えば力を何倍にもできるように、戦略的優位があれば、リソースや行動の効果を何倍にも大きくすることができる。優位と言うとすぐに競争優位を思い浮かべる人が少なくないが、非営利組織や公的機関も、良い戦略によってリソースや行動の効果を高めることができる。

現代の企業戦略では、とかく競争に勝つことが最優先され、基本方針なしにいきなりこまかい戦術に移ってしまう例が多い。コスト削減、ブランド力の強化、開発サイクルの短縮、顧客情報の収集……。たしかにこれらはどれも、競争優位にはつながるだろう。だがそれよりも大切なのは、より広い視野から自社の戦略的優位性を探すことである。

また、良い基本方針を持つこと自体も一つの優位になる。良い基本方針は、こちらの行動がどのような反応を招くかまで予測したうえで、行動の方向を示す。また、決定的な一点に努力を集中することによって、大きな効果を上げる。さらに、手当り次第にいろいろなことを試すのではなく、一貫した行動を呼び起こす。こうした意味で、良い基本方針それ自体が強みとなる（この点については、第6章でくわしく取り上げる）。

たとえばガースナーが掲げた「顧客にソリューションを提供する」という方針は、データ処理に関する世界トップクラスの技術力と専門知識というＩＢＭの無形の強みを活かすものだった。だがそれだけでなく、悩める巨象に将来の方向性を明確に示して不確実性をぬぐい去り、膨大なリソースを具体的な目標に集中投下するプロセスを始動させたという点で、この方針そのものもＩＢＭの強みになったと言える。

では、基本方針は実際にどのように作用するのかを、身近な例で説明しよう。友人のステファニーは、町の小さな食品店のオーナーである。彼女は仕入れもすれば帳簿も付け、従業員の採用や管理も行い、忙しいときには自らレジ打ちもする。店に関するあらゆる決断はステファニーが下す。数年前、私は相談を受けた。これからもずっと安値で売りつづけるべきだろうか、それとも多少高くても鮮度の良い食品や有機食品を扱う方向に転じるべきだろうか。地元に多いアジア人学生のためにアジアの食品を仕入れるべきだろうか。有能で感じの良い店員を雇うことはお客の定着にどの程度役立つのだろうか。高い給料を払ってでもそういう人材を確保すべきだろうか。レジカウンターをもう一つ備えたいが、元がとれるだろうか。駐車スペースも必要だろうか。地元の大学の新聞に広告を出すべきだろうか。天井はグリーンにすべきか、白がいいか。毎週何かをセール品にすべきだろうか、するとしてどんなアイテムをセール価格にしたらよいだろうか……。

経済学者なら、利益を最大化するような行動をとりなさい、と言うだろう。これは学問的には正しいかもしれないが、まったく役に立たないアドバイスである。経済学の教科書には、収入と費用の差を最大にするような生産量Qを選べ、と書いてある。だが現実の世界では、「利益を最大化せよ」と言われても困ってしまう。値上げをするのか、経費を切り詰めるのか、人員を削減するのか、仕入れ値を値切るのか、広告をして客を増やすのか……町の小さな食品店でも、可能な手段はたくさんあり、どれとどれをどう調整するか、組み合わせは数百、数千通りもあるだろう。大企業になれば、それこそ星の数ほどやり方はあるはずだ。

まずは何が頭痛の種なのか、診断するようにアドバイスすると、ステファニーは、地元にできたスーパーマーケットとの競合が問題だと答えた。そのスーパーは年中無休のうえ、値段も安い。そういう強敵から客を奪うにはどうすればよいのか。ステファニーによれば、店の客の大半は、近くに住んでいるか働いている人たちで、歩いてやって来るという。毎日のように来る常連客もおり、その多くは地元の大学の学生か、地元企業で働くサラリーマンに二分される。学生は値段重視、会社員は時間重視で、短時間で買い物を済ませられる点がスーパーよりも好まれている。こうして状況を整理した結果、さまざまな疑問に頭を悩ませていたステファニーの前に明確な選択肢が姿を現した。

もちろん、両方の客層のニーズに応える一石二鳥の戦略があるなら、二者択一をする必要はない。だがステファニーの場合、両者のちがいは大きく、二兎を追うのは無理があった。客の数としては学生のほうが多いが、よりお金を落としてくれるのはサラリーマンのほうである。考え抜いた末に、ステファニーは「忙しく働く人たちのニーズに応える」ことを基本方針に選び、さらに具体的に「忙しくて料理をする時間のない人」をターゲットに絞り込んだ。

この基本方針が唯一絶対なのか、あるいはベストなのかを確かめる方法はない。だがとにもかくにも基本方針がなかったら、どう行動するかが決まらない。おそらくステファニーの行動も、リソースの配分も、一貫性を欠くものになっていただろう。あちらに手を付け、こちらに目を配り、あれをやってはギブアップし、これをやってみる、という具合になっていたにちがいない。重要なのは、基本方針を定めることによって、無数にあった手段の中から方針に沿った行動を選び、一貫性をもって取り組めるようになることである。「仕事が忙しくて料理をする時間がとれない人」のニーズを考えて、ステファニーは二台目のレジカウンターを設け、夕方五時前後の混雑時に備えた。いずれ駐車スペースも用意することになるだろう。また、スナック菓子の棚を減らして高級総菜を導入することも検討中だ。さらに、会社員は学生とちがって真夜中に買い出しはしないから、終夜営業の必要はなさそうである。それよりも、退社時刻や昼食時に店員を多めに配置するほうがよい。このように、しっかりした基本方針を立てれば、その後の行動が次々に決められるし、いくつもの行動をうまくコーディネートして、目的達成に集中することができる。

3 行動

多くの人が基本方針を戦略と名づけて、そこで終わってしまう。これは、大きなまちがいだ。戦略は行動につながるべきものであり、何かを動き出させるものでなければならない。戦略のカーネルには、行動が含まれていなければならないと私は確信している。もちろん、すべての行動を書き連ねる必要はないが、具体的に何をすべきなのかは明確にしなければならない。より大きな効果を上げるためには、調和と連携がとれ、相互に補い合い、組織のエネルギーを集中するような行動が必要である。

行動へと足を踏み出す

世界トップクラスのビジネススクールＩＮＳＥＡＤは、ハーバードの教授だったジョルジュ・ドリオが創設した。ＩＮＳＥＡＤの図書館にはドリオの胸像が飾られ、「行動せよ。考えているだけでは世界は始まらない」という言葉が刻まれている。

行動を妨げるのは、多くの場合、苦痛を伴う選択は避けられるという当てのない希望である。盛りだくさんの「やることリスト」を作り、全部達成することは可能だと考えたがる人が多すぎる。最も優先すべきことを決めるのは、戦略を立てる中で最も困難な作業である。この作業を完了して初めて、行動に移すことが可能になる。そして逆説的なことだが、行動の必要性こそが、戦略をより的確に、より明確にするのである。

■　■　■

ここでは、ある消費財メーカーの欧州事業部を例にとろう。欧州事業部の社長はロンドンに駐在しており、私はそのオフィスに出向いて、同事業部が推進する「汎欧州イニシアチブ」の進捗状況を協議した。

同社は巨大な多国籍企業であり、マーケティング事業は国ごとに展開している。一方、製造事業はグローバル展開しており、製品開発センターは北米、日本、ドイツ、イギリスにある。製品開発の擦り合わせはプロダクト・マネジャーが行うことになっているが、このマネジャーには直接的な権限はない。その結果、国や地域の好みに応じて、また現地で資材調達をする関係上、作られる製品は統一性を欠きがちだった。

経営陣は、自社の欧州事業が細分化されすぎていると感じている。彼らの考えでは、ヨーロッパで売るものは「汎欧州」ブランドであるべきで、つまりヨーロッパどこでも同じ製品を売らなければならない。そうすれば、製造面でもマーケティング面でも規模の経済をより良く活かすことができる、という理屈である。経営陣は時間とエネルギーを費やして汎欧州製品ラインの必要性を強調し、そのためのメカニズムも用意した。たとえば、各国事業の責任者は汎欧州執行委員会のメンバーとなり、四半期に一回は会合を開く。ドイツとイギリスの製品開発担当者は、定期的にローテーションする。また新製品グループを発足させ、汎欧州ブランドの将来性について調査を行う。エグゼクティブの実績評価の対象に、汎欧州イニシアチブへの貢献度を加える、等々である。だがこうした努力の甲斐もなく、さしたる成果は現れていなかった。ドイツとイギリスの開発担当者は、自分たちのプロジェクトに相手が協力しないと互いに非難している。おまけに、ようやく実現にこぎ着けた共同イニシアチブから提案された新製品は、社内からさんざんに酷評された。

これでは社長が苛立ち落胆するのも無理もない。私は社長の切々たる訴えをメモする手を休め、私たちはどちらからともなく立ち上がって、窓のそばへ行った。豆粒のような町並みを見下ろしながら、私は問いかけた。「仮にこの件がほんとうに重要で、会社の存亡がかかっているような最優先課題だとしたら、どうでしょう。そうですね、今後一八カ月以内に汎欧州ブランドを開発し販売しないと会社が倒産してしまうとしたら、あなたは何をしますか」

「それは大変だ」相手は降参の仕草をしながら答えた。「そうなったら、ドイツかイギリスか、どっちかの製品開発センターを閉鎖するよ。あいつらは、開発よりも口論に時間を使っているんだ」

そしてしばし考えてから、訂正した。「いや、いっそ両方とも閉鎖して新しいセンターをオランダに設置するほうがいいな。あそこには試験販売のためのオフィスがあるから、あれをうまく活用できるだろう。ドイツとイギリスから一番優秀な連中だけを送り込んで、新しいスタートを切る。だがこれだけでは、問題は解決しない。カントリー・マネジャーが頑固に汎欧州イニシアチブに抵抗している」

「彼らはなぜ抵抗するのですか」と私は質問した。

「カントリー・マネジャーは長年その国で働いて、特有の事情を理解している。だから、それに応じてオーダーメイドの製品を作るべきだと考えているし、マーケティングもその国に合ったやり方があると信じている。したがって当然ながら、彼らは汎欧州ブランドには懐疑的だ。フランス人にいたっては、英国風やドイツ風の製品を売り込むのは時間のムダだと考えている。それに実のところ、文句なしにすごいと誰もが納得するような汎欧州ブランドは、これまで開発できていない。もし三つか四つの国で成功を収めることができたら、他の国も受け入れると思うのだが。いまのところは、どの国も自分のことにかかりきりで、汎欧州ブランドなど眼中にないようだ」

「なるほど。カントリー・マネジャーは、自国の事業をうまく運営することが何よりも大切だ。一方であなたは汎欧州イニシアチブを推進したい。この状況から言えるのは、あなたは金槌を使わずに靴の裏で釘を打ち込んでいるようなものだ、ということです。時間をかければ、あるいはできるかもしれない。だが、ほかのやり方を考えるべきでしょう。もしこのイニシアチブがほんとうに重要なら、本来であればどうすべきなのか、あなたにはわかっていると思うのですが」

「もちろんだ」と彼は答えた。「汎欧州ブランドを開発、製造、販売する独立したグループを発足させる」

「同時に、予算配分をそのグループに優先的に行い、汎欧州ブランドへの貢献度を昇進の基準にし、非協力的な行動をとった人間には相応の措置をとるべきでしょう」と私は付け加えた。

私たちは窓を離れ、彼はデスクの前に座った。権力を示す行為である。そしておもむろに私を見て言った。「それはあまりに苦痛が大きいやり方だ。有能な人材がさっさと会社を出て行ってしまうだろう。われわれの考えを強制するよりも、大半の社員が賛成するように仕向けるほうが好ましい」

「わかりました」と私は同意した。「ほんとうに重要なことであれば、あなたは苦痛に満ちた方法を選ぶ。だがそれは、ほんとうに重要なときだけだ、と。そういうことですね」

汎欧州イニシアチブがほんとうに重要であって、そのための独立グループを発足させるべきだと彼が決意するまでに九カ月を要した。彼の抱えていた問題、すなわち汎欧州ブランドを育てたいが、誰にも出て行ってほしくない、という虫の良い願いを叶えてくれる魔法などない。戦略が単なる願望にとどまっている限りにおいて、組織内の価値観の対立は容認される。だが行動しなければならないときには、苦渋の選択をしなければならない。そして戦略で最も重要なのは、そこである。

この社長が抱えていたのは、製品開発や競争ではなく、根本的には組織の問題だった。問題の性質が何であれ、戦略のカーネル（診断、基本方針、行動）は適用することができるし、どれほど複雑な状況であっても、必要とされる行動は意外にシンプルなものだ。ただ多くの場合、それをやらずに済ませたい、済ませられるだろう、という希望的観測が邪魔をする。おそらく大勢の人が、対立や矛盾をあざやかに解決できる魔法のような方法がきっとあるにちがいない、と考えているのだろう。だが戦略の極意は、ほんとうに重要な問題をみきわめ、そこにリソースや行動を集中することにある。これは、非常に厳しい。何かに集中すれば、それ以外を捨てることになるからだ。

一貫した行動を組織する

良い戦略のカーネルから導かれる行動は、矛盾や対立がなく一貫したものとなる。すなわち、リソースの配分、具体的な行動計画、実際の行動がみごとにかみ合っている。戦略が実現する優位性の多くは、一連の行動の一貫性によってもたらされるのである。

格闘をするときの簡単で効果的な戦略は、左へ動くと見せかけて右からパンチを繰り出すことである。この場合、攻撃者の動きは時間的、空間的に巧みにコーディネートされ、一貫した流れを形作っている。企業経営における簡単で効果的な戦略は、営業やマーケティングで得た情報や知識を製品の設計や事業の拡張・縮小の判断に活用することである。この場合には、各部門の活動がうまく組み合わされ、一体的に効果を発揮している。ローコストだけが売りのメーカーのように、一見すると単純きわまりない競争優位を持つ企業でも、くわしく分析すると、コストを低く抑えるためにさまざまな業務手順や仕組みが連動していることに気づかされるだろう。それだけでなく、コストが低く抑えられているのは、ある種の商品だけで、それもある条件の下で納入されるものに限られていることも判明するかもしれない。こうしたコスト優位をうまく活用して大きな効果を上げるには、さまざまな行動や現場の方針を巧みにコーディネートする必要がある。

一貫性を欠く行動は互いに矛盾を来たして衝突したり、取り組むべき課題から逸脱してしまったりする。たとえばフォードがそうだ。ジャック・ナッサーは、フォード・ヨーロッパのCEO兼本社製品開発担当副社長を務めていた頃、「自動車産業の利益の源泉はブランド力だ」と語っていた(註6)。

そして一九九九年にフォード全体のCEOに就任すると、ボルボ、ジャガー、ランドローバー、アストンマーティンという具合に矢継ぎ早に買収を行っている。しかし同時に、規模の経済を追求する同社の基本方針は頑固に維持された。フォードのある幹部が口にしたように、「自動車産業では、一つのプラットフォームで年間一〇〇万台は生産しないと競争できない」と考えられているからである。したがって、ボルボとジャガーの設計思想は一つにまとめられ、共通のプラットフォームを使うことになった。しかしこれでは、それぞれの特徴は消され、ブランドの魅力は薄れてしまう。ボルボ好きは「安全なジャガー」など欲しがらないし、ジャガー・ファンは「スポーティーなボルボ」などに興味はない。相次ぐ買収と規模の経済の追求は、矛盾する行動と言わざるを得なかった。

矛盾するとまではいかなくとも、調整がとれていないばらばらな行動はよく見かける。たとえば私がコンサルタントを務めたある企業は、①オハイオ州アクロンの工場を閉鎖してメキシコに製造拠点を新設する、②広告予算を増やす、③三六〇度フィードバック・プログラムを導入する、という「戦略」を立てていた。それぞれの行動は悪くない。だが互いにつながりがなく、相乗効果は期待できそうもない。どれも経営幹部の承認が必要だという点ぐらいしか、共通性は見当たらなかった。これらの行動は、健全な業務運営の一環と言えるが、会社全体の方向性を決する戦略とは別物である。戦略とは、ある具体的な課題に取り組む行動を連携・集中させるものでなければならない。各事業部の責任者の「やることリスト」を寄せ集めただけでは、戦略とは言えない。

さまざまな行動をコーディネートすること自体が、それとして一つの優位性となりうる。この点は、とかく過小評価されているようだ。これは、コーディネーションというものが相互の妥協だと捉えられているせいだろう。だが戦略的なコーディネーションは一貫性を実現するものであって、場当たり的な妥協や融通ではない。どの部品をどのように組み合わせるかを設計するように、どのリソースをどの行動に割り当てるかを設計しなければならない（この点については、第9章でくわしく取り上げる）。

行動をコーディネートするには、「近い目標」を立てるのも良い方法である。「近い」とは、とりあえず実現可能な目標を意味する。明確で実現可能な目標が設定されれば、問題の解決策をダイレクトに行動に結びつけることが可能になる（この点については、第7章でくわしく取り上げる）。

戦略は結局のところ、コーディネートされた行動があるシステムに強制されるという形で具現化するのである。会社という複雑なシステムはてんでんばらばらに動こうとする傾向があるが、それを抑えて一つにまとめる力が働くという意味で、戦略の力はまさに強制的と言える。大きな組織では、放っておいて一貫した行動がとられるわけではない。どこかで指揮をとり、方向づけをすることが必要である。行動のコーディネーションは、戦略がない限り実現しないという意味において、組織にとって自然発生的なものではない。

このように言うと、現代の教育を受けた人はみな一様に警戒する。権限委譲が進む中で多くの決定がうまく下されているというのに、なぜいま権力集中なのか、というわけだ。人類史上最も壮大な社会実験を通じて二〇世紀が残した貴重な教訓の一つは、中央統制型経済はおそろしく非効率だ、ということである。第二次世界大戦の死者数を上回る人々が、スターリンや毛沢東の中央統制型計画経済によって餓死したし、北朝鮮では、いまなお多くの人が飢えのために死んでいる。今日の経済では、数えきれないほど下される個々の決定によって、希少な資源もそれなりにうまく分配されている。計画経済などなくても、ガソリンが値上がりすれば燃費の良い車が売れるし、ハリケーンに襲われて家が倒壊し人手が足りなくなれば、他の地域から労働者が押し寄せて住宅建設が活発化する、という具合に。

だが、権限委譲ですべてが解決するわけではない。とくに、行動の主体がそのコストを引き受けない場合、あるいは利益を手にできない場合には、権限委譲はうまく機能しない。コストと利益の分離は、中央と現場の間でも起こりうるし、現世代と将来世代の間でも起こりうる。意思決定や行動をうまく擦り合わせないと利益が得られないという状況では、とりわけ調整がむずかしくなる。言うまでもなく、意思決定者が愚かなとき、特定の利益団体に加担しているとき、重大な判断を誤ったときには、中央統制型は悲惨な結果を招く。

簡単な例で言えば、営業部門は急ぎの注文に即応して顧客を喜ばせたい。製造部門は生産ラインを長期的に安定して運転したい。だが両方を同時に満足させるようというのは無理な相談だ。戦略を立てるときには、両方の相反するニーズを取捨選択し、全社にとってより利益の多い解決を見つけなければならない。

歴史に例を探すなら、第二次世界大戦中にフランクリン・ルーズベルト大統領は、ナチスドイツを撃破するために政治、経済、軍事力すべてを一体的に運用した。とくに注目すべきは、アメリカの生産力をソ連の支援に活用し、ノルマンディ上陸作戦までソ連を持ちこたえさせるとともにドイツ軍を叩かせたこと、アメリカのリソースをまずヨーロッパで勝つために集中投下し、その後に日本をターゲットにしたことである。いずれも、時間軸に沿った非常に巧妙な調整だった。どちらの戦略も、国務省や無数にある戦時生産委員会や前線の司令官に委ねていたら、けっして策定できなかっただろう。

とは言え中央での戦略策定と行動の調整が、つねに良いというわけではない。中央で指揮をとるより現場に任せたほうがうまくいくことは多い。中央指令型のイニシアチブは現場の知識や経験や専門性と対立し、思わぬコストを強いられることがある。一般に、一つのことに専門化するには、それ一筋に経験や知識を蓄積するのが王道である。調整委員会や連絡会の類いに参加したことがある人ならよく知っているように、中央から指令を出して行動を一本化しようとすると、専門化を妨げることになりやすい。

したがって、「全社一丸となる」ような戦略は、得られるメリットが大きいときに限るのが賢いやり方である。すぐれた組織は使い分けをわきまえており、何をやるにも全部門の行動を統率する、といった愚は犯さない。これでは現場に活気がなくなってしまう。通常の活動はそれぞれの部署に委ね、ここぞというときに行動を一点集中するのが賢い戦略であり、賢い組織である。

第2部

良い戦略に活かされる強みの源泉

第1部で繰り返し述べたように、ごくおおざっぱに言えば、良い戦略とは最も効果の上がるところに持てる力を集中投下することに尽きる。短期的には、手持ちのリソースを活かして問題に対処するとか、競争相手に対抗するといった戦略がとられることが多いだろう。そして長期的には、計画的なリソース配分や能力開発によって将来の問題や競争に備える戦略が重要になる。いずれにせよ良い戦略とは、自らの強みを発見し、賢く活用して、行動の効果を二倍、三倍に高めるアプローチにほかならない。

第2部では、良い戦略ではどのように強みが生み出され活用されているかを説明する。ここで取り上げるのは、テコ入れ効果、近い目標、鎖構造、設計、フォーカス、健全な成長、優位性、ダイナミクス、そして慣性とエントロピーの打破である。もちろんほかにもたくさんの方法があり、網羅的に論じようとしたら一冊の本では収まりきらないだろう。ここでは最も一般的で、かつ読者に新たな視点を提供できるものを選んだ。いま挙げた九項目の大半は、企業だけでなく、政府、軍隊、非営利組織いずれにも当てはまる。これらを検討するに当たっては、従来見過ごされがちだった事例も参照する。

そして最後の第15章では、これらの手法を一体的に活用した例として、3DグラフィックスのNVIDIA（エヌビディア）に注目する。第15章を先に読んでから、第6～14章に戻って個々の項目の理解を深めるという順序で読んでも差し支えない。

第6章 テコ入れ効果

良い戦略は、知力やエネルギーや行動の集中によって威力を発揮する。ここぞという瞬間にここぞという対象に向かう集中が、幾何級数的に大きな効果をもたらすのである。これをテコ入れ効果（レバレッジ）と呼ぶ。

アルキメデスが「我に一本の長い棒と強固な支点を与えよ。さすれば地球をも動かしてみせよう」と言ったというエピソードは有名である。ただしその棒は想像を絶するほど長くなければだめだ。そのことをアルキメデスは知っていたにちがいないが、あえて口にしたかったようである（註1）。この長い長い棒があれば、たしかにアルキメデスの腕力でも地球を動かせたかもしれない。できるだけ少しの力で済むよう、きっと一番効果の高い場所を支点として棒をあてがったことだろう。このように最も効き目のあるところに力を集中することが、戦略的テコ入れの要諦である。

要石《かなめいし》を外したら、巨大なアーチでさえ崩れ落ちる。逆に好機を確実に捉えれば、国家を興すこともできる。ちょうど、合衆国憲法の父ジェームズ・マディソンが一七八七年に、憲法制定の機運に乗って憲法草案を一気に発布まで持ち込んだように。また、世界一の金持ちになることもできる。一九八〇年にＩＢＭからオペレーティング・システム（ＯＳ）の供給を打診されたビル・ゲイツは、その時点でまだOS開発に着手していなかったにもかかわらず「もちろんできます」と即答し、外部から調達したOSを手直しして納入した。しかもそのOS（MS－DOSである）をIBM以外にも供給してよいとの同意までとりつけたのである。

的確な予測でテコ入れ効果を引き出す

テコ入れ効果を得るには、的確な予測を行うことが重要になってくる。最も単純な例で言えば、マンハッタンの土地に重点投資するという戦略は、将来ニューヨークで不動産需要が高まって値上がりするという予測に基づいている。競争に直面している企業の場合には、顧客の需要や競争相手の反応を的確に予測できるかどうかが将来を決することになるだろう。

みごとな予測の例として、トヨタを挙げておこう。アメリカでガソリン喰いのSUV（多目的スポーツ車）が大流行していた頃、トヨタは一〇億ドル以上をハイブリッド車の開発に投じていた。この戦略を支えていたのは、二つの予測である。一つは、エネルギー事情が逼迫する中、将来的には燃費の良い車の需要が増大してハイブリッド車は主流的な製品カテゴリーになるというもの。もう一つは、トヨタが先行してハイブリッド技術をライセンス提供できるようになれば、他社はそれに応じ、自前でより高度なシステムを開発する方向には進まないだろう、というものである。これまでのところ、どちらの予測も適切であったことが実証されている。

顧客の反応よりさらに重要なのは、競争相手や敵の反応を予測することである。二〇〇三年春に実行されたアメリカのイラク侵攻計画では、激しいゲリラ活動による政情不安をまったく予測できていなかったことが後に明らかになった。軍部自身が次のように述べている。「二〇〇三年四月、五月に陸軍を始めとする米軍がイラクで遭遇した困難な状況は、新政権への移行について十分な分析がなされておらず、何ら準備が整っていなかったことが原因である。そのうえ、移行の前提となるフセイン後のイラクについての分析には重大な誤りがあったことが判明した」(註2)。

ゲリラ活動の少なくとも一部は、元イラク軍将校が起こしたものである。彼らは、米兵に死傷者が出ればメディアが大々的に報道し、アメリカの世論が撤退に傾くだろうと読んでいた。ベトナムやソマリアの再現を狙ったわけである。実際、ボブ・ウッドワードによれば、「サダム・フセインは、ソマリアの首都モガディシュでの戦闘を描いた『ブラックホーク・ダウン』をアラビア語に訳させ、上級将校に配っていた」という(註3)。したがって踏み込んだ見方をするなら、アメリカの政策当局は、イラクの予測を予測できなかったことになる。

戦略的な予測では、すでに起きた出来事を起点にして、世の中の趨勢、経済や社会の動向、他の関係者の動きなどを手がかりに、「下流」で起こりうる出来事を予測するのが定石である。

現代の産業界で最も驚くべき予測のいくつかは、ピエール・ワックとテッド・ニューランドによるものである。二人は石油大手シェルのプランニング部門で働いている。私は一九八〇年にワックと知り合ったのだが、そのとき彼は「将来の出来事も、いくつかの面はあらかじめ決まっているものだ。ヒマラヤで嵐があったら、翌日か翌々日にはガンジスが洪水になると自信を持って予測できるようにね」と話してくれた。ワックとニューランドは、一九七〇年に石油輸出国機構(ＯＰＥＣ)の台頭とエネルギー危機という「洪水」を予測した実績を持つ。この予測ができたのは、主要産油国の消費パターンと人口動向から、元凶となる「嵐」に気づいたからである。とくに巨大な原油埋蔵量を擁するイラン、イラク、ベネズエラで人口が急増し、野心的な開発目標が立てられていた。そこでワックとニューランドは、これらの国は原油価格の引き上げに動く強い動機があると予測した。そして実際に原油が値上がりすれば、サウジアラビア、クウェートといった国も、採掘して売るより生産制限をするほうが得策だと考えるようになるだろう、と分析したのである(註4)。

ワックからは、シナリオ予測についての話を聞くこともできた。

「標準的なシナリオ予測では、高位・中位・低位の三つの線をグラフに描く。グラフを見た人たちは不確実性を十分に考慮したと考え、たいていの人が中位予測を選ぶ。だがこういう人たちは、リスクを見落としている。石油の場合で言えば、価格が高いか低いかではなくて、高くなることがリスクなのだ。それに幻惑されて、勇んで多額の投資をする。ところが価格が下落する。そうなったら、無用の資産を抱えて立ち往生することになる」

ワックが一九八一年に懸念した過剰投資は、その後一〇年にわたって現実のものとなった。原油価格は一バレル＝三六ドルまで上昇した後、二〇ドルまで下落したのである。ワックが予測したとおり、一九七〇年代後半に原油価格が急騰すると、試掘や探鉱活動は活発化していた。だが北海やアラスカで新たな油田が発見されると、供給の拡大により当然ながら価格は押し下げられる。ワックのような洞察力を持たない人、たとえばジョージ・W・ブッシュのような石油実業家は、海底油田の開発に巨額の投資をしていたため、途方に暮れることになった。

■　■　■

予測には、予知能力といった超自然的な能力は必要ない。大半の状況では、人々の習慣、好み、力関係や、変化を促す要因、阻害する要因を見抜くだけで事足りる。では私自身がやってみることにしよう。私の予測では、カリフォルニア州が近い将来に財政赤字を解消することは期待できない。同州からの人材流出は今後も続く。アメリカは再び重大なテロ攻撃を受ける。CIAとFBIの確執は今後も続く。グーグルは引き続き、ブラウザを介してオンラインで利用するオフィス向けのアプリケーション開発に力を入れる。しかしこれにマイクロソフトは対抗しない。同社はパソコン・ベースのソフトウェア「オフィス」と共食いになるような戦術はとらないはずだ。スマートフォンは引き続き急速に伸びる。しかしそうなれば、携帯電話のインフラに大きな負担を強いることになるので、一部で合従連衡が進むと同時に、従量課金方式が導入されるだろう。

テコの支点を選ぶ

テコ入れ効果を実現するためには、エネルギーやリソースの効果を数倍に高められるような「支点」を見つけなければならない。巧みに支点を見つけた例として、セブン&アイ・ホールディングスの社長兼最高執行責任者（ＣＯＯ）村田紀敏を紹介しよう。セブン＆アイは、アメリカ、アジアを含めたセブン‐イレブン全店および食品スーパーや百貨店多数を傘下に持つ小売グループである。私は二〇〇八年に東京で村田と会い、競争戦略について話を聞いた。村田によれば、日本の消費者は地域によって好みが異なり、味に敏感であり、新しもの好きであると同時に多様性を好むという。「日本の消費者はすぐに飽きてしまう。そのため、たとえばソフトドリンクには二〇〇以上のブランドがあり、しかも毎週新しいブランドが発売される。セブン‐イレブンでは常時五〇種類を陳列し、毎年七〇％以上を入れ替えている。ソフトドリンクだけでなく、大方の食品がそうだ」

このパターンを踏まえてテコ入れ効果を図るために、セブン‐イレブン・ジャパンは店長や店員から地元の好みについて情報を収集し、これに即応するマーチャンダイジング・チームを設置して次々に新商品を提案できるようにした。また準大手や中小の食品メーカーとの関係作りにも力を入れ、店舗からの情報に応じた食品を短期間で市場に投入できる態勢を整え、メーカーの余剰生産能力を活用して安価なプライベートブランドの提供も開始した。

同時に、中国進出も果たしている。中国では、セブン‐イレブンの清潔さとすぐれたサービスが圧倒的な強みになった、と村田は話す。中国の小売店では「買わせてやる」と言わんばかりの商売の仕方が当たり前だったため、お辞儀と笑顔で客に接する店員や、塵一つない店内と白い手袋をつけて食品を扱うやり方は衝撃的だった。それに、おいしい弁当類も好評で、単位面積当たりの売上高はライバル店のゆうに二倍に達したという。

村田の戦略を見ると、状況に応じて決定的なポイントに組織のエネルギーを集中させていることがわかる。利益倍増をぶち上げたわけではないし、野心的な売上目標を掲げたわけでもない。状況を的確に見る目が、セブン-イレブンの隠れた強みを現実の競争優位に変えたのである。

■　■　■

適切な支点を選んでテコをあてがえば、力は何倍にもなる。それは、自然に形成されたか人為的に作られたかを問わず、何らかの不均衡であることが多い。ほんの小さな力をそこに加えるだけで、抑えられていた不満や蓄積されていた力を解放することができる。たとえばニーズは高まっているのに、それに応える製品やサービスが提供されていないとすれば、それは一つの不均衡である。また、開発された能力が十分に発揮されていないとか、他にも応用が期待されるケースなども、不均衡と言える。

直接の競争関係では、ライバルが持ち合わせている本来的な能力と現在の力との不均衡、あるいは見せかけの主張と実態との不均衡に付け入る隙がある。一九八七年六月一二日、レーガン大統領はベルリンのブランデンブルク門でこう呼びかけた。「ゴルバチョフ書記長。あなたが平和を求めるなら、ソビエト連邦と東ヨーロッパ諸国の繁栄を求めるなら、自由を求めるなら、ここへ、この門へ来なさい。ミスター・ゴルバチョフ、この門を開きなさい。ミスター・ゴルバチョフ、この壁を壊しなさい」

もちろんレーガンは、ゴルバチョフがそうすると期待していたわけではない。この演説は、むしろ西側のヨーロッパの人々に向けられたものだった。人々の自由な移動を認める政治体制と、市民を有刺鉄線とコンクリートで閉じ込めようとする体制との不均衡をことさらに強調し、それを崩す力を解放する狙いからである。その不均衡は、数十年にわたって続いており、レーガンが一九八三年に同様の挑発をユーリ・アンドロポフに対して行ったときは、ほとんど効果はなかった。だがゴルバチョフがソビエトを自由化すると明言しながら現実と相違したとき、両者の乖離は著しくなり、レーガンはそこを突いたのである。

集中によってテコ入れ効果を得る

限られているものを集中投下したときの見返りは大きい。これは、一つには、制約があるからだ。リソースが無制限にあったら、どの目標に投入するか、誰も真剣に悩まないだろう。リソースに限りがあるからこそ、投入する対象を厳しく吟味せざるを得ない。しかし、こちらの動きをライバルが容易に察知して直ちに対応できるようなら、一点集中から得られるものは少ないだろう。また仮にリーダーが無限の認識能力を持ち合わせていたら、集中のターゲットを絞り込むことにさしたる意味はない。

集中が大きな見返りをもたらすもう一つの理由は、「閾値効果」が表れるからである。閾値効果とは、あるレベル（閾値）を超えるまではほとんど変化が現れないが、そのレベルを超えれば一気に大きな変化が現れることを指す。このようなケースでは、ターゲットを慎重に選び、手持ちのエネルギーやリソースを集中投下することが望ましい。

たとえば、広告には閾値効果があると考えられる。すなわち、ほんの少しだけ広告を出してもほとんど効果はなく、閾値を超えて初めて反応が現れるのがふつうである（註5）。このことから、まんべんなく長期にわたって広告を出すよりも、短期間に集中豪雨的に出すほうが効果があると考えられる。また、新製品を発表するときも、地域ごとに小出しに広告を打つよりも、爆発的に売れそうな地域に広告を集中するほうが効果的ということになる。

同様の理由から、企業のストラテジストは、大きな市場で小さなシェアを獲得するより小さな市場を独占するほうを好む。また政治家は、国民全体に広く薄く便益をもたらすより、特定の集団に明らかな利益を提供するほうを好む。

組織で集中が生まれる要因としては、閾値効果のほかに、経営幹部の注意や認識能力に限りがあることが挙げられる。人間が一度に五つのことをやろうとしてもうまくいかないのと同じように、組織も重要な課題に同時にいくつも取り組むのは無理がある。

心理学の観点から言うと、集中ができるのは、閾値以下のシグナルに気づかないか、無視するからである（これを心理学用語で「サリエンス［顕現性］効果」という）。あるいは、勢いづいていて成功が成功を呼ぶような好循環に入っているときも、集中が起きる。このような集中によって大きな成果を上げ、人々の注意を集め、世論をも変えた例は少なくない。たとえば、二つの学校をみごとに生まれ変わらせることができたら、二〇〇の学校が二％ずつ改善されるより、世間は強い印象を受けるだろう。こうして人々の見方を変えることができれば、その行動を支持する動きが生まれ、自ら力を貸したり後押ししたりする人が現れて、一段と効果が高まる。

効果的な目標に集中した例として、ゲティ信託基金のハロルド・ウィリアムズの戦略を紹介しよう。

石油王ジャン・ポール・ゲティが一九七六年に死去すると、遺産七億ドルがゲティ美術館運営のために基金に委ねられた。ウィリアムズはＵＣＬＡ経営大学院の院長、証券取引委員会委員長などを歴任した後、一九八三年にゲティ信託基金の理事長に就任する。それまでに基金総額は一四億ドルに増えており、規則により元本の四・五％に相当する六五〇〇万ドルを毎年使うことになっていた。

ウィリアムズの在任中に、ゲティ財団のコレクションは、世界でも指折りの大型コレクションに数えられるまでになっている。ウィリアムズが退任してから三年後の二〇〇〇年に、私は彼から美術品蒐集の戦略を聞くことができた。


「ゲティ信託基金は巨額の資金を抱え、毎年相当額を使用することが義務づけられていた。われわれの使命は美術品を買うことであり、私の仕事は何にいくら使うかを決めることだった。コレクションはすばらしいものだったし、美術品を買うことは価値のある仕事と言える。だが私は、居心地の悪さも感じていた。というのも、われわれが熱心に美術品を買い漁れば、値段をつり上げることになるし、美術品を世界各地からロサンゼルスに持ってきてしまうことになるからだ。

しばらくこの問題を考えた末に、一つのアイデアが浮かんできた。アートはほんとうにすばらしいものであり、もっと真剣に学ぶ価値のあるものだ。アートは単なる鑑賞の対象ではない。人間の活動の大事な一部を形成している。大学では、言語や歴史やその他諸々の学問を学ぶのに膨大な時間を費やす。そして、どこか遠くに住む民族の結婚の習慣などといった知識を詰め込む。けれどもアートは、歴史の中で脇役に過ぎなかった。ゲティ基金はこれを変えてやろう、私はそう決意したんだ。美術品を買うよりも、学ぶ対象としての美術を変えよう、とね。あらゆる美術品の完全なデジタル・カタログを制作しよう。あらゆる種類のアート、つまりダンスや、音楽や、テキスタイルや、そういうものすべてだ。美術の先生を教育するプログラムも作ろう。アートや社会に関する高度な研究を支援する仕組みも作ろう。世界一流の人材を支援し、美術品の保管や修復に関する技術の開発にも力を入れよう。こうすれば、単に美術品を買って陳列する以上に大きな効果が得られると確信したのだ」

年間六五〇〇万ドルという潤沢な資金は、単に美術品を買うために使ってもよかったし、美術教育に使うよう指定して大学や学校に寄付してもよかったが、ウィリアムズはそうはしなかった。美術教育を変えるという大きな目標を定めた。それは、彼の裁量に委ねられた資金に見合う壮大で新しい目標だった。この投資によって、ウィリアムズは明らかなちがいをもたらすことができた。これは、集中の成果と言えるだろう。手持ちのリソースで決定的なちがいをもたらせるような目標を、彼は的確に選んだのである。ウィリアムズの戦略が寄付より大きな成果を上げたかどうかを知る方法はない。だがまんべんなく寄付をするよりも大きなインパクトを与えたことはまちがいない。

第7章 近い目標

幸福や美を追い求めるのは愚かである。どちらも人生の副産物に過ぎない。
——バーナード・ショー

リーダーが戦略実行に使える強力な手段の一つは、近い目標を定めることである。近い目標とは、手の届く距離にあって十分に実現可能な目標を意味する。近い目標は、高い目標であってよいが、達成不可能ではいけない。

たとえばケネディ大統領は一九六一年五月に行った演説で、一九六〇年代中に月への有人飛行を実現すると述べた。これは未知の領域への大胆な挑戦と捉えられることが多く、マーティン・ルーサー・キング・ジュニアの「私には夢がある」という名演説と並んで、リーダーのカリスマ性を示すお手本とされている。ケネディ個人のカリスマ的な魅力によって、遠大な目標を魔法のように実現してしまった、というわけだ。だが実際には、月に人類を送り込むことは、注意深く選ばれた近い戦略目標にほかならない。

ケネディ大統領の演説は、むしろ明快さのお手本と言えるだろう。この演説（ウェブで閲覧できる）を境として、政治家の演説は様変わりしている。ケネディは決意を大人に向けて伝えているのであって、子供相手に道理を説いて聞かせるような物言いはしていない。

演説の中でケネディは、宇宙開発競争を世界がどう見ているか、診断を下す。「ここ数週間でソ連が成し遂げためざましい成果（人類初の有人宇宙飛行に成功）は、一九五七年のスプートニク打ち上げ成功のときと同じように、こうした壮大な冒険が世界中の人々にどのようなインパクトをもたらすかを私たちにはっきりと示しました」。そしてソ連の戦略は、アメリカよりはるかに劣る技術資源を宇宙開発に集中投下することにより、テコ入れ効果を引き出していると分析する。おかげで世界の注目を集めることに成功しているのだ、と。こうした状況でアメリカが初めて人類を月面に送り込むことができたなら、アメリカの優位を劇的に印象づけることができるだろう。アメリカが投入できるリソースはソ連よりもはるかに大きい。要は資源の配分と調整の問題なのである。

ここで重要なのは、月面着陸というミッションは実行可能だと判断されていたことである。ケネディは、単に目標だけをポンと投げ出したわけではない。実現までの工程も示した。まずは無人探査機、続いて大型のロケットブースター、それと並行してロケット用の液体燃料、固体燃料の開発、着陸船の設計……。

この目標が実現可能と判断されたのは、技術者がすでにロケットや宇宙船の設計・製造方法を理解していたからである。必要な技術の大半は、弾道ミサイル計画の一環として開発済みだった。月への有人飛行は、「どうすれば宇宙でソ連を打ち負かせるか」というケネディの問いかけから出てきたアイデアで、そもそも戦略的な性質を備えていた。大統領のこの質問に対して、ロケット科学者のウェルナー・フォン・ブラウンは、リンドン・ジョンソン副大統領宛に意味深長なメモを書いている。それによると、ソ連は重量物運搬船で大きくリードしており、したがって有人宇宙ステーションや月への無人飛行はすぐにでもできそうだという。そのうえで、フォン・ブラウンは次のように指摘した。

「乗組員三名の有人ロケットを月面軌道に乗せることでは、ソ連に勝てる可能性がある。これを一九六五年か六年に達成する。そうすれば、人類初の月面着陸（もちろん地球への帰還も含む）を成功させ、ソ連に勝つ可能性は高まる。彼らの現在のロケットから有人の月面着陸を成功させるためには、性能を一〇倍に飛躍させる必要があるというのが、その根拠だ」（註1）

大型打ち上げロケットに関してアメリカはソ連に後れをとっているため、近い将来にこの方面で逆転することはむずかしいが、月面着陸となればはるかに大きなロケットが必要なので、手持ちのリソースから考えてアメリカは有利になる。そこでフォン・ブラウンは、月面着陸でソ連に先んじる可能性は十分にあると判断し、この野心的な目標を発表してソ連にプレッシャーをかけることを進言したのである。ケネディの演説は、このメモから一カ月後に行われている。

ケネディが設定した目標は、門外漢から見ればひどく大胆だが、実際には近い目標である。重要なのは、リソースと政治的意志を一点に集中することだった。今日では、たとえば二〇二〇年までに火星に着陸するというのは、困難だが近い目標と言えるだろう。もちろん解決しなければならない問題も少なからずあるが、乗り越えることは不可能ではない。だが不幸なことに、近年ではどうやって達成するのか皆目わかっていないような目標を、実現可能だとして掲げる傾向が強まっている。たとえば麻薬撲滅運動はその一つだ。麻薬の追放がいかに望ましいとは言え、司法制度や警察の現状を見る限り、近い目標とは言い難い。この目標の達成に向けて多大な努力が払われたものの、とるに足らない密輸業者を摘発した挙げ句に路上取引の価格をつり上げ、暗躍する麻薬カルテルの儲けを増やすだけの結果に終わっている。

曖昧さをなくす

ケネディが月面着陸計画を発表してから二年後、私はアメリカ航空宇宙局（NASA）のジェット推進研究所（JPL）のエンジニアと仕事をすることになった。そこで私は、すぐれた近い目標には組織のエネルギーを結集させる驚くべき効果があることを学んだ。

当時JPLが抱えていた大きな目標の一つは、無人の月面探査機「サーベイヤー」の開発である。月面へ軟着陸させ、月面の調査、写真撮影、離陸試験などを行うことが目的だった。サーベイヤーの設計チームにとって最も悩ましい問題は、月の表面がどうなっているのか、誰も知らないことである(註2)。隕石の細かい塵がふわふわと積もっているのかもしれない。断片の鋭い結晶が散らばっているのかもしれない。鍾乳洞の中のように巨大な岩石が続いているのかもしれない。探査機は塵の中に沈んでしまうのではないか。鋭い結晶で傷がつくのではないか。巨大な岩石の隙間に挟まってしまうのではないか。あれこれ思い悩むばかりで、設計作業は一向に進まない。探査機の設計ができないのではなく、さまざまな脅威を思い浮かべると、どれか一つに決められないのである。

当時、ＪＰＬで研究主任をしていたフィリス・ブワルダはタフで実際的な切れ者で、問題の根本を見抜く確かな目の持ち主だった。彼女は月面の研究で知られており(註3)、最終的にＪＰＬの技術陣は、フィリスが作成した月面模型に基づいて探査機の設計を進めることになる。

この模型によれば、月面は固くてざらざらしており、斜度一五度以上の斜面はない。小石は散乱しているが、差し渡し二フィート以上の大きな石はなかった。初めてこの模型を見たとき、私は驚いて口走った。「フィリス、これは、アメリカ南西部の砂漠にそっくりだね」

「そうよ、いけない？」とフィリスはにっこり笑って答えたものだ。

「ちょっと待ってくれよ」私は狼狽した。「それじゃ君は、月がどうなっているのか何も知らないことになるじゃないか。なぜあんな模型を作ったんだ？」

「地球上で平たい場所はだいたいこんな感じなのだから、月でも、山から離れたところならそうだという可能性はかなり高いと言えるわ」

「じゃあ月面のことは、ほんとはわかってないんだな。もしかしたら塵やほこりが積もっているのかもしれないし、ぎざぎざの結晶だらけかもしれないじゃないか」

「まあまあ、落ち着いて」とフィリス。「月面はこうだと条件を指定しない限り、技術者は何もできない。仮に月面がこれとはまったくちがっていたとしても、どのみち長時間滞在するわけではないのだし、問題ないわ」

つまり、こういうことだ。フィリスの模型は真実ではない。真実は、その時点では誰も知りようが

なかった。だから、技術者がプロジェクトを先へ進められるような近い目標を戦略的に選んだのである。これは、賢明なやり方だった。月面の状況に関してあらゆる可能性を網羅した詳細分析など行っていたら、探査機の設計のみならず、月面着陸計画そのものが危うくなっていただろう。サーベイヤー計画の報告書を書いたオラン・ニックスは「サーベイヤーの設計に使用された月面模型は、入手可能な理論と情報を検討したうえで作成されたものである。幸いにもこの模型を制作したのは、科学的な理論の形成にこだわる技術者ではなかった。結果的に着陸システムに求められた条件はきわめて精確だった」と述べている(註4)。

フィリスの月面模型は、曖昧さの大半を解消し、設計チームの直面する問題を単純化した。問題が容易に解決できるようになったとは言わないが、少なくとも解決可能になったのである。時間とエネルギーはかかっても、フィリスの月面に着陸するマシンなら十分に設計可能だった。

サーベイヤーはヒューズ・エアクラフト・カンパニーの手で製作され、一九六六年から六七年にかけて七機が打ち上げられて、うち五機が無事月面に着陸して任務を果たしている。サーベイヤー三号は「嵐の大洋」に着陸し、二年後にはアポロ一二号が二〇〇メートルほど離れた地点に着陸して、ピート・コンラッド船長がその姿を写真に収めた。

「条件を指定しない限り、技術者は何もできない」というフィリスの慧眼は、組織的に行う仕事の大半に当てはまる。サーベイヤーの設計チームと同じく、どんなプロジェクトでも状況が完全に解明されているということはめったにない。このようなとき、リーダーは複雑で曖昧な状況を整理して、何とか手のつけられる状況に置き換えなければならない。だが多くのリーダーがここでつまずいてしまう。何に取り組めばよいのか曖昧なままにして、むやみに高い目標を掲げてしまうことが多い。「最後の責任は自分がとる」と言うだけでなく、近い目標を設定してチームが動けるようにすることがリーダーの大切な使命である。

足場を固め選択肢を増やす

戦略本の多くが、状況が流動的になったらリーダーはより先を見越して手を打たなければならない、と説く。だが、このような指示は論理的とは言えない。状況が流動的になればなるほど、先は見通しにくいからだ。したがって、絶えず変化する先行き不透明な状況では、むしろより近い戦略目標を定めなければならない。目標は将来予測に基づいて立てるものだが、将来が不確実であるほど、遠くを見通すよりも「足場を固めて選択肢を増やす」ことが重要になる。ハーバート・ゴールドハマーの著作にはチェスの名手の対戦を生き生きと描いた場面があるが、そこに示されているのはまさにこの戦略である。

「名手二人の対戦では、ゲームの大半は自分の手をいくらかでも有利にすることだけに費やされる。相手を詰ませる最短の手どころか、相手の駒をとることばかり考えていてもゲームには勝てない。名手が打つ手のほとんどは、第一に自身の機動性を高める目的、すなわち自分の駒の動く選択肢を増やして相手の駒の動く範囲を狭めるという目的がある。そして第二には、じわじわと自分を有利に相手を不利にするような、ある種安定したパターンを盤面に作り出すという狙いがある。こうしてさまざまな手を積み重ねた末に十分に有利な態勢になったとき、もはや無防備になったターゲットや大量の犠牲を払わない限り救えなくなったターゲットめがけて決定的な戦術を繰り出すのである」(註5)

■　■　■

私は二〇〇五年に、とある小規模なビジネススクールの戦略策定をお手伝いしたことがある。ビジネススクールというところは、戦略を教えているにもかかわらず、そのスキルを賢く活用している例はめったにお目にかかれない。この学校でもご多分に漏れず、学長と各学部がむやみに野心的な計画を練り上げていた。その最大の目標は、「地方の学校」という位置づけから、「この地方随一の学校」になることだという。戦略プランの草案には、たくさんの意欲的なイニシアチブが盛り込まれていた。知名度を高める、卒業生からの寄付集めに力を入れる、グローバル企業研究プログラムを発足させる、起業プログラムを拡充する、環境問題への取り組みを始める、等々。この学校の現状を把握しようとした私は、卒業生の大半が地元の会計事務所か中小のサービス業に就職していることに気づいた。

そこで私は戦略プランニングを担当する評議会（学長と学部長で構成される）に出向き、最も効果の上がる一点に力を集中し、近い目標を立てるべきであると助言した。そして、評議会の面々にこう問いかけた――もしたった一つの目標しか選べず、その目標は実現可能でなければならないとしたら、どれを選びますか。実現したときに最も大きなちがいを生み出せるのは、どの目標でしょうか。

午前中いっぱいかけて討論した末に、目標は二つに絞り込まれた。どちらも私の目から見れば十分に実現可能とは言えなかったが、それでも「地方随一の学校になる」などという曖昧な目標に比べれば、大きな前進である。評議員の半数が推したのは、「学生をもっと良い企業に就職させる」というものだった。これは、決定的なちがいを生み出す可能性を秘めた目標と言える。良い就職先が見つかるなら学生は満足し、学業にも精を出し、卒業してからも潤沢な寄付が期待できるだろう。また優秀な学生を集められるようになるから、企業から研究資金を獲得することも容易になるし、優秀な教授陣をそろえることも可能になる。残り半数が推したのは、「広報活動に力を入れる」という目標である。業界紙や地方紙でもっと取り上げてもらえば、知名度が上がり、学生の募集でも就職でも好ましい効果が期待できる。どちらの目標も具体的な行動を伴っており、将来の戦略に好ましい波及効果がありそうだった。

私は二つの目標を評価したうえで、どちらかまたは両方についてより近い目標を立て、具体的な行動に落とし込むようアドバイスした。その日の終わりには、二つのアイデアが固まった。まず学校の第一目標として、就職先のグレードアップをめざす。卒業生にふさわしい仕事があるのにこれまで採用してもらえなかった企業をターゲットに定め、採用方針を調査し、ニーズや基準をクリアするためのプログラムを発足させる。そして第二の目標として、グローバル企業や環境問題に手を出すのはやめる代わりに、メディア・マネジメント・コースを新設することにした。このコースの評価が高まれば、メディア関係者が学校を取材する機会も増えるだろう。また卒業生が大手メディアに就職できれば、学校の知名度も自然に高まるという計算である。このため、就職ターゲット企業一〇社のうち二社はメディア企業が選ばれた。

目標設定には階層がある

組織としての近い目標を適切に設定すれば、組織規模の大小を問わず、それを目安に下位の単位がそれぞれに近い目標を定め、それがまた下の単位の近い目標につながり……という具合に、小さな単位にいたるまで近い目標が設定されていく(註6)。近い目標は階層組織の下位へと送り込まれるだけでなく、時間軸に沿っても送られていく。たとえばネスレがイギリスのチョコレート会社ラウントリーズを買収したとき、経営幹部は、ネスレのマーケティング力でこの英国ブランドをグローバル・ブランドに発展させることを近い目標に掲げた。この目標に向けた第一段階が順調に進行すると、次には国別によりきめ細かい目標が設定された。このように、新しい市場や事業に参入を果たした場合などには、時間の経過につれて近い目標を調整していく必要がある。

ある国、ある組織、あるいはある個人にとっては近い目標も、他の国や組織にとっては、必ずしも近い目標とはならない。これは、持ち合わせているスキルやリソースにちがいがあるからだ。ヘリコプターの操縦を例にとって説明しよう。

若い頃は戦闘ヘリのパイロットで、ベトナムに従軍した後レスキュー隊で働いたこともあるPJという男は、いまではメキシコ最北部バハ・カリフォルニア州でサーフィンや釣りを楽しんでいる。バハ・カリフォルニアにはショッピングセンターもなければ、工場も高速道路もない。暖かい冬の日、丘の家のベランダに座っていると、クジラがジャンプし巨大な尾で海面を叩く音がした。私はPJからヘリコプターの話をしてもらおうと、こう言ってみた。「ヘリコプターは飛行機よりも安全なはずだ。万一エンジンが止まっても、降下しつづけながらオートローテーション（自由回転飛行）ができるから、ちゃんと着陸できる。つまり、ヘリコプター自体がパラシュートのようなものだ。そうだろう？」

PJはフフンと鼻を鳴らした。「エンジンが止まった瞬間に、コレクティブピッチ・レバーを操作して回転翼をフルダウンし、左のペダルを離して右のペダルをいっぱいに踏み込み、メインローターの回転力を得る。高速で降下してしまうのを防ぐには、これだけの操作をほぼ一秒でやらなければならない」。そして一呼吸置いてから付け加えた。「もちろん、この操作は可能だ。だが、考えていたらできない」

「自動的にできなければだめだということかい？」と私は聞いた。

「全部というわけじゃないよ。エンジンが止まってしまったら、いろんなことをやらなくちゃいけない。いちばん大事なのは、どこに着陸するかを決めて、そこまでスムーズに降下していくことだ。こいつには全神経を集中しなければいけない。だがヘリコプターを操縦する動作のほうは、機械的にやれなくちゃだめだ。何も考えずに操縦できるからこそ、危機に注意を集中できる」

PJはもう一本ビールの栓を開けると、話を続けた。「ヘリを飛ばすには、いろいろな装置を絶えず調整する必要がある。スロットル、コレクティブピッチ・レバー、サイクリック（操縦桿）、左右のラダーペダル。簡単じゃないが、訓練すればできるようになるし、経験を積めば自動的にできるようになる。そうなったら、次に夜間飛行を学ぶ。昼間が先で夜間は後だ、逆はあり得ない。そして、夜間飛行が問題なくこなせるようになったら、次に編隊飛行を学び、さらに戦闘訓練に移る。どれもこれも完全にマスターし、何も考えずに自動的にできるようになったら、強風が吹く中で夜の山中に着陸するとか、揺れる船の甲板に着艦するといった練習を始められるだろう」

PJが話すのを聞きながら、私はうねりと船の揺れを計算しつつ甲板に着陸を試みる彼の姿を思い浮かべた。はるか昔に操縦桿やレバーやペダルの操作に習熟してしまったから、着艦のタイミングをみきわめることだけに専念できる。

あることにだけ集中する、すなわち最重要課題に優先的に取り組むためには、他の重要なことがクリアできていなければならない。PJがヘリと船のタイミングを合わせることだけに集中できるのは、初歩から始めて段階を踏み、飛ぶことがすでに機械的にできる作業となっているからである。

このように、近い目標とは梯子を上るようなものと考えることができる。最初の段にしっかり足をかけなければ、次の段に上がることはできない。とりわけ、たくさんのスキルを必要とする場合にそう言える。ヘリコプター・パイロットが操縦スキルを段階的に身につけていくように、企業経営でもある種のスキルは段階的に備わっていく。ある企業にとっては近い目標として集中できることも、他の企業にとって遠すぎることがあるのは、このためだ。したがって、たとえば小さなスタートアップ企業（創業間もないベンチャー企業）が製造と流通の連携に問題を抱えているときに、欧州進出で売上を伸ばせなどとアドバイスするのは的外れである。こういう企業は、まず「ヘリを飛ばす」ことを学ばなければならない。それができるようになってから、海外展開を視野に入れるべきである。同様に、海外進出を果たしたばかりの企業に対して、P&Gのようなナレッジ・マネジメントをやれというのも的外れだ。まずは異なる言語や文化の中での事業経営に習熟しなければならない。それをマスターして初めて、知識や情報を活かせるようになる。

第8章 鎖構造

最も弱い箇所によって全体の性能が決まってしまうようなシステムは、鎖のような構造を持つと言える。どこかに弱い環がある場合、いくら他の環を強化しても、鎖全体は強くはならない。

スペースシャトル「チャレンジャー」の場合には、その弱い環は固体ロケットブースターを密閉するゴム製Oリングだった。一九八六年一月二八日、チャレンジャー号の発射直後にこのリングが破損し、高温の高圧ガスが噴き出して、ロケットは空中分解したのである。乗組員七人の乗った区画は大空高く放り出された後、上空二万メートルから海面に落下した。レーガン大統領は七人を「国家の誇り」と呼んで哀悼の意を捧げている。

鎖が切れないようにするためには、一部の環だけを強化しても意味がない。チャレンジャー号の場合で言えば、Oリングの強度に問題があるときに、ロケットブースターを高性能にしても、乗組員の訓練を強化しても、意味がない。同じことは、スポーツにも言えるし、芸術作品にも言える。どこかに劣るところ、弱いところがあったら、全体がだめになってしまう。

数で補えないような状況では、とりわけ質が問題になる。たとえば建設工事中にトラックが故障しても、別のところからトラックを調達すればよい。だが三つ星級の腕前のコックが病気になったら、そのレストランは営業できない。凡庸な歌手が一〇〇人いたところで世界的なテナー歌手の代わりは務まらないし、腕の悪い医者ならかからないほうがましかもしれない。

不動産業者と話したとき、私は「限定要因」というものがあることを教わった。不動産の査定をするときには、この限定要因をみきわめることが大事だという。たとえば住宅が騒音の大きい道路に面していたら、それは限定要因となる。大理石の浴槽があったりキッチンがおしゃれだったりしても、騒音のせいで家の価値が決まってしまう。同様に、重厚な建築様式と立派な家具を備えた部屋も、塗装が剝げかかっていたら、それが限定要因となる。転売目的で不動産を買う場合には、限定要因が改善可能かどうかを的確に判断しなければならない。塗装であれば修繕可能だが、うるさい道路のほうはどうしようもない。もしあなたが限定要因を排除するスキルやアイデアを豊富に持ち合わせているなら、きっと不動産投資で大儲けできるだろう。

鎖構造の問題点

企業や経済は、少なくとも部分的には鎖のようにつながった構造になっている。このような構造で、一つひとつの単位（＝環）が個別に運営されていると、システム（＝鎖）全体は十分な機能を発揮できず、「質的不整合」の問題が発生する（註1）。つまり、ある単位の責任者が改善に投資したいと考えても、他の単位の責任者がそうしない限り、システム全体としては意味をなさない。

それどころか、一つの単位だけが改善に力を入れると、全体としてマイナスになりかねない。ある単位が改善に投資する場合、人材を含む高価なリソースをそこに注ぎ込むことになる。だがそのような投資をしても、鎖で結ばれたシステム全体の改善にはつながらない。したがって、その単位にリソースを投入した分だけ利益は減ることになる。これでは、各単位の改善意欲も削がれてしまうだろう。

たとえば、ゼネラル・モーターズ（GM）が一九八〇～二〇〇八年にかけて抱えていたさまざまな問題は鎖構造を呈していた。つまり、トランスミッションをいくら改良しても、ダッシュボードから計器類がとれてしまったり、ドアパネルがガタついたりするようでは、車として失格である。だが計器類やドアの不具合を直しトランスミッションを改良しても、話は終わらない。なにしろ車のデザインがひどくお粗末なのだ。しかも車のデザインというものは単に外見だけの問題ではなく、デザイナーが製造面の深い知識を備えていなければならない。

経済の発展段階に伴う困難な問題の多くも、鎖構造になっている。たとえば、未熟練な労働者に高性能の機械を与えるのは無意味だが、まだ存在しない機械のために教育を行うのも無意味である。また腐敗した官僚は賄賂を受けとらないと邪魔立てをする困った存在だが、その一方で官僚機構はネポティズム（縁故主義）への有力な対抗手段となる。また道路を整備すれば貧弱な港湾設備に過度の負担がかかる一方、港湾設備を整えても、良い道路がなければ価値がない。道路と港湾の両方を整備すれば、今度は腐敗した官僚や労組が荷役や通行のたびに過剰な料金をとろうとする……といった具合である。

鎖構造の問題は、開発途上国に限られるわけではない。アメリカでも、増殖するスラム、荒れた学校、ギャング製造機と化した刑務所、暴力、暴行などは鎖構造を形成している。また、国土安全保障省は空港でのパスポート検査を強化したが、鳴り物入りで始められたこの検査は、全体としてはあまり意味があったとは言い難い。四〇〇〇マイル以上もの国境線や沿岸海域の大半は監視がほとんど行き届いていないからだ。核攻撃を三回に二回防げたとしても、それで満足することはできまい。

鎖構造問題の解決

マルコ・ティネッリは、イタリアの伝統的な同族経営の機械メーカーで社長を務めている。最も効率的な自動車生産技術は日本の関東平野に、化学品はドイツ、フランス、スイスを中心とするヨーロッパに、マイクロプロセッサならアメリカのサンタクララ、フォーミュラ・カーならイギリスのミッドランドという具合に、世界を見渡すと専門技術は地域的に集積しているものだが、イタリアのロンバルド平原には、車から産業機械までありとあらゆるものに使われるメカニカル・システムのメーカーが集積している。マルコの会社もそこにあった。

一九九七年のある日、私はマルコの工場を見学した後、ミラノ大聖堂にほど近いレストランで一緒に昼食をとりながら、彼が会社を再生したいきさつを聞いた。

「叔父が亡くなって、会社経営の責任が私一人の肩にのしかかってきた。当時の経営状況は芳しくなかった。製品の品質はライバル企業より劣っていたし、コストは高かった。おまけに営業の連中は、技術知識がひどく乏しい。マイクロプロセッサで制御するような高度なマシンを売るのに、営業が無知ではどうしようもない。改革しなければいずれ立ち行かなくなるのは明らかだった。だが、問題が多すぎた。いったいどこから手を付けたらいいのか、私は途方に暮れた」

彼の話を聞くうちに、マルコの会社が抱えている問題は鎖構造になっていることがわかった。彼が立ち往生してしまったのは、そのためである。いくら品質を改善しても、営業がそれをうまく伝えられなければ、機械は売れない。一方、いくら営業マンを教育したところで、機械が低品質のままでは意味がない。さらに機械と営業の品質を両方向上させても、コスト高体質を改善できなければ、利益は上がらない。

「で、どこから手を付けたんだい?」と私は質問した。マルコは、次のように答えてくれた。

「シンプルに、三つの改善運動を順番にやることにした。最初は、一二カ月間、機械の品質改善だけに集中した。業界で最も信頼性が高く最も効率の良い機械を一年間でつくるんだと宣言し、それにかかりきりになった。

品質改善が達成されたら、次は営業の教育に取り組んだ。第一段階の品質改善には営業の人間を参加させたんだが、今度は製造部門のエンジニアやワーカーが教育担当になった。すぐに結果が出ないことはわかっていたが、先行投資しなければ収穫は得られないからね」

もし品質適合という概念や鎖構造の問題を知らない人がマルコの説明を聞いたら、単に三つの問題に順々に取り組んだだけだと思うかもしれない。だが知っている人なら、マルコのやり方の賢明さにすぐに気づくだろう。

鎖構造になった問題でむずかしいのは、ボトルネックを特定することである。マルコの場合、それは品質、営業部門の技術知識、コストだった。しかも厄介なことに、小出しの改革では効果が上がらず、それどころか事態を悪化させる恐れさえある。こんなとき大方のリーダーは途方に暮れ、前に進めなくなってしまう。マルコは最終的な責任を引き受ける覚悟を決め、三つのボトルネックに順番に取り組む方法を選んだ。品質改善をしただけではすぐに効果が現れないことは承知のうえだったから、そこで挫けることはなかった。最初の近い目標を予定通り達成したことについて部下を賞賛し、ひるまず次へ進んだ。問題が鎖のようにつながっている場合、全部を解決するまでほとんど効果は現れないが、マルコは一回に一つの問題に集中し他の問題をシャットアウトすることで、この悩みをクリアしたのである。

インタビューで大切なのは、話されたことだけでなく、語られなかったことである。マルコは、「利益を増やすよう各部門に圧力をかけた」とは言わなかったし、「厳格な品質基準を導入して改善を要求した」とも、「優秀なマネジャーを外部から雇った」とも言わなかった。マルコの語った再生物語では、彼自身がやるべきことを決め、変革のむずかしさを予測し、それを引き受けている。どんな企業でも、現場への権限委譲とトップダウンによる指揮統制とのせめぎ合いがある。マルコは、鎖構造の問題を解決するために一時的に両者のバランスを変え、トップダウン方式で臨む選択をしていた。

第三のコスト削減問題に対するマルコの取り組みも、興味深いものだった。とくに注目したいのは、マルコが明確な理由からコスト削減を後回しにしたことである。

「最後に九カ月間をコスト削減のためだけに費やした。この期間は、他の目標は一切掲げなかった。コスト削減を最後にしたのは、改善された製造プロセスと連動させたかったからだ。われわれは構成部品を見直し、製造プロセスを一工程ずつチェックした。そして二つの製品をラインから外すこと、外注していた工具やダイスの一部を自前で製作することを決めた。これで、大幅なコスト削減が実現したよ。自前のダイスを導入したおかげでマシンの性能は向上した。最終価格は下がっていないが、マシン・スピードが上がれば顧客にとってメリットは大きい。技術知識を身につけた営業チームは、この点を上手に売り込むことができた。これも、コスト削減を後回しにした理由の一つだ」

マルコの努力は報われ、いまや会社は利益を順調に伸ばし、技術面でも高い評価を得ている。こうしたわけだから、鎖構造の問題も解決は十分に可能である。まずはボトルネックを見つける。そして、短期的な損失は覚悟で将来に投資する覚悟を決める。ここではリーダーシップがとりわけ重要になる。マルコ・ティネッリは改革に伴うコストを引き受ける決意を固め、敢然と前へ進んだ。四半期ごとの利益などに拘泥せず、最終目標を掲げつつ近い目標からクリアしていったことが成功につながったのである。

鎖構造を強みにする

マルコ・ティネッリの例からもわかるように、鎖構造になった問題を解決するためには、強力なリーダーシップと計画的な取り組みが必要である。逆に言えば、強力なリーダーシップにより巧みに鎖構造を作り上げてしまえば、容易にはまねできなくなる。

ここでは、スウェーデンの家具メーカー、ＩＫＥＡを考えてみよう。同社は一九四三年に設立され、直営店を通じて手頃な価格の組立家具を販売している。駐車場を完備した巨大な店舗を郊外に展開し、広々としたスペースで豊富な選択肢の中から選べるのが特徴だ。店員の数は少なく、代わりにカタログが充実している。組立前の家具は平たくパックできるので、場所をとらず、運送費も保管料も少なくて済む。また店内に在庫品を置いておけるので、顧客はそこから選んで家まで持ち帰ることができ、配送されるのをイライラして待つ必要がない。家具のデザインはほとんどが自前だが、製造は外注である。しかし全世界に展開するロジスティクスは同社が管理している。

こうしたさまざまなプロセスの効率的な組み合わせこそがＩＫＥＡの戦略と言える。だがこの戦略は、秘密でも何でもない。なぜ他社がこれをまねしたり、さらに良いシステムを考え出したりしないのだろうか。同社が世界最大の家具メーカーの地位と評判を守りつづけているのは、彼らの戦略が鎖構造を形成するものだからである。

ＩＫＥＡの方針はどれ一つとっても家具業界では異色であり、しかもそれらが緊密に一体化している。たとえば伝統的な家具店では大量の在庫は抱えない。伝統的な家具メーカーは自ら販売はしない。

通常の家具店は自分でデザインはしないし、店員の代わりにカタログで済ませるなどということもしない。このようにＩＫＥＡのやり方はひどくユニークなうえに、それらが組み合わされて鎖構造を形成しているので、どれか一つをまねするだけでは効果が得られないのである。一つか二つをまねしても、コストが余計にかかるだけで、ＩＫＥＡに対抗することはできない。既存の業者が本気でＩＫＥＡに対抗するにはゼロから事業を設計しなおす必要があり、そうなれば自分の店と共食いになってしまうだろう。だから、誰もやらない。ＩＫＥＡが颯爽と登場してから五五年になるが、いまだに第二のＩＫＥＡは現れていない。

ＩＫＥＡの方針が今後も競争優位を維持するためには、三つの条件が満たされなければならない。

- コア事業での卓越した効率性を維持する。
- コア事業は引き続き鎖構造を維持し、強豪相手が一つか二つをまねしてもIKEAに対抗できないようにする。言い換えれば、既存の家具メーカーが組立家具のラインを導入しても、あるいは既存の家具店が店員代わりにカタログを導入しても、びくともしないような態勢を維持する。
- 鎖構造を形成しているIKEAならではの独自性を維持し、ある一つのノウハウが盗まれても、別のノウハウは容易には身につけられないようにする。たとえばカタログ販売方式をまねたとしても、ロジスティクス・システムをまねなければ効率は上がらないし、郊外型の大店舗を展開できなければ意味がない。さらに既存の家具メーカーや家具店だけでなく、思いがけない分野でリソースや能力を持つ競争相手が出現しないか、警戒を怠らないことが必要である。

ＩＫＥＡの例から、さまざまなプロセスを組み合わせて鎖構造を形成すれば、それが持続可能な戦略優位となり得ることがわかる。こうすれば戦略はより有効になるし、競争相手がまねることも困難になる。鎖構造の問題は解決がむずかしいが、その裏返しとして、優位性を築くこともまた可能なのである。

ＩＫＥＡのように鎖構造で卓越した地位を維持するためには、鎖の環がどれも高いクオリティを保たなければならない。すべての環が粒ぞろいであれば、互いに補い合い、鎖全体も秀でたものとなる。一方、鎖の環がどれも質が悪く、ばらばらに管理されていたら、二〇〇七年頃のＧＭのように鎖全体の魅力がなくなってしまう。こうなったら、環の一つか二つを改善しても、大きな効果は得られない。しかしマルコ・ティネッリの成功例からもわかるように、強力なリーダーシップの下で最も弱い環の改善に努力すれば、鎖全体を再び機能させることができる。

第9章 設計

「戦略」という言葉は、字を見れば分かるように、もともとは戦争のためのものだった。まことに残念なことだが、人類は他の何よりも戦争に時間とエネルギーと思考能力を注いできた。だが文字通りの戦争のための戦略は、平時にはあまり役に立たない。とりわけ買い手から注文を勝ちとる商戦は、より魅力的な商品や条件を競い合うという点で、戦争よりはダンス・コンテストに似ている。誰も相手の工場を爆破したり、相手の従業員を殺したりはしない。また企業の従業員は、身分保障された兵士とは異なり短期の予告でクビになることはある一方で、会社を守るために命を投げ出すことは期待されていない。そして、規模が持つ意味もまったくちがう。他の条件が同じであれば、一般に軍隊は規模が大きいほど有利である。しかし企業の場合には、顧客に最も支持された企業が成功するのであって、規模は成功の原因ではなく、結果であることが多い。このように戦争と企業経営では相違点が多いけれども、その点に十分に注意すれば戦争の歴史から学べることは多く、ぜひとも賢く活かしたいところである。

戦略の父ハンニバル

歴史を遡ってみると、しっかりした指揮系統を持つ軍隊が最初に登場したのは、青銅器時代だった。この時代には定住社会も出現し、人々は組織的な農業が豊かな実りをもたらすことに気づくと同時に、組織的な戦闘行動がきわめて効果的であることにも気づく。いかに敵が勇猛果敢であっても、ばらばらに戦っていたら、適切に組織され有能な指導者に率いられた集団には敵わない。

戦争の戦略の古典的な例として今日でも研究の対象になっているのが、ハンニバルの戦略である。改めて言うまでもなく、ハンニバルはカルタゴの武将で、第二次ポエニ戦争中、紀元前二一六年のカンネーの戦いでローマ軍に完璧な勝利を収めた。当時は共和政ローマがイタリア半島を支配しており、フェニキアの都市国家カルタゴはローマに敗れて南地中海の制海権を失っていた。そこでハンニバルはローマに報復を果たしカルタゴの失地を回復すべく、スペインからフランス経由でアルプス越えをしてイタリア半島に攻め込んだのである。そしてローマ軍と交戦し、最初の二つの交戦で勝利を収めた。

事ここにいたってローマの元老院はパウルスとヴァロの二名を執政官に任命し、ハンニバルを倒すために八個もの軍団を与える(註1)。両軍は、アドリア海に面した南イタリアのカンネーで相まみえることになった。長靴の形をしたイタリアの、かかとの上あたりである。

八月二日の夜明け。ローマ軍は八万五〇〇〇以上、対するカルタゴ軍は五万五〇〇〇で、両軍は二キロほど離れて対峙していた。ハンニバルは、中央に軽装歩兵、両翼に騎兵という標準的な布陣を敷いたが、軽装歩兵集団には弓なりの陣形をとらせ、中央部をローマ軍側にせり出させて、この弓形の両方の根元に重装歩兵を配置した。軽装歩兵はスペインとガリア（フランス）人で、ローマから解放された兵士や外国の傭兵が中心だった。一方、重装歩兵は練度の高いカルタゴ兵士である。歩兵は数で劣っていたが、ハンニバル軍の騎兵は数でも質でもローマ軍を凌駕していた。

ローマ軍の兵士が前進してくると、弓形の突出部が最初の接触点になる。ここでスペインとガリアの歩兵は、ハンニバルがあらかじめ指示したとおり、少しずつ下がっていった。勢いづいたローマ軍の兵士は、勝利を確信して雄叫びを上げながら、敵の弱点と見えた箇所に突進してくる。一方、カルタゴ軍の騎兵隊はローマ軍側の騎兵を敗走させ、ローマ軍の背後に回り込みはじめた。

ローマ軍の歩兵が攻め込むにつれてカルタゴ軍の弓形は押し込まれ、弓のアーチが当初とは逆向きになって内側に凹んでいった。それでも弓の根元に配置された重装歩兵は、陣形を保ったままで戦闘に加わらない。ここで、ハンニバルがやおら合図を出した。予備隊が応援にかけつけ、下がりつづけていた軽装歩兵が突如として後退を止める。パニックに陥っていたと見えた歩兵集団は、一瞬にして規律ある戦闘集団に変身していた。同時に、重装歩兵が両翼に展開してローマ軍を両側から囲む。さらに後方では騎兵がローマ軍の背後をとり、こうしてローマ軍は四方から取り囲まれてしまった。

ハンニバルの戦略が情け容赦なく効きはじめるのはここからだ。ローマ軍は完全に包囲されただけでなく、先頭集団がくさび形に押し込んだために両翼からの圧力で密集し、武器を掲げることすらできず、ついには圧死する兵士が続出した。包囲の圧迫で、数の優位は打ち消されてしまったのである。こうして密集の中心部にいたローマ兵はなす術もなく死んでいった。ローマ軍は降伏しようとせず、敵に慈悲を乞うこともしなかったから、殺戮はすさまじいものになった。たった一日でローマ軍の兵士五万以上が戦死したとされる。一日の戦闘での死者数としては空前の数字であり、この記録は現在にいたるまで破られていない。南北戦争の雌雄を決したゲティスバーグの戦いも、第一次世界大戦最大の会戦とされるソンムの戦いも、一日でこれほどの戦死者は出していない。カルタゴ軍の戦死者は、ローマ軍の一〇分の一ほどだった。ローマ軍の戦死者の中には、執政官のパウルスのほか、元執政官数名、護民官四八名、元老院議員八〇名が含まれていた。たった数時間の戦いで、ローマの指導者層の四分の一が戦場の露と消えてしまったのである。カルタゴ軍の勝利があまりに圧倒的だったため、イタリア南部の都市国家は続々とハンニバルの味方に回った。シシリア地方にあるギリシャの都市国家も、東のマケドニアもこれに倣った。

ローマの敗戦を現代にたとえるなら、一九四四年にロンメル将軍率いるドイツ軍がヨーロッパで連合軍を殲滅し、アメリカ上院議員の四分の一を戦死させ、ロシア、北欧、東欧諸国がドイツ側についたようなものである。

ローマとハンニバルはカンネーの後も一〇年にわたって戦ったが、ハンニバルが負けることはなかった(註2)。評伝作家のセオドア・ドッジは、ハンニバルを「戦略の父」と呼んでいる。と言うのも、この長い戦いの間にローマが学んでいったからである。ハンニバルから苦痛に満ちた教えを得て、ローマ人は戦略を習得していった(註3)。こうしてローマは強くなり、ローマ帝国の支配はその後五〇〇年にわたって続く。そして今度は世界がローマ人から戦略を学ぶようになった。

戦略というものにはさまざまな側面があって、カンネーの戦いからはうかがい知ることができない面もある。カンネーの物語からは長期的な構想は読みとれないし、戦略がどのように練り上げられたかもわからない。史料から推測できるのは、ハンニバル一人の手で戦略が立てられたこと、実行もハンニバル自身の命令に基づいていたことぐらいである。またローマ人の手になる史料を読むと、ハンニバルが高潔な人物で、彼に会った人は誰でも、敵でさえ賞賛を惜しまなかったことがわかる。だがそれ以上のことは、何もわからない。たとえばハンニバルのコミュニケーション能力はどのようなものだったのだろう。とりわけ知りたいのは、弓形に配置したスペインやガリアの歩兵に対して、敵に押し込まれて後退することをどのように説得したのか、ということだ。後退は損害を伴ううえ、プライドも傷つけられる。しかしこの点を調べる術はない。

それでもカンネーの物語からは、ハンニバルの戦略の少なくとも三つの面がくっきりと浮かび上がってくる。あらかじめ入念に練り上げられたこと、敵の行動を予測していたこと、明確な意図を持って全軍の行動をコーディネートしたことである。

事前準備

ハンニバルの戦略は、その場で思いついたものではない。あらかじめ情報を収集し、入念に計画されたものである。ハンニバルはカンネーでだけ計画的に臨んだわけではなく、ローマとの長年にわたる戦いでほとんどいつも周到な準備をしている。戦略を巡っては、事前の準備と臨機応変とのバランスがつねに問題になるが、準備がゼロということはあり得ない。そもそも「その場の状況に応じて決める」などというのでは、戦略の名に値しないだろう。

予測

戦略策定で基本的な要素の一つは、敵の考えや行動を予測することである。カンネーの戦いは「包囲戦」の代表例と括られることが多いが、このような見方は単純に過ぎる。と言うのも、戦場でより機動力を持っていたのはローマ軍のほうだからだ。実際にはカルタゴ軍がローマ軍を包囲したと言うよりも、ローマ軍がおびき出され、罠にはめられたのである。その結果、ローマ軍は機動力も勇気も戦意も喪失してしまった。カンネーでの戦略が巧妙なのは、ハンニバルの誘いに対してローマ軍が攻撃的に反応したがために罠が一層効果的になり、包囲軍の圧力が強まったことである。

ゲーム理論では、相手も自分と同じぐらいには合理的だと前提するが、ハンニバルがそのような前提に立っていなかったのは明らかだ。ローマの兵士が個人としていかに合理的であるとしても、軍隊としては旧態依然の組織や規則に縛られており、ごく標準的な訓練しか受けていない、とハンニバルは見切っていた。しかも二人の司令官の特徴や傾向はすでにわかっている。たとえばヴァロは自尊心が強く血気盛んで、ハンニバルをいなすのではなく真っ向勝負したがっていることが知られていた。

ハンニバルがこうした情報を持っていたのは、カンネーの前に何度もローマ軍と戦って、相手の状況を熟知していたからである。ハンニバル自身が武将の家系の出身で、高度な教育を受け、ギリシャ語やカルタゴ語で本を書くほどの理論家でもあった。さらに、ローマ軍の行動の一部は予測可能だった。と言うよりも、狙い通りの行動をとるようハンニバルが仕掛けていたのである。戦いの前夜にヴァロの野営地に奇襲をかけて部下の前で彼の面目を失わせ、直接対決を急ぐように仕向けた。こうしたわけで、戦場での行動もある程度は予測可能だったと言える。戦局が急展開し、ローマ軍には状況判断する時間的余裕がほとんどなかったため、罠と気づく前に突入する結果となった。

設計

カンネーでのハンニバルの戦略で驚かされるのは、軍団の行動が時間的にも空間的にも巧みにコーディネートされ、オーケストラのように調和がとれていることである。無線連絡などできない紀元前二一六年当時には、戦争に勝つ基本はきわめてシンプルだった。陣形を維持し、規律を保ち、パニックに陥らず、絶対に逃げ出さないことである。したがってカルタゴ軍の軽装歩兵が押されて後退したのを見たとき、ローマ軍は勝利を確信した。好戦的なスペイン人やガリア人の歩兵に後退を受け入れさせることなど、想像もつかなかったからである。加えて従来の騎兵戦では、勝った側は敗走する相手を追いかけ、戦利品を奪いとるのが定石である。カルタゴの騎兵集団が深追いせずに隊形を組み直して前線に取って返し、歩兵戦に加勢してくるとは、ローマ軍にとって青天の霹靂だった。同じ戦場内とは言え離れたところにいる歩兵軍団や騎兵集団が、あらかじめ立てられた戦略通りに複雑な動きをやってのけたのだから、ローマ軍が驚愕したのも無理はない。ハンニバル以前には、このように創造的な戦略を実行した例はないのである（註4）。

戦略とは選択であるとか、意思決定であるとよく言われる。「選択」や「意思決定」という言葉には、一連の選択肢の中からリーダーがどれか一つを選ぶようなイメージがある。たしかに意思決定の理論書などには、可能な限りの選択肢を列挙し、それぞれの結果を評価し、成功率を分析したうえで決定を下す、といったことが書かれている。これは適切なやり方かもしれないが、残念ながらリーダーにとってさほど役に立つとは言えない。選択肢が明確にわかっているケースは、じつはめったにないからである。ハンニバルの例で言えば、参謀がパワーポイントを使って選択肢を説明してくれたとは思えない。数で勝るローマ軍を前にして、ハンニバルはゼロからすべての作戦行動を巧みにコーディネートし、全軍の動きを設計したのである。今日でも、有能なストラテジストがやっていることは決定ではなく設計であり、選択肢の中から選ぶのではなく自らデザインしている。戦略立案は、どの車を買うか決めたり、新工場の広さを決めたりする作業よりも、高性能の飛行機を設計する作業に似ている。マネジャーが意思決定者だとすれば、ストラテジストはデザイナーだと言えよう。

最高の組み合わせを探す

企業の戦略立案は、大規模な設計作業と言える。直面する問題が大きいほど、あるいはめざす目標が高いほど、さまざまな要素の相互作用を考慮しなければならない。これを車の設計で考えてみよう。BMW3シリーズを「運転するのが楽しい車」にしたいとする。そのためには、シャシー、ステアリング、サスペンションからエンジン、電気系統にいたるまで、すべてをうまく調整しなければならない。部品を持ってきて組み立てれば車は作れるかもしれないが、運転するのが楽しい車にするためには全体のコーディネーションが何よりも重要になる（註5）。

スポーティーなBMW3シリーズを運転する若いドライバーは、高速道路のカーブにさしかかったとき、車にどんな挙動を望むだろうか。どんなときに運転を楽しく感じ、どんなときに不快に感じるだろう。そんなことを想像しながら、デザイナーは車を少し大きくし、騒音を抑え、レスポンス性能を下げる代わりに安定性を出してみる。次に全体を軽量化し、俊敏性とレスポンス性を上げてみる。そのたびにシャシーの設計を変え、エンジンの重量やトルクを検討しなおし、サスペンションやステアリングを微調整する。四〇あるいは五〇ものパラメーターをさまざまに変化させ、シミュレーションを繰り返しながら、「スイートスポット」を探し当てるのだ。うまく探し当てられたとき、すべてのピースは完璧にはまり、ドライバーは気持ちよく運転できるようになる。

だが、話はここでは終わらない。ドライバーの満足感は値段にも左右されるから、できる限りコスト削減に務める必要がある。言い換えれば、一ドル当たりの「運転の楽しみ」を高める必要がある。そのためには、さらに多くのパラメーターを考慮しなければならない。すべてのパラメーターの組み合わせを試してみるのは、時間がかかりすぎて不可能だとしても、妥当な組み合わせに行き着くことはできるはずだ。さらに、イメージ広告やゴージャスな販売店などにより、高級ブランド品を買う楽しみを付け加えることもできる。信頼性や耐久性を高めて転売価値を上げることも、顧客満足度の向上につながるだろう。コーディネートする要素が増えるほど、相互作用を考慮しなければならない。それにもちろん、さまざまなドライバーのタイプや好みや年収も考える必要がある。

このように、気の遠くなるほど複雑な作業が設計というものである。しかも「運転の楽しみ」を高めるだけなら車そのもののことだけ考えていればよいが、ライバルとの競争に視点を移したら、今度は他社のことまで考えなければならない。つまり、他の車よりBMWを運転するほうが楽しい、とドライバーに感じてもらうことが目標になる(註6)。すると考えるべき要素はどっと増え、競争相手の製品や戦略が新たなパラメーターとなる。そうなると最終的には、他社よりすぐれているところ、効率的なところに集中することになるだろう。また自社のターゲット層をしっかり把握し、そこにアピールすることもより重要になってくるはずだ。つまり製品にせよ、製造プロセスにせよ、顧客にせよ、よりピンポイントでの集中が必要になる。

このようにさまざまな要素の相互作用を考慮し、全体をコーディネートするという意味で、私は戦略が選択や意思決定より設計に近いと考えている。たくさんのパラメーターを相互に微調整していくと、価値が最大化する最高の組み合わせを見つけることができる。まさに同じように、良い戦略はさまざまな方針や行動をコーディネートして目標を実現し、あるいは困難を乗り越える。

■　■　■

私がこの設計ということの重要性に開眼したのは、最初の職場、NASAのジェット推進研究所(JPL)でのことだった。ここで私は、木星に探査機を飛ばすという夢のプロジェクト(後にボイジャーと名づけられた)を担当していた。

JPLでは、通信、動力、構造体、姿勢制御*、コンピュータなど探査機のサブシステムごとにチームが組織されており、私はシステム部に所属していた。システム部の仕事は全体の基本設計であり、すべてのサブシステムをコーディネートすることである。

チームに課された最大の制約は、重量だった。タイタンⅢC級のロケットが木星に接近する軌道に送り込むことができる探査機の重量は一二〇〇ポンドまでだが、サターンⅠB級であれば三〇〇〇ポンドまで可能である。私は一年かけて、二種類の重量制限に従って二通りの基本設計図を描いた。

三〇〇〇ポンドで行く場合には、設計は比較的容易だった。おおざっぱに言えば、手慣れたサブシステムの寄せ集めでできる。設計上の制約があまりないので、各部門の擦り合わせもそれほど厳密ではなかった。だが一二〇〇ポンドしか許されないとすると、設計は非常にむずかしくなり、コーディネーションが重要になってくる。

システム設計の大半は、実のところサブシステムの相互作用、別の言い方をすればトレードオフをみきわめることにある。ある部分を最適化しようとすれば、直ちに他の部分はどうするのかという問題が必ず起きるからだ。重量を切り詰めるためには、あらゆる部分をつねに念頭に置きながら、対立するニーズを調整しなければならない。たとえば無線通信用発電装置の重量を減らすと、出力も落ちることになる。この分を補うためには、パラボラアンテナの精度を高め、ピンポイントで地球を狙わなければならない。そのためには高性能センサーや高度な制御技術が必要だ。また姿勢制御により多

＊　姿勢制御とは、ソーラーパネルが太陽の方向を向き、アンテナが地球のほうを向くように、またカメラその他の装置がターゲットに向くように、宇宙船を維持することを意味する。

くの燃料を回さなければならない。さらに原子力電池を搭載するブームを長くして宇宙船の遮蔽構造を軽量化するとなれば、ブームが揺れるので姿勢制御が一段とむずかしくなる。

こんな具合に、システムのあらゆる部分を見直して制約条件に合わせていく必要が出てくる。ムダな重複をなくし、最適の組み合わせを見つけなければならない。たとえば、推進装置の格納容器が太陽光と微小隕石の両方を防ぐ役割を果たせれば、軽量化に大いに役立つ。また、サブシステムの動作するタイミングを巧みにずらせば、貴重な電力を奪い合う事態を避けることができる。

私が大学の工学部で教わったことは、何一つこの種の問題には役に立たなかった。大学で学んだのは、まず数理モデルを構築し、そこからコストを削減するとかエラーを最小限に抑えるという方法である。だがＪＰＬのやり方はまったくちがう。あらゆるサブシステムの基本を頭に叩き込み、それらの相互作用を理解したうえで、つねにすべてのものを念頭に置いて最も効率的な組み合わせを見つけるのである。これは、控えめに言ってもひどくむずかしい。当時はわからなかったが、戦略とは何かを学びはじめたのはあのときだった。

こうした基礎研究から一四年後の一九七七年に、探査機ボイジャー一号は打ち上げられた。重量は一五八八ポンド。発射ロケットであるタイタンの性能が上がったため、重量をいくらか増やすことができたのだった。ボイジャー一号は木星と土星の写真撮影と測量を実施し、撮影した木星の写真が地球に送られた。この探査機は太陽系の周縁部でいまなお働いている。続くボイジャー二号は、木星、土星、天王星、海王星に接近するグランドツアーを成し遂げた。

トレードオフ

私がJPLで学んだのは、システム全体の性能は各サブシステムの能力だけで決まるのではなく、その組み合わせによって決まるのだということである。設計とは、その最適の組み合わせを見つける作業だと言える。タイタンの軌道投入能力などのようにすでに能力が決まっている場合にはとくに、システム全体の性能を高めるにはすべてのサブシステムの最適の組み合わせを探す必要が出てくる。逆に能力や技術が向上すれば、それほどコーディネーションに頭を悩ませなくてよい。たとえば発射ロケットの能力が向上したり、構成部品が軽量化されたりすれば、余裕を持って全体設計ができる。戦略を考えるとき、私はいつもこうしたトレードオフに注目する。

さまざまなリソースや行動を巧みに組み合わせることで優位性を生む戦略では、「設計力」がモノを言う。あるリソースのセットが与えられているとき、条件が厳しいほどコーディネーションが重要になる。逆にある条件のセットが与えられているとき、リソースのクオリティが高いほど、コーディネーションの必要性は少なくなる。

この意味で、リソースの品質とコーディネーションの必要性とは互いに補い合う存在だと言うことができる。リソースが乏しい場合、よほど巧みに組み合わせないと条件を満たすことができない。より多くのリソースが手元にあれば、組み合わせに頭を悩ませずに済む(註7)。別の言い方をするなら、条件が厳しいほど、全体をうまくコーディネートする設計の重要度が高まる。

このことから、一分の隙もないほどの緻密なコーディネーションによって与えられた条件を満たそうとするのは、多大な費用のみならず時間や労力を伴うことがわかる。となれば通常の場合には、製品を作るにしても、事業を運営するにしても、つねに完璧な組み合わせを見つけるにはおよばない。ごく特殊な条件に適った完璧な組み合わせは、見つけるのがむずかしく、取り扱いに注意を要するうえ、条件の変化に柔軟に対応できない。たとえばF1レーシングカーはレースの条件を完璧に満たす車であり、サーキットではスバル・フォレスターよりはるかに速い。だがスバル・フォレスターのほうがはるかに多様な用途に使える。とは言え競争圧力が高まったら、スバルも何かを犠牲にして何らかの特徴を強く打ち出さなければならないだろう。一般に制約条件がゆるやかなほど、そうした必要はないので、より広い用途ひいてはより広い市場を対象にすることができる。

戦略的リソース

企業は、コンピュータ、オフィス用品からトラック、工場設備にいたるまでさまざまなものを買い、倉庫と契約し、大量の人間を雇い、弁護士や公認会計士とも契約を交わす。だがこれらのインプットは、ただちに戦略的リソースであるとは言えない。ほとんど同じものを競争相手も手に入れることができるからだ。戦略的リソースと言えるのは、その会社が長い時間をかけて築き上げたり、独自の手法で創造したり発見したりした息の長いリソースであり、他社にはおいそれとまねのできないものである。

そのようなリソースは競争の有力な武器となるため、きわめて単純な戦略をとることが可能になる。たとえばゼロックスがそうだ。同社は乾式普通紙コピーの技術を開発し、特許でがっちり押さえた。この特許は強力で、一九五〇年代半ばには、原価七〇〇ドルほどのコピー機が三〇〇〇ドル以上の価格で飛ぶように売れたものである。このように圧倒的な競争優位を持っていたゼロックスは、当然ながらこの製品を売りまくることに専念した。

ゼロックスは次々に工場を建設し、せっせと生産し、販売網とサービス網を整えた。競争相手と言えば旧態依然の湿式コピー機メーカーだけだから、事実上存在しないに等しい。特許に守られたゼロックスには心配のタネは何も見当たらず、原価をはるかに上回る価格で製品が売れるのだから、戦略すら立てる必要はなかった。実際、彼らは戦略と称して財務目標を決めていただけである。

リソースと行動の関係は、資本と労働の関係に似ている。ダムという資本財は、建設には途方もない労働を必要とするが、いったん完成して運用を開始すれば、さほど労働を投入しなくても長期にわたって稼働させることができる。同じように、ゼロックスの強力なリソース、すなわち普通紙コピーの技術と特許は、長年にわたる集中的な努力の成果であるが、いったん完成して特許を押さえてしまえば、もうそれほどの苦労はいらない。ゼロックスの幹部から直々に聞いたことだが、「工場は、原価の倍ぐらいの移転価格で製品を営業部門に売る。すると営業部門はそれを二倍か三倍にして顧客に売っていた」という。

こんな具合だから、戦略を立て苦労してコーディネーションをする必要などまったくなかった。これほど強力なリソースを持ち合わせていなかったら、乏しいリソースを最大限に活かすために緻密な戦略を設計する必要があっただろう。実のところ、後世に賞賛され研究されるようなすぐれた戦略は、乏しいリソースから始まっている。その希少なリソースを巧みにコーディネートするところに戦略の妙味がある。

圧倒的に有利なリソースを持っている場合、そこに安住してその後の戦略がおろそかになる危険がある。ゼロックスのように強力な特許を持っていたり、ハーシーズのように強力なブランドを持っていたり、ウィンドウズOSのように圧倒的なシェアを誇っていたり、抗コレステロール薬リピトールのような大ヒット商品を持っていたりして、長期にわたる利益が文句なしに確保されていたら、苦労して戦略を考える必要を感じなくなってしまう。何もしなくても、利益は転がり込んでくるのだ。

既存のリソースは新たなリソースを生み出す源となりうるが、また、イノベーションの阻害要因にもなりうる。賢い企業経営をめざすなら、陳腐化した機械設備を廃棄するように、古くなったリソースを時に応じて捨て去らなければならない。だが戦略的リソースは深く根を下ろしているものだから、それを排除するのはむずかしい。たとえばゼロックスは、すみやかな対応で評判の高い修理・保守サービス網を整備した。これは、普通紙コピー機の特許から新たな戦略的リソースを生み出す行為と言える。だが考えてみれば、サービス網の価値は、故障しがちな機械をいたわってうまく稼働させることにある。そこに注目すれば、故障を防ぐために、ゼロックス・ブランドの「コピー専用紙」のようなものを販売することが考えられたはずだ。こうすればゼロックスは、世界トップクラスのOA用紙供給体制を整えられただろう。それを活かして家庭用コピー機、プリンター、FAXへの道も拓けたかもしれない。だがそれは、ゼロックス自身のサービス網というリソースの価値を下げることになる。そうこうしているうちに、パソコン事業への参入をめざして精力的に研究を積み重ねてきたキヤノンやコダックやIBMが、よりすぐれた技術を携えて対抗してきた。

あまりに有利な地位を占め、さしたる努力もなしに利益が上がるようになると、ぬくぬくとぬるま湯につかって楽をしたくなるのが人情である。そして、高業績が続くのは経営がいいからだなどと考え、遠い過去の壮絶な努力の実りを刈りとっているだけだということを忘れてしまう。業績の良い企業の経営者は自信たっぷりにふるまい、経営書や雑誌はその企業のやり方を一から十まで褒めそやし、有給休暇の規定や駐車スペースの割り当てまでまねすることを奨める。もちろん、こんなことと高業績とは何の関係もない。行動の結果がすぐに現れるなら、戦略を考えるのもじつに簡単になるだろう。実際にはそうではないから、頭をひねらなければならないし、うまくいったときの結果はより価値のあるものとなる。

成功は怠惰とうぬぼれを招き、ひいては衰退や低迷につながる。そうならずに済む企業はめったにない。だからこそ、新参企業が戦略的に付け入る隙が出てくる。手持ちのリソースを賢く組み合わせた戦略を探したいなら、長期にわたって成功を謳歌している企業ではなく、その市場に侵入してくる企業に注目するといい。新規参入を試みる企業は、さまざまな行動や方針を巧みにコーディネートしているはずだ。たとえば、ゼロックスの特許に対抗し、大型の高速コピー機ではなく家庭用コピー機で勝負したキヤノン。巨人IBMを打ち負かしたマイクロソフト。Kマートを出し抜いたウォルマート。ヒューレット・パッカード、コンパック、IBMからまんまとシェアを奪ったデル。後発ながら、並みいる貨物輸送会社を押しのけて躍進したフェデックス。新しいビジネスモデルを引っ提げて、ハーツやエイビスに勝負を挑んだエンタープライズ・レンタカー。どこからともなく現れてグラフィックチップ市場をインテルから奪いとったＮＶＩＤＩＡ（エヌビディア）。検索に革命を起こし、マイクロソフトとヤフーを抜き去ったグーグル。どのケースでも、持てるリソースを最大限に活かす戦略が設計されている。

これらの企業にはぜひとも持続可能な競争優位を確立して成功を長続きさせてほしいものである。だが彼らも怠惰とうぬぼれに陥ってしまうのではないかと懸念されてならない。時間が経つにつれて強固な意志も緩み、積み上げたリソースで食いつないでいくようになってしまう。社内のリソースをうまく組み合わせて精緻な戦略を設計する気力が消え失せると、各部門がてんでに関連性のないプロジェクトを実行しはじめ、競合する製品で市場を奪い合うことになりかねない。こうして成長スピードが鈍ってくると、あわてて買収などして見かけだけは若返る。だがいずれはリソースは完全に陳腐化し、結局は次世代の新参企業にとって喰われるのだ。これが企業の世代交代サイクルである。こうしたわけだから、ことリソースを活かす戦略の設計に関する限り、円熟した成功企業よりも、設立間もない新参企業から学べることのほうが多い。ビル・ゲイツはどうやってＩＢＭを出し抜いたのか、ミニミルのニューコアがどうやって鉄鋼でアメリカ最大級にのし上がったのかをぜひ学んでほしい。現在のマイクロソフトはもはや成熟企業で、過去の成功から多くの利益を得ている。そしてかつてのＩＢＭがそうだったように、インストールベース（納入済システム）依存型の事業運営をしている。実際同社をよく観察すると、社内でいくつもの対立するプロジェクトが進行中であることに気づく。

パッカーの戦略

コーディネーションがうまくいっている戦略の例は、アメリカの大型トラック業界でも見ることができる。この業界で最大のシェアを握るのはダイムラーである（三八％）。同社は一九七七年にフォードのトラック事業を買収した。二位はパッカー（二五％）、三位がボルボ（二〇％）、そしてナビスター（一六％）と続く。大型トラック産業は低成長の成熟産業で、しかも競争が激しい。その中でパッカーは、堅実な地位を築いている。同社の過去二〇年間の株主資本利益率（ＲＯＥ）は平均一六％で、業界平均の一二％よりかなり高い。さらに重要なのは、景気循環に伴う浮き沈みの激しい業界にあって、パッカーの利益がきわめて安定していることだ。同社は一九三九年以降、赤字になったことがない。二〇〇八〜〇九年の景気後退時にも、黒字を確保している。

パッカーの戦略のカギを握るのは、品質である。同社が擁するケンワースとピータービルトの両ブランドは、北米では最高の品質との折り紙つきだ。パッカーは、大型トラックとそのサービスに対してＪＤパワー賞を受賞している。同社は自信を持って品質に見合った価格設定をしており、やや高めであるにもかかわらず、しっかりとシェアを維持している。

パッカーは、いったいどうやって値段の高いトラックを売りさばいているのだろうか。理論的には、簡単である。燃費が良く寿命の長いトラックを作って、本体価格は高くてもランニングコストが安いとアピールすればよい。たとえば運送会社では、資材調達の決定を下すときに、一マイル当たりの燃費を数セント単位まで問題にする。トラック本体が一一万ドルで年間走行距離が一二万五〇〇〇マイルだとしたら、おそらく燃料・修理・保険で一一万五〇〇〇ドルはかかるだろう。だからこそケンワースは、いまから三〇年も前に、空力性能に配慮した運転台を設計したのである。

だが実際には、こうした品質の良さを売り込むのは容易ではない。それには、三つの理由がある。第一に、実際に長期間走らせてからでないと、耐久性にすぐれているかどうかはわからない。長年の実績を積み上げて初めて「あそこのトラックは長持ちする」という評判が得られるが、しかし評判が脆いものであることはいまさら言うまでもあるまい。第二に、高品質の製品を作るのは、教科書の通りに問題を解くのとはわけがちがう。これまた長い年月をかけて技術者を育てなければならないし、有能な技術者が定着するような職場を作らなければならない。そして第三に、「最終的にはコストが抑えられるから」という理由で最初に高いものを買わせるのは、何によらずむずかしい。いくら数字で実証されていても、消費者は経済理論が想定しているほど合理的ではないのである。

そこでパッカーは、品質で業界トップの座を獲得すべく、この三つのハードルを乗り越えるための戦略を立てた。同社の戦略で賢いのは、純粋に運転コストの面から品質を強調するのではなく、個人営業のドライバーの目から見た品質を重視した点である。このタイプのドライバーは、稼ぎを増やすために一日一六時間、一七時間と猛烈に働く。彼らが重視するのは一マイル当たりのコストだけではない。なにしろトラックは彼らの家であり、オフィスであり、くつろいだりテレビを見たりする場なのだ。加えて彼らは、パッカーが醸し出すハーレーダビッドソン的な「古き良きアメリカ」を思わせるスタイルを好む（実際にはパッカーの内装はいまではレクサスのほうに似ているのだが）。こうしたドライバーは経験豊富なディーラーから購入するのが常であり、そこでは３Ｄのディスプレイから数百種類ものオプションを選んで自分のトラックをカスタマイズすることができる。パッカーは基本的に受注生産なので、大量在庫を抱える必要がない。また可能な限り共通部品を使う設計になっており、主要部品のサプライヤーとはしっかりとネットワークを構築している。

一方、運送会社の経営者は、スタイルなどにはこだわらないが、社員の転職率や遊休時間には神経を尖らせる。たとえば長距離輸送では、二人乗車にすると遊休時間を半分以下に減らすことができる。だがそうなると、ドライバーはかなりの時間を仮眠用ベッドで眠ることになるので、快適性が問題になってくる。しかも長距離トラックのドライバーはサービスエリアなどのたまり場でよく顔を合わせるものだが、そこでは個人営業ドライバーのほうがステータスが高く、その発言には重みがあるのがふつうである。だから運送会社のドライバーも、乗り心地の良いパッカーを運転したがるようになった。

パッカーの戦略で重要なのは、これと決めたことを長期にわたり一貫してやりつづけたことである。その結果、イメージやスタイル、経験豊富なディーラー網、根強いパッカー・ファン、設計陣や技術陣の知識とスキルといった、容易にはまねのできないリソースを築き上げることができた。だがこの種のリソースは構築するまでに時間がかかるため、株価をむやみに気にして一年で結果を出そうとする企業には、とうてい手に入れることができない。

パッカーは、たくさんのオプションを用意して受注生産する方式をとっているため、ライバル社に比べてコストはかさむ。しかし、のべつニューモデルを出す必要はないので、設計チームは安定して仕事ができる。以上のことすべては、大型トラック業界が高度成長産業ではなかったから、可能になったと言えるだろう。この業界に新規参入するためには、新しい設計の新しいブランドを立ち上げ、生産設備を整え、ディーラー網も整備しなければならないが、それだけの投資に見合う需要拡大は期待できない。

パッカーの戦略は、同社の位置づけとぴたりと一致した行動にも反映されている。同社は小型トラックは手がけず大型トラックに特化しており、しかも安めの価格帯には手を出さない。したがってターゲット層は絞り込まれ、設計、製造から経営幹部、ディーラーにいたるまで知識を共有し、何を目標とするのか明確に意識している。コンサルティング会社を雇ってコア・コンピタンスを教えてもらう必要などまったくないのだ。

パッカーの戦略はこのようにブレがなく、一つの目標に集中して設計されている。もしメーカー各社の良いところを寄せ集めてトラックを作ろうとしたら、意図のはっきりしないつぎはぎ細工ができてしまうだろう。あるいは、運送会社を想定した中間価格帯のトラックをこだわりの強い個人営業ドライバーに売り込もうとしたら、まったくうまくいかないだろう。良い戦略は完成したジグソーパズルのようにすべてのパーツがぴたりとはまっており、だからこそ一体的にうまく機能するのである。

パッカーの戦略には、魔法のような要素は何一つない。自社の比較優位を維持する戦略の典型例と言える。大型トラック業界に大々的な構造変化が起きたり、買い手の好みが劇的に変わったりしない限り、この戦略は維持できるだろう。もちろん日々の競争は重要であり、パッカーも新しい機能やモデルを導入したり、品質改善やコスト削減に投資したり、生産の柔軟性の維持に努めたりしなければならない。だが戦略で考慮すべきなのは、もっと基本的なことである。その観点から言えば、同社にとって脅威となるのは他社のニューモデルや新たな競争相手ではなく、同社の戦略の根幹を揺るがすような変化だと考えられる。たとえば北米自由貿易協定（NAFTA）によりメキシコのトラック業者の利用が奨励されるようになったら、パッカーの地位は危うくなるかもしれない。また、今後はコンピュータを使った販売方式の導入が必要になると考えられるが、そうなるとディーラーが蓄積してきた専門知識や経験が活用できなくなる恐れがある。

第10章 フォーカス

本章では、私がエグゼクティブ向けのMBAコースでケーススタディに取り上げているクラウン・コルク&シール（CC&S）の戦略を、授業形式で紹介したい。クラウンは缶メーカーである(註1)。同社のケースは戦略の授業で取り上げる多数のケーススタディの中でも最も古いものだが、何度も手直しされながら今日にいたるまで教えられている。

授業での私の目的は、企業経営のやり方を教えることではなく、良い戦略の立て方を教えることですらない。第一の目標は企業がどのような戦略の下で運営されているのかを見抜くこと、第二は情報を分析するスキルを磨くこと、そして第三は、さまざまな要素を一点にフォーカスする手法を学ぶことである。

クラウンの戦略は一九六〇年代に経営者のジョン・F・コネリーが練り上げたもので、同社の厳格なやり方は、アメリカ実業界でいまや伝説となっている。たとえば投資信託フィデリティが運用するマゼラン・ファンドの伝説的なファンド・マネジャー、ピーター・リンチは、クラウンを好んでファンドに組み込んでいた。と言うのもクラウンは三五年にわたり、株主資本利益率（ROE）が平均一九%という途方もない業績を上げつづけてきたからである。競争の熾烈な業界であることを考えれば、信じられないような数字と言える。

クラウンの秘密は何だろうか。同社はスプレー缶や炭酸飲料缶など耐圧性を求められる缶に特化していたからだ、とよく言われる。たしかにそれは事実だが、クラウンのみごとな業績はそれだけでは説明はつかないし、競争で優位に立った理由もわからない。にもかかわらず多くのアナリストがここで満足してしまい、これこそがクラウンの戦略だと結論づけている。クラウンの方針をよく吟味すれば別の方向性が浮かび上がってくるのだが、どうやら見落とされているらしい。整理されていない情報を分析するのは時間がかかるうえ、業界に関する豊富な知識と論理的な推論を行うスキルが必要である。私の授業では、こうした通り一遍の分析とより高度で体系的な分析のちがいに目覚めさせることを、一つの狙いにしている。

では、授業の流れにしたがって、クラウンの戦略を解明していくことにしよう。

「今日の目的は、クラウン・コルク&シールの戦略を解明することにある。企業の戦略を理解するためには、その企業が置かれた競争環境を知っておくことが役に立つ。つまり、主な競争相手がどんな具合に事業を運営しているのかを知ることだ。缶業界では大手が三社ある。コンチネンタル・キャン（CCC）、ナショナル・キャン（NCC）、アメリカン・キャン（ACC）だ。これら缶メーカーの主な顧客は飲料や食品メーカーだが、飲料メーカーはサプライヤーを一社に絞らず、二社以上と取引するのが常識とされている。また、缶メーカーは大口顧客対応のために専用プラントを建設するケースが多い」（註2）

そして私は顧客との関係を示すために、ホワイトボードに架空の飲料メーカー「ミラー・ビール」

を書き、そのサプライヤーとしてCCCとNCCを両側に書き込んだ。

そして、図を指しながら続ける。「誰でもすぐに気づくとおり、これはとんでもない産業構造だ。缶メーカー同士の競争は激しく、しかも缶というものは差異化を図るのがむずかしい。さらに、飲料メーカーが自前で缶製造を始める可能性にも絶えず脅かされている。いったいなぜ缶メーカーは、こういう厳しい状況で設備投資をする気になるのだろうか」

学生たちはしばらく議論した末に、大手缶メーカーは長期安定生産のメリットをとるために、大口顧客の半ば子会社と化して製造を請け負っているのだという結論に達した。あるタイプの缶から別のタイプにラインを切り替えるのは膨大なコストが発生するから、固定的に請け負うほうが効率が良い。同時に彼らは、大手缶メーカーの利益率がきわめて低く、四～五％に過ぎないことを理解した。

そこで私はもったいぶって切り出す。「その通り、缶製造は利益率が低い。ところがクラウン・コルク&シールは、三大メーカーを利益率で大幅に上回っている。なんと平均一九％だ。同社は何かすばらしい戦略を持っているにちがいない。それは、どんな戦略だろうか」

不動産会社のエグゼクティブのトッドが手を挙げた。「クラウンはローコスト・メーカーにちがいない」という。「缶は差異化ができないとすれば、コストで勝負するしかない。顧客の近くに工場を設置したうえで、おそらく年中無休で工場を稼働させてローコストを実現しているはずです」

残念ながらトッドはまったくまちがっている。クラウンの単価は競争相手よりも高い。だが私は何も言わずに、他の意見を求めた。

エンターテインメント会社のエグゼクティブであるマーティンは、もう少し知識があった。「クラウンは、スプレー缶や炭酸飲料用の缶など、耐圧性を要求される製品に特化しています。また顧客へのサービスに力を入れており、技術支援を提供するほか、スピード重視の迅速な対応を心がけていました。CEOのコネリーは、顧客が抱える問題を解決するために飛行機で飛び回っていたそうです」

「すばらしい」と私は誉めた。「たしかにクラウンのケース資料を読むと、同社がカスタマー・サービスと技術支援に力を入れていたと書いてある」

「これで、クラウンの戦略は解明できたようだ」。そして私は教室を見回して続けた。「公式の説明に誰も異論はない、と言うのであればね」

最前列に座っているメリッサが首を振るのが見えたので、私は発言を促した。

「私には、缶にソーダを注入することが技術的にそれほどむずかしいとは思えません。耐圧缶を製造できるのは、クラウンだけではないはず。だとすれば、なぜそれが高い利益率につながるのでしょうか」

私は、わが意を得たりとばかりに頷いた。メリッサは耐圧缶の製造が必ずしも高収益に直結するわけではないことを見抜き、マーティンが示した従来の見方に疑問を呈したのである。

方針	ターゲット
技術支援	
すみやかな対応	

「フォーチュン誌も、ハーバード・ビジネススクールのケーススタディも、証券アナリストも、クラウンの強みは耐圧缶に特化したことだと述べている。だがわれわれはそれを鵜呑みにするのではなく、独自の分析をしようじゃないか。君たちが真剣に戦略に取り組みたいなら、他人の分析ではなく自分自身の分析に基づくべきだ。戦略は、必ずしもCEOの意図通りに機能するわけではないし、エグゼクティブがこうだと言ったものとはちがうこともある。ときに経営幹部は真実を隠すこともあれば、じつは気づいていないまま会社経営をしていることもあるのだ。

アナリストの一般的な見方を鵜呑みにせず、独力で企業の戦略をみきわめるにはどうしたらいいだろうか。われわれはいま、クラウンの事業で他社とは異なる特徴的なものに気づいた。技術支援とすみやかな対応だ」。私は「方針」と大きく書き出してから、この二つの項目をその下に並べた。それから「方針」の横に「ターゲット」と書き添えた。

クラウンが技術支援とスピーディーな顧客対応に力を入れていることは、誰でも気づくだろう。だがたいていの人は「顧客を大切にする良い会社だ」という程度の認識で終わってしまう。しかしよく考えれば、すべての顧客が技術支援やスピード対応を必要とするわけではないはずだ。そこに注目するところからほんとうの分析が始まり、クラウンが何にフォーカスしていたかが浮かび上がってくる。

「では、まず、技術支援から始めよう。メリッサは、缶にソーダを注入するのはそんなにむずかしい作業ではないと言った。ではちょっと見方を変えてみよう。技術支援を必要とするのは、どんな顧客だろうか」。全員が考えあぐねているのを見てとって、私はヒントを出した。「どうだろう、ビール会社のクアーズは、缶メーカーからの技術支援を必要としているだろうか」

ようやくみんな理解して手を挙げる。

航空エンジニアのレザが発言する。「大手ビール会社は、缶メーカーからの技術支援など必要としません。しかもクアーズにいたっては、完全アルミ缶を導入した最初のメーカーですから。技術支援を必要とするのは、もっと小さい企業でしょう。技術者が不足していて、自前の缶製造の経験もないような企業です」

「その通り」と私は答え、「技術支援」のターゲットとして「規模の小さい企業」と書き込んだ。「すみやかな対応のほうはどうだろう。こちらも小さい企業がとくに望んでいることだろうか」

「そう思います」とレザ。「小さい企業は需要が安定していないので、出荷計画を立てるのにすばやい対応が必要でしょう」

この答はあまりいただけない。答がわからない問題に遭遇すると、つい頭にひらめいた最初のアイデアに飛びつきがちだが、大事なのはそこで止まらず、裏づけとなる証拠を探し、検証することである。「需要が安定していない」は良い着眼点だが、それは小さい企業に限られるわけではない。

「季節商品を扱うメーカーじゃないでしょうか」と別の学生が考えながら答えた。私は少し身を乗り出し、さらに答を促す。

「えーと、新製品を出すときはどうでしょう」

「いいぞ。その調子だ」私はホワイトボードに向かいながら、ヒントを出す。

「異常に暑い夏だったとして、そこでクールな新製品を出すとしたら？」
二、三人が同時に叫ぶ。「注文が殺到する」
私は「すみやかな対応」の横に「注文の集中」と書き入れた。

「われわれはずいぶん進歩した。技術支援に力を入れるクラウンの方針は、規模の小さい企業をターゲットにしていると考えられる。一方、スピーディーな対応のほうは、大量の注文が一時に集中するときにとくに重要だ。二つのターゲットは完全に一致するわけではない。ここでもう一つ、クラウンの特徴を探るために製造方針に注目してみよう」。そう言って私は「方針」の項目に「製造」と書き加えた。


クラウンのケース資料から製造面の特徴を見つけるのは、さほどむずかしくない。クラウンの工場が他社に比べて小型であること、単一の大口顧客専用プラントは存在せず、一つの工場で複数の顧客に対応していること、各工場に余剰のラインが設置されると共に原料在庫を抱え、急な注文に応じる体制が整っていることがわかった。

証券アナリストのデービッドが手際良くまとめる。「大手缶メーカーと比較すると、クラウンの工場は小さく、小回りが効くと考えられます。また一つの工場が対応する顧客の数が多いので、顧客一社当たりの生産量は大手より小さいと推定できます。また、一工場当たりの売上高は競合他社を上回っていることから、クラウンの単価は他社平均よりかなり高いはずです。おそらく四〇〜五〇％高いでしょう」

私は「製造」の横に「機動力」「顧客一社当たりの生産量は少ない」と書き出した。

さあ、そろそろすべてを総合してクラウンの戦略を突き止めるときである。私はホワイトボードを示しながら問いかける。

「これらすべてから、クラウンは何にフォーカスしていると考えられるだろうか」

材料はそろったが、クラウンの戦略を導き出すためには、業界の基本構造を念頭において考える必要がある。これはそう簡単ではないとわかっていたから、私はヒントを出した。

「顧客は小さい企業で……注文が集中する時期がある……機動的に対応でき……一社当たりの生産量は少ない……が、単価は高い……これらを総合した戦略で、クラウンはどうやって利益を上げているのだろうか」

みんな押し黙っている。仕方がないので、もう一つヒントを出すことにした。

「では、逆から考えてみてはどうだろう。なぜ大手は、大口顧客用の専用プラントを建設して請け負い生産をするのか」

ここで、ベンチャー起業家のジュリアが手を挙げた。「クラウンは小ロット生産に徹しているのだと思います。大手は、ライン転換のコストを避けるために、標準品の大ロット生産をしたがりますが、クラウンはまさにその反対の路線を選んだのです」

「すばらしい」私は誉め、ターゲットの項目全部を大きな丸で囲んで「小ロット生産」という見出しをつけ、「ジュリア」と発見者の名前も書き込んだ。

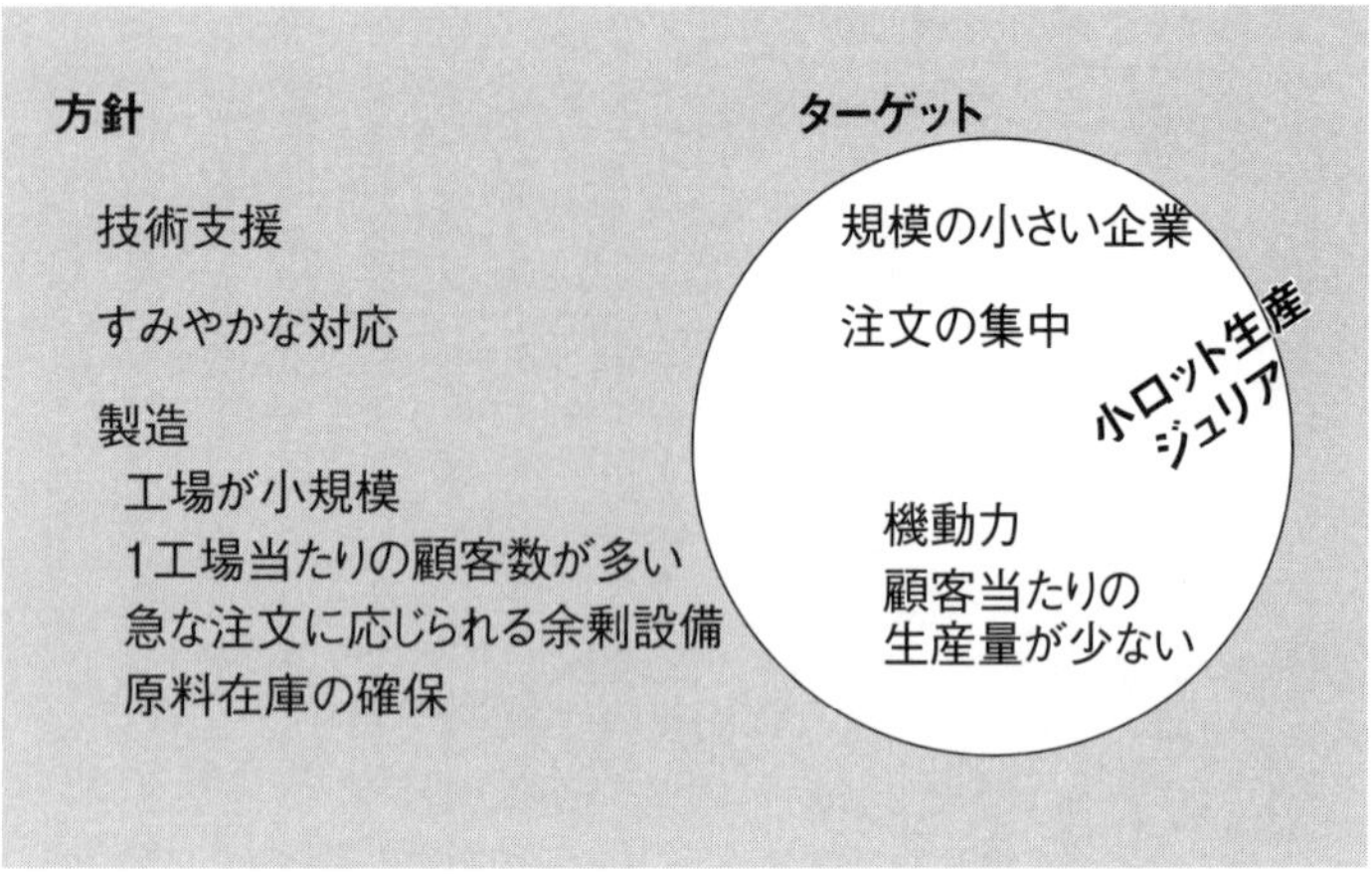

まさに「小ロット生産」こそ、この業界が抱える基本的な問題とクラウンのフォーカスを結びつけるものである。あるタイプの缶から別のタイプの缶に切り替えたり、それどころかあるラベルから別のラベルに切り替えたりするだけで、そもそも製品単価が低いのにべらぼうなコストが発生する。缶メーカーが共通して抱えるこの問題に、クラウンは「小ロット生産」という答を出したのだった。

「クラウンはスプレー缶や炭酸飲料缶など耐圧性の高い缶に特化するだけでなく、小ロット生産を軸にした戦略も展開しているということを、私たちは発見した。クラウンは、言わばダブル・フォーカスを持っているのだ。ロットが小さいのは、規模が小さい顧客、新製品、高価格の限定商品などをターゲットにしているからだ。また、季節的な需要や突発的な需要で注文が殺到するときに、大手で間に合わない分を引き受ける、といった理由もある」

他社の方針と比較してクラウンの独自性を検証したう

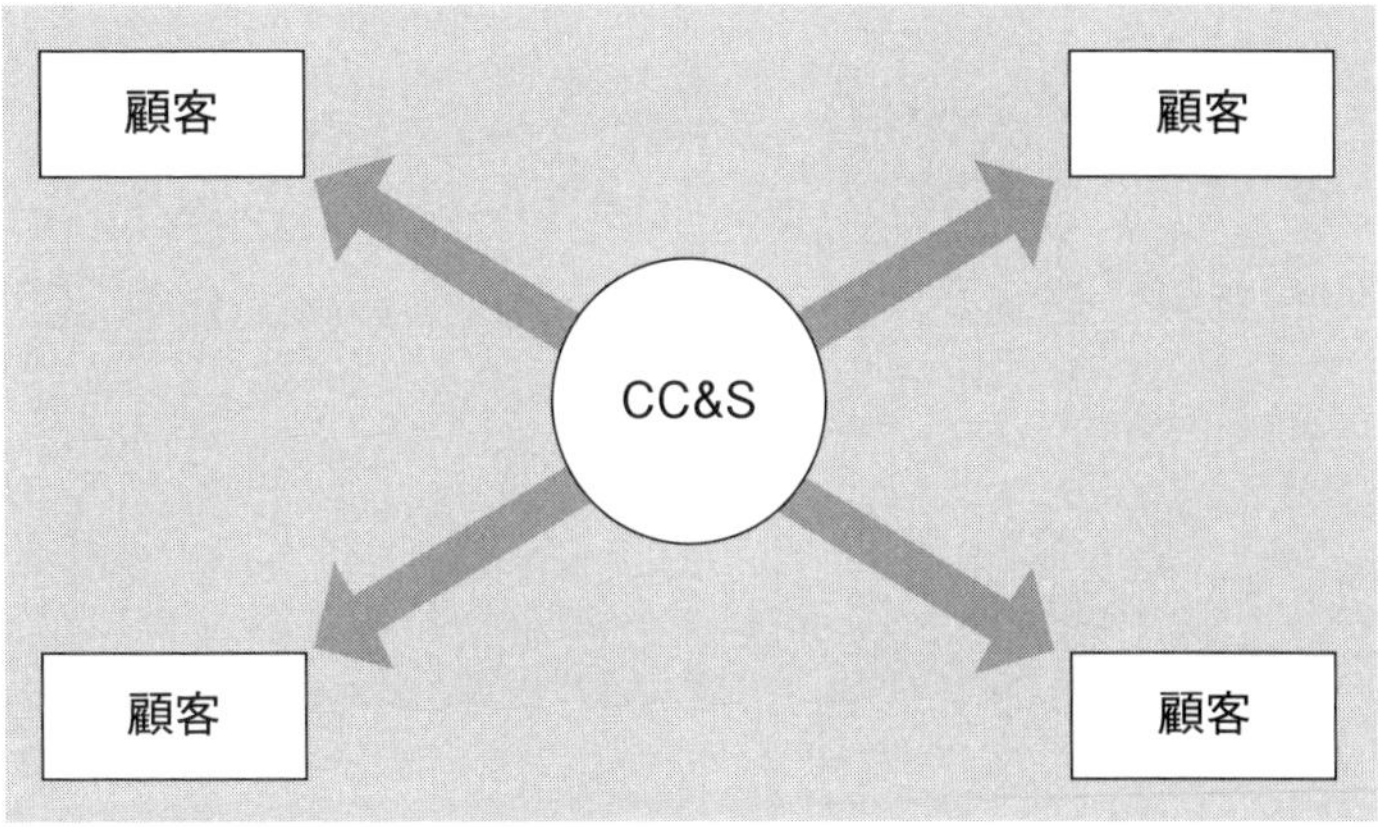

えで、私は次にコストの問題を取り上げた。誰もが気づくとおり、小ロット生産であれば製造ラインの転換が多くなる。柔軟に対応できるよう余剰ラインを用意していることも、技術支援の提供とともにコスト上昇要因となる。したがってクラウンは、売値を高くしてコストを埋め合わせていたと考えられる。

「さて、クラウンはなぜ高い価格を設定できたのか。他社より高い利益率を確保できたのはなぜだろうか」

私はホワイトボードに大きな円を描いてその中にクラウン・コルク&シール（CC&S）と書き入れ、まわりを取り囲むように複数の顧客を書き込んだ。顧客一社にサプライヤー数社のミラー・ビールとは、ちょうど逆の形である。

「クラウンは大口顧客専用プラントを持っていない。ミラー・ビールに対するアメリカン・キャンと、地方のビール・メーカーに対するクラウンとでは、どちらが有利だろうか」

財務アナリストのチェリルがすぐさま答えた。

「クラウンです。小ロット生産に特化しているので、他メーカーと競合せず、大口顧客から値引き要求をされることもありません。クラウンは、買い手市場ではなく売り手市場の立場にいると言えます。安定的な大ロット生産を望むなら、大口顧客の言うことを聞かざるを得ませんが、小ロット生産で行くなら立場は逆転します。小ロットや急場の需要に応じてくれる缶メーカーはほかにいないわけですから、クラウンは強力な価格交渉力を持っています」

私は頷き、最後に総括した。クラウンと大手缶メーカーは、同じ業界にいながらちがうルールでゲームをしている。クラウンは注意深く付加価値の高いセグメントに特化したうえ、小ロット生産や集中的な注文に対応できる体制を整えている。その結果、買い手に対する価格交渉力を維持し、高い利益率の実現に成功した。対照的に大手缶メーカーは、売上高こそ大きいが利益率は低い。このように、クラウンはターゲット市場で競争優位を確立している。同社は大手ではない。しかし高収益企業である。

このように、あるセグメントをターゲットに定め、そこに対応できるシステムを用意してより高い価値を提供する戦略をフォーカス戦略と呼ぶ。この「フォーカス」という言葉には二通りの意味がある。第一は自社の方針や行動をコーディネートして、相互作用やオーバーラップ効果により大きな力を生み出すという意味である。第二は適切なターゲットに一点集中するという意味である。ポーターの競争戦略では、この第二の意味でフォーカスという言葉を使っている。

学生たちは、クラウン・コルク&シールの戦略が明らかになるにつれて驚きの表情を浮かべた。踏み込んで分析してみればなるほどと理解できるが、それまではまったく見えていなかった点がたくさんあったからだ。企業戦略のロジックは、証券アナリストの分析だけでは解明できないことが多く、当の企業の発表にすら現れていないことも珍しくない。だが戦略は、けっして秘密にされているわけではない。さまざまなピースを集めてつなぎ合わせる作業が面倒なので、たいていの人が手前で止めてしまうだけだ。表面的な情報なら二四時間いつでも簡単に入手でき、企業の内情など知ったような気になっていたのに、現実の世界では秘密でもないのに知られていないからくりがあることに、学生たちは驚いたのである。

「いつもこうなんですか?」と学生の一人が質問した。「ここまでやらないと、どんな企業の戦略もほんとうには解明できないのでしょうか?」

「いつもではない」と私は答えた。「持続的な成功を収めている企業には、まずだいたいは良い戦略があると考えてよい。それは、隠されていることもあれば、明らかなこともある。だがほんとうのことを言えば、多くの企業、とりわけ複雑な大企業は、往々にして戦略を持っていない。先ほども言ったように、戦略の要諦はフォーカスにあるが、多くの大企業はリソースをフォーカスできないからだ。彼らはいくつもの目標を同時に追いかけるので、結局はどれも達成できない」

第11章

成長路線の罠と健全な成長

前章に登場したクラウン・コルク&シールのCEOジョン・コネリーは、一九八九年に体調不良を理由に退任し、長年かわいがってきたウィリアム・アヴェリーを後任に指名した。その一年後に、コネリーは八五歳で亡くなった。

クラウンの経営を引き継いだアヴェリーは、ただちに積極的な買収を通じた事業拡大をめざす。四年後にインタビューしたとき、彼はこう語っていた。「一九八〇年代に会社の成長ペースは鈍化していた。だから社長になったとき、私は活を入れる必要があると感じたのだ」(註1)。アヴェリーはこの方針を実行するために、買収の専門家をあちこちから引き抜いてチームを編成した。リーダーは、ブリュッセル支社から最高財務責任者(CFO)に昇格したアラン・ラザフォードで、メンバーは、ソロモン・ブラザーズから引き抜かれて財務部長に就任したクレイグ・コール、リーマン・ブラザーズから引き抜かれてプランニングと分析を担当するトルステン・クレイダーである。

一九九〇~〇一年に、コンチネンタル・キャンの国内事業と海外事業の一部を買収して、クラウンの規模は二倍に拡大した。一九九二年と九三年には、飲料用プラスチック容器で最大手のコンスターを六億一五〇〇万ドルで、プラスチック、金属、複合材料製容器のヴァン・ドーンを一億八〇〇〇万ドルで、さらに昔ながらの食品缶メーカーのトライバレー・グロワーズも六二〇〇万ドルで買収した。

一九九五年になるとクラウンは、プラスチック・金属容器で欧州トップのカルノー・メタルボックスに触手を伸ばし、一八カ月におよぶ買収交渉に乗り出した。カルノー・メタルボックスは、二〇〇年の歴史を持つイギリスのメタルボックスとフランスのカルノーが合併してできた会社である。どちらもそれぞれの国ではトップのメーカーだが、作っているものは昔からある食品缶で、合併が成功したとは言い難かった。

なぜカルノー・メタルボックスを買収するのかと質問されたアヴェリーは、次のように答えている。「われわれは規模を拡大し、リソースを有効活用したいと考えている。金属・プラスチック容器で世界最大手のメーカーとして（中略）全世界に拠点を展開し、一層の成長をめざす」（註2）。要するに、さらに成長するために成長したいというわけで、これはまたひどく珍しい経営者と言えよう。

一九九七年までに買収チームは二〇件の買収を完了し、クラウンは容器メーカーとして世界トップに上り詰めた。この規模を活かしてサプライヤーから値引きを引き出すのだと、アヴェリーは述べている。また、クラウンが得意とするコスト・コントロールのノウハウを活かして、カルノー・メタルボックスの経費や余剰設備を削減するとも語った。クラウン本来の強みは機動力と小ロット生産であってコスト・コントロールではない――アヴェリーにそう助言する人は誰もいなかった。

一九九八年になると、厄介な問題が持ち上がる。クラウンがプラスチック容器に進出したのは、ちょうどこの事業の急成長期と一致していた。射出成形によるポリエチレンテレフタレート（ＰＥＴ）製容器、いわゆるペットボトルが登場して、それまでガラス瓶や金属缶に入れられていた飲料や一部の食品（ケチャップ、ドレッシングなど）でペットボトルが採用されるようになった時期である。だがこの急成長は、容器そのものの需要増に支えられていたわけではなく、金属やガラスからの乗り換え需要だった。このような場合、転換が一段落すれば当然ながら成長は頭打ちになる。こうしたわけで、クラウンが世界最大の容器メーカーになるのと時を同じくして、同社のペットボトル事業の成長は止まってしまった。いや成長が頭打ちになるどころか、二リットル入りの大型ボトルが小型ボトルに置き換わるにつれて、ペットボトルの需要は収縮したのである。

おまけに、経営陣も業界アナリストも安定的と見込んでいた従来型の金属缶まで、価格が大幅に下落しはじめる。原因はいくつかあった。まず、ヨーロッパでは労働組合の力が強いため、どのメーカーも工場を閉鎖したがらず、競争は激化する一方だった。しかも安価なペットボトル・メーカーの参入のあおりを受けて、すでに雀の涙ほどだった金属缶の利益率まで押し下げられる有様となる。需要の収縮に加えて過剰設備、価格競争と三拍子そろったら何が起きるかは火を見るより明らかで、標準的なマイケル・ポーターの5フォース（競争要因）の分析フレームワークを使うまでもなく、簡単に予測できる（註3）。

一九九八〜二〇〇一年に、クラウンの株価は五五ドルからなんと五ドルまで落ち込んだ（グラフ参照）。二〇〇一年半ばにアヴェリーは退任し、生え抜きのジョン・コンウェイが後任となる。買収による事業拡大期は終わりを告げ、いまや巨大化したクラウンを再び黒字にする難事業がコンウェイに託された。アヴェリーは成長路線を突っ走ったが、コンウェイはコスト、品質、技術を重視する姿勢で臨んだ。二〇〇一〜〇六年の売上高と利益はおおむね横ばいだったが、この間に約一〇億ドルの負

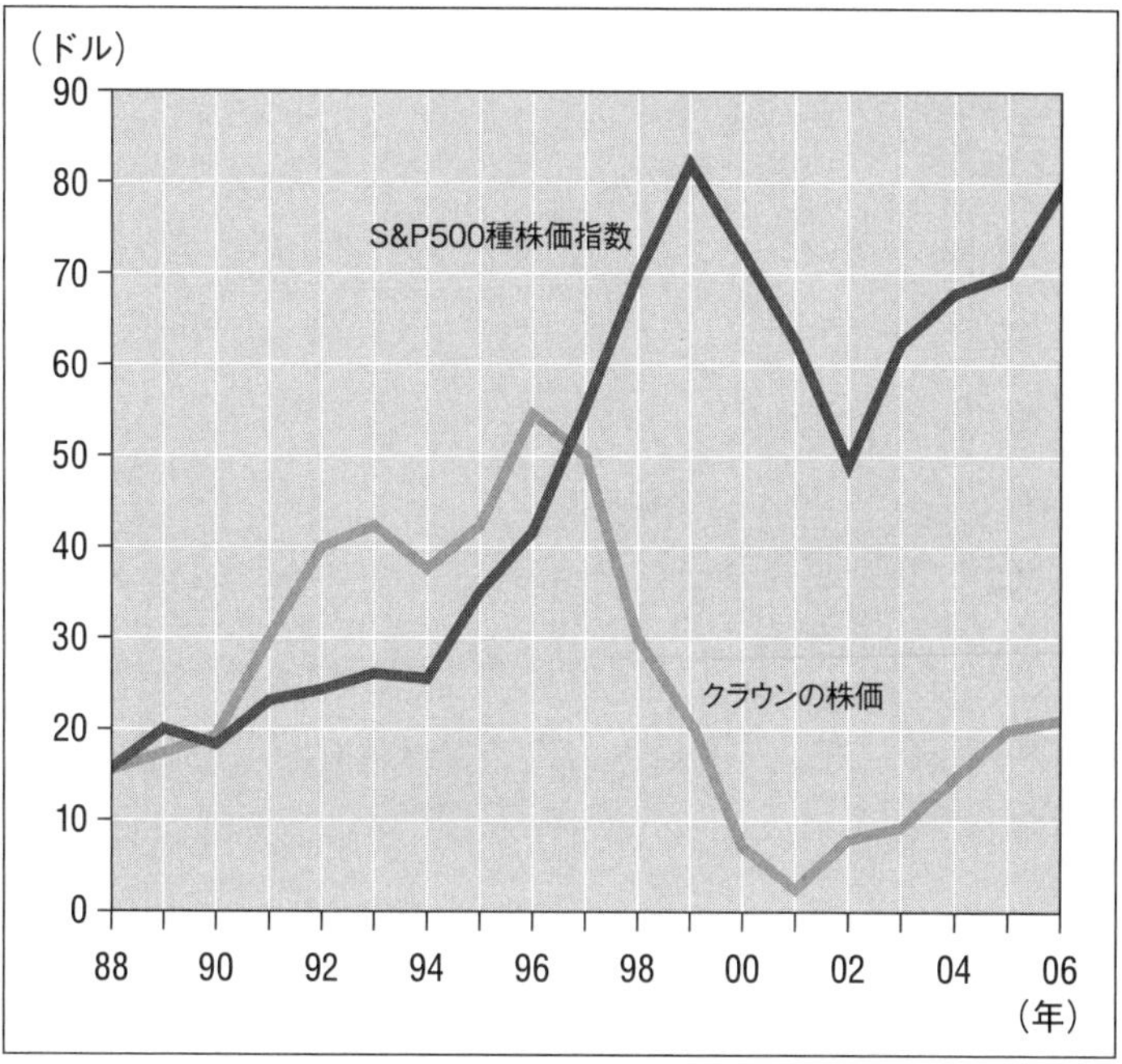

債を返済して経営を健全化したおかげで株価は五ドルから二〇ドルに上昇している。

アヴェリーはCEOに就任した際に「一九八〇年代に会社の成長ペースは鈍化していた」と述べた。たしかに一九八〇～八九年には売上高は平均して年三・一％しか伸びていない。だが、株主資本利益率（ROE）は平均一八・五％を記録していた。同時期のS&P五〇〇社の平均が八・六％であることを考えれば、驚くべき数字である。コネリーが退任してから一七年間（一九九〇～二〇〇六年）で会社は急拡大し、世界一の容器メーカーにのし上がったものの、配当性向は年間わずか二・四％にとどまっており、S&P五〇〇

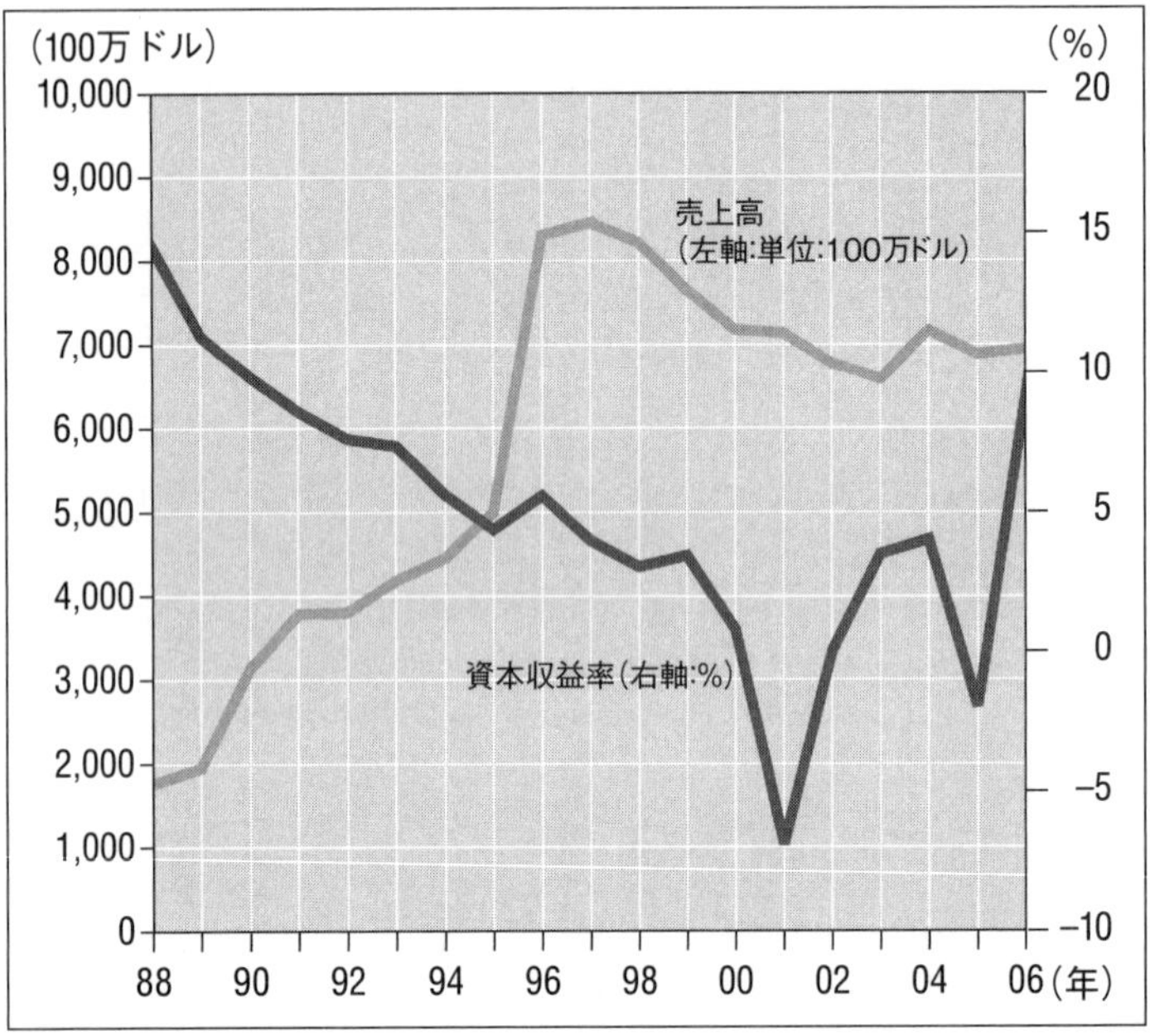

〇社の平均である九%よりはるかに少ない。グラフを見るとわかるように、クラウンの急成長は、資本収益率（ＲＯＣ）の劇的な落ち込みを伴っている(註4)。ＲＯＣは、アヴェリーの就任時点では一五・三%だったのが、あっさり一〇%まで下がり、カルノー・メタルボックスの買収後には五%を下回った。

コネリーがＣＥＯだった時代のクラウンの長期にわたる高業績は、注意深く組み立てられた戦略に支えられていたのであり、同社は価格交渉力を維持できるような製品や顧客にフォーカスしていた。ところがアヴェリーがＣＥＯに就任したのは、ペットボトルが飲料容器市場で急速にシェアを拡大している時期である。プラスチック容器の仕様転換コストは金属缶よりも大幅に少ないため、クラウンの長年の競争優位はやがて失われると考えられた。このようなとき、どうすべきだろうか。

ペットボトルの躍進ぶりに目を奪われたアヴェリーは、ペットボトル事業を中心に据え、買収による拡大路線を選んだ。だが従来の競争優位にさっさと見切りをつけ、それに代わるものを考えなかったことは失敗だった。CFOのラザフォードは、フォーカス戦略を捨てることについて意見を求められると、何も心配はいらない、フォーカスは自社の手足を縛るだけだと答えたという。「フォーカスが大流行のようだが、われわれはずっとそれを実行してきた。三〇〇〇億ドル規模の業界にいて、金属とプラスチックにしか手をつけなかったのだからね。これらは、両方合わせてもせいぜい一五〇〇〜二〇〇〇億ドルに過ぎない」(註5)。彼はフォーカス戦略の深い意味を知ろうとはせず、行動やリソースの巧みなコーディネーションによって他社にまねのできない競争優位を生み出せることを理解できなかった。彼もCEOのアヴェリーと同じく、ペットボトルの急成長ぶりに目がくらんでいた。

ペットボトル事業は、セメントやアルミなどの素材産業と共通性がある。つまり需要増は産業全体にわたっているのであって、クラウンのペットボトルだけが伸びているのではない。需要が伸びれば利益は押し上げられるが、そうなればどの会社も設備投資して生産を拡大しようとする。となれば、利益の大半は再投資に回されることになる——というわけで、事業拡大中の企業にとって、利益というものは幻想に過ぎない。需要の伸びが鈍化してからも高い投資収益率を維持できるなら話は別だが、商品の差異化がむずかしいコモディティの場合には、よほどの競争優位を持っていない限り、需要が失速すると利益は消し飛んでしまう。この種の産業はまるでブラックホールのように設備投資を呑み込み、何の見返りもよこさない。

成長それ自体が価値を創出するというのは事業経営の決まり文句のようになっており、「成長はいいことだ」と大方の経営者が信じ込んでいる。CEO就任当初のアヴェリーの発言（一九八〇年代に会社の成長ペースは鈍化していた）からも、彼の目標（われわれは規模を拡大し、一層の成長をめざす）からも、「成長したい」という強い意志が読みとれる。どうやら成長は、誰もがすがりたいおまじないのようなものであるらしい。

■　■　■

買収による成長をめざす場合に一つ問題なのは、会社（とくに上場企業）を買うときに、だいたいは払い過ぎになることである。一般的には時価総額に二五％程度の上乗せをし、さらに手数料を払って買うことになる。投資銀行やメーンバンクがおっとりしていて金儲けに興味がないのであれば、買収で急成長を遂げることは可能だろう。だが、市場価格以下で買いたたくか、買収によってめざましい付加価値がもたらされない限り、買収による価値の創出は期待できない。

企業経営者というものは、さまざまな理由から成長をめざす。彼らは、規模が大きくなれば管理費を減らせると考えている。目障りな幹部をクビにせず体よく周辺事業に追いやる、という理由もある（感心しない理由だがよくあることだ）。それに、規模が大きくなれば一般に経営者の報酬は増える。さらに分権型の組織では、部門業績を上げるためにも買収は好ましい。以上の理由に加えて、アドバイザー役の投資銀行やコンサルティング会社や法律事務所などは、みな莫大な手数料を獲得しようと大型取引を後押しする。

私は一九九八年にテレコム・イタリアの戦略担当コンサルタントを務めたことがある。当時のテレコム・イタリアは固定電話事業で世界五位、携帯電話でも欧州一位の座を占め、しかもきわめて革新的な企業だった。もともとは国営だったが、一九九四年から段階的に民営化され、九七年には完全民営化を果たして民間企業として上場されている。

当時のヨーロッパの固定電話事業者は、軒並み問題を抱えていた。多くの電話会社は、国営の独占企業としてその時点ではまだうまい汁を吸っていたものの、将来的には激しい競争と大々的な技術の変化にさらされる危険性が高かった。規制緩和によって外国の通信事業者がなだれ込んでくる可能性が高いうえ、インターネットも急成長中である。テレコム・イタリアのような企業は、過去の投資のおかげでキャッシュフローは豊富なので、このような時期にその潤沢な資金をどこに投じるかが大いに問題だった。固定電話に投資するのは愚かな行為だと考えられた。都市部に光ファイバーを敷設するのは良い投資だが、すでにミラノなど数都市で外国企業三社に先を越されており、彼らと競争するのは、既存事業の利益を食いつぶすだけだろう。インターネットは急成長中ではあるが、従来の電話事業とは比較にならないほど利益が少ない。

会長兼CEOのジャンマリオ・ロシニョーロは、ケーブル・アンド・ワイヤレス（C&W）との合併をしきりに口にした。C&Wは一九世紀に大英帝国の電報会社として設立された企業で、一九四七年に国営化されたが、八一年にサッチャー首相の下で再び民営化されていた。当時のCEOリチャード・ブラウンはアメリカ人である。縄張り争いの果てに停滞していた同社を立ち直らせるために、ブラウンが登用されたのだった。ブラウンは大型提携を好み、最初はブリティッシュ・テレコム、次に

AT&T、さらにスプリントという具合にあちこちに話を持ちかけていた。彼の主張によれば、通信事業はグローバル化しているのだから、グローバル・ブランドを持つことに価値があるという。

ブラウンとロシニョーロはすでに提携話を始めており、当初はフランス、カリブ海諸国などでの合弁事業を計画していたのだが、次第に話が大きくなり、事実上の合併が俎上に上るようになっていた。会長はブラウンが務めるという。

ロシニョーロは、イタリア産業界に絶大な影響力を誇るアニエリ一族の後押しでテレコム・イタリアの会長にのし上がった人物である。しかし一九九八年一〇月初めには、そのアニエリ家の息のかかった取締役まで含めて、取締役会のかなりのメンバーがロシニョーロを支持しなくなっていた。彼らがとりわけ懸念したのが、C&Wとの合併案である。この状況で私は、モルガン・スタンレー・ディーン・ウィッターの重役であるジョゼフ・シルバー(仮名)に会って話をするよう、取締役会から頼まれた。シルバーはこの合併に肩入れしている投資銀行側の責任者である。私に課されたミッションは、この合併にどのような妥当性をモルガン・スタンレーが見出しているのかを探ることだった。いやしくも投資銀行なのだから、何かしらしっかりした展望を持っているにちがいない、と取締役会は考えたのである。

ジョゼフ・シルバーと私はミラノ支店のそっけない会議室で会談した。私はいきなりストレートに質問をぶつけた。

「この合併にどのようなメリットがあるとあなたは考えているのか」

「規模の経済だ」とシルバーは即答した。

「だがそれぞれの会社はまったく異なる地域で事業を展開している」と私。「カリブ海の事業者（C&Wはカリブ海に強い）とイタリアの事業者をくっつけて、どこに規模の経済が生まれるのか」

「テレコム・イタリアは、南米からヨーロッパへのトラフィック増加に対応する必要があり、C&Wはまさにそのための通信網を持っている」

このシルバーの答に私はあきれた。こんな答をしたら、MBAコースの中間試験では確実に落第である。家庭菜園の肥料を作るために牧場を経営する必要はないのと同じで、単にトラフィックの増加をさばくために五〇〇億ドルの合併をする必要はない。回線を借りる契約を結べば済むことだ。

「私の見るところ、それには契約を結べば十分だ。いますぐここで、テレコム・イタリアの通信量の一部をC&Wの回線に移す契約を締結すればよろしい。何も合併する必要は認められない」

「いや」とシルバーが遮る。「問題はトラフィックのことだけではない。合併の根本的なメリットは、その……マスの経済にある」

「そんな言葉は聞いたこともない」

「マスの経済というのは、つまり、二つの企業が一緒になればより大きくなり、より大きなキャッシュフローが生まれる、という意味だ」

私は再びあきれ果てた。二社が合併したらキャッシュフローが倍になるというのは、ただの足し算であって、合併がもたらし得る価値の説明にはなっていない。

「テレコム・イタリアのキャッシュフローはすでに膨大だ。実際、同社の株価があまり上がらないのは、同社が手元資金をうまく活用できていないとアナリストや投資家が考えているからだと言える。

たとえばテレコム・イタリアは、南米のある重要な事業免許の入札で、ばかばかしい高値を入れた。次点との差が一〇億ドル以上あったと言われている。この点では、C&Wも似たようなものだろう。要するに賢く投資できる以上の現金を持ち合わせているのだ。したがって、この巨大な二つのキャッシュフローを合体させてマスの経済とやらを実現する正当性はないと断言できる」

ジョゼフ・シルバーは、これ以上話してもムダだというようにブリーフケースをぴしゃりと閉じた。そして、大きな世界を知らない子供を見るような目で私を見下した。

「キャッシュフローが大きくなれば、もっと大きな取引ができるじゃないか」そう捨てぜりふを吐いて、彼は出て行った。

合併の根拠を説明しろと言われてシルバーが出してきたのは、結局のところ、合併すればもっと大きな合併ができる、ということだけだった。もちろんモルガン・スタンレーは、この合併からも、その次の合併からも、べらぼうな手数料をいただくことになる。私たちの会談から二日後、取締役会は合併案を否決し、大荒れの議論の末にロシニョーロの更迭を決めた。

■ ■ ■

健全な成長というものは、合併などの人為的操作によって実現できるものではない。独自の能力に対する需要増が原因で、あるいはすぐれた製品やスキルの結果として、あるいはイノベーションや知恵や効率や創造性の見返りとして、その企業は成長するのである。この種の成長は、単に業界全体の拡大基調に乗るのではなく、通常はシェアの拡大や利益率の上昇を伴う。

第12章 優位性

同等の実力を持つチェスの名手がゲームの開始を待っているとしたら、どちらが有利だろうか。また、同等の戦力を持つ二つの軍隊が広い平原で対峙しているとしたら、どちらが有利だろうか。正解は、「どちらも有利でも不利でもない」である。なぜなら、有利とか不利とかいうことは、ちがいがあって初めて言えることだからだ。言い換えれば、敵味方が非対称でなければならない。現実の競争では双方が完全に同等ということはあり得ず、数多くの非対称が存在する。そこで、どの非対称が決定的に重要かを探り出し、それを自らの優位に変えることがリーダーの仕事になる。

ゴリラとのレスリング

ここで、私が二〇〇〇年頃に関わったあるスタートアップ企業の話を紹介しよう。この会社は微孔構造の新素材を開発した。孔の大きさが温度によって変わり、ゴアテックスのように雨もしのげれば、寒いときには暖かく湿度の高いときには通気性が高まるというすぐれものである。この素材の開発一筋に賭けていたチームは鼻高々で、特許をとり、布地として生産するだけでなく、アウトドア用衣料も売り出すのだと意気込んでいた。メンバーはすっかり興奮し、はやくもブランド名まで考え、デザイナーとの交渉も始める。

このスタートアップを応援していたベンチャー投資会社にスーザンという女性がいた。スーザンは彼らをずっと支援してきて、人柄も技術のこともよく知っており、スタートアップの面々もすっかり頼りにしている。ところがメンバーが意気揚々と三回目の資金調達、さらには株式公開の相談に行くと、スーザンはいつもの熱意を示さなかった。

「自前で製造するよりもサンプルを作ってメーカーへ持ち込み、ライセンス契約の交渉をするほうが賢い」というのがスーザンの意見である。それどころか、大手繊維メーカーに身売りすることも考えるべきだという。

スタートアップの若者たちは反発した。

「ボクたちはこれまでうまくやってきた。いまこそ、会社を大きくするチャンスだ」

「あなたたちがみごとな仕事をやってのけたことは承知しているわ」とスーザン。「技術も製品もすばらしい。あなたたちの開発力や技術力は大いに認めるし、評価もしている。大げさでなく、世界一流だと思う。でも繊維メーカーを作るとかアパレルメーカーを作るということになれば、まったくちがうゲームをプレイすることになるのよ」

部屋の空気は重く淀んだ。スーザンは正しいかもしれない、だが彼らは力を試したかった。自分たちでやれることを証明したかった。

「いい？」とスーザンは続ける。「あなたたちはオリンピックの一五〇〇メートル走で金メダルをとった。次に一万メートルに出場するなら、良い成績をとれる可能性は高い。そういう挑戦なら、私も応援したい。でもあなたたちが今度出場しようとしているのは、ゴリラとのレスリングなの。それは無謀すぎるから、私にはサポートできない」

スーザンの的確かつ強烈なイメージがメンバーの心を動かした。彼らは前に進みたかったけれども、ゴリラと戦うのはいやだった……。

■　■　■

どんなことにも秀でている人というのは、まずいない。チームであれ、企業、さらには国であれ、他より秀でているのは特定の条件の下での特定の分野だけ、というのがふつうである。したがって、どんなときどんなところで優位に立てるのかを理解することが、それを活用する秘訣と言える。こちらが有利なところでは存分に力を発揮し、そうでないところは巧みに回避する。さらにライバルの弱みをつき、こちらの弱みは握られないよう注意する。

9・11の後、アメリカはアフガニスタンに本拠を置くアルカイダの幹部と彼らを保護しているタリバン政権を破壊するとの目標を立てた。こと正規軍同士の戦いに関する限り、アメリカは圧倒的なリソースとスキルを持ち合わせており、訓練された多数の兵士と武器を短期間で展開することができる。アメリカはこの優位を活かし、アルカイダ幹部を殺害し、タリバン政府を崩壊させた。だがこれだけ優位に立っていながら、みすみすウサマ・ビンラディンをとり逃がしてしまう。ビンラディンは山中の隠れ家を脱出してパキスタン北部に潜伏した(註1)。

9・11から九年経ってもビンラディンは捕捉されず、アメリカは相変わらずアフガニスタンでタリバン相手に低強度の戦闘（暴動鎮圧・対テロ・平和維持活動など）を断続的に行っていた。アフガニスタンでのアメリカの基本的な戦略は、住民がタリバンから離反し政府を支持するよう仕向けることである。このアプローチはイラクではうまくいったが、そこには、国民が強い中央集権政府に慣れていたという背景があった。だがアフガニスタンは軍事指導者が群雄割拠する封建的な社会であり、住民は地元の権力者に忠誠を誓う。アフガン政府はアメリカの後ろ盾を得て首都カブールだけは何とか治めていたが、そこを一歩出れば腐敗と非効率が横行し、タリバンの恐怖戦術が住民に対して残酷な力を発揮していた。アメリカや政府による保護は一時的であり、地域的にも限られている。しかも厄介なことに、タリバンは正規軍ではない。したがって制服を着用していないうえ、アフガニスタンでは誰もが武装している。誰がタリバンで誰がそうでないのか、見分けがつかなかった。

十分なリソースと長い時間をかければ、これらの問題も解決できるかもしれない。だが市民もタリバンも、アメリカはいずれ撤退すると知っている。国内政治の事情からも撤退を選択せざるを得ないだろうし、経済的な理由からもそうだ。なにしろアフガニスタンに駐留するのは途方もなく高くつく。アメリカ陸軍は高強度の戦闘を想定して組織されており、兵士一人を駐留させるのに年間一〇〇万ドルかかるのである。いずれ撤退するとわかっているアメリカ軍の手先になったら、タリバンが復権したときどうなるのか、少し考えれば誰にでもわかることだ。

アフガニスタンで、アメリカは「ゴリラを相手にレスリングをしている」のである。アメリカは、現実には存在しない味方を支援するために、自ら紛争に足を踏み入れた。アフガニスタンの状況では、忍耐強く待つことができ、かつ自軍の犠牲や市民の巻き添えに無頓着な側が有利になる。すなわちタリバンのほうが有利であり、彼らはその優位を存分に活かしている。

ビジネスにおける競争優位

「競争優位」という言葉は、一九八四年にマイケル・ポーターが同名の著書(邦訳『競争優位の戦略』)を発表して以来、ビジネス界にすっかり定着した。ウォーレン・バフェットも「持続可能な競争優位」を基準に企業を評価すると述べている。

競争優位の基本的な定義はきわめて明快である。競争相手より低いコストで生産できるとき、競争相手より高い価値を提供できるとき、あるいはその両方ができるとき、競争優位があると言う。ただし、コストは製品や用途によってちがってくるし、顧客も所在地、知識、好みなどがまちまちである。その点に気づくと、競争優位の定義は明快とは言えなくなってくる。こうしたわけで、ほとんどの競争優位はそれなりの範囲にしか効力を発揮しない。たとえばホールフーズがアルバートソンズ・チェーンに勝るのは一部の商品についてだけだし、また顧客も、有機食品や自然食品に価値を見出す高所得者層に限られている。

加えて、「持続可能」という言葉はじつに微妙である。優位性が持続可能であるためには、競争相手に容易にまねされないこと(模倣困難性)が条件になる。より正確に言えば、優位性を生み出すリソースをまねされないことが重要だ。そのためには、いわゆる「隔離メカニズム」を持つことが必要になる。たとえば、一定期間の独占を可能にする特許は、その最もわかりやすい例である(註2)。より複雑な隔離メカニズムとしては、評判、取引関係や人脈、ネットワーク効果、* 規模の経済、暗黙知や熟練技能などが挙げられる。

たとえばアップルのｉＰｈｏｎｅ事業は、ブランド力、評判、ｉＴｕｎｅｓの補完的なサービス、専用アプリなどによるネットワーク効果によって守られている。どれも経営陣が巧みに形成してきたものであり、持続可能な競争優位を確立するプログラムに組み込まれている。競争相手にとっては対抗しうるリソースを妥当なコストで得るのがむずかしいという点で、これらのリソースは稀少資源と言えよう。

よく広告やセールスなどで「××製品あるいは××プログラムは競争優位を提供します」などと言っているが、あれは言葉の使い方をまちがっている。誰かと比べて何かの点で優位になるのであって、無条件の「優位」は形容矛盾である。

「おもしろみ」のある競争優位

スチュワート・レスニックは、非公開会社ロール・インターナショナル・コーポレーションの会長であり、妻のリンダは著名な起業家である。彼らはいくつもの会社を設立し、成功させているだけでなく、医学研究、教育、芸術への支援も惜しまない。次から次へと卓越した戦略を生み出すというのは、たぐいまれな才能である。しかも彼らの才能は、一つの産業に限られているわけではない。清掃サービス、生花のデリバリー、コレクターズ・アイテムの販売、アグリビジネス、ミネラルウォーターと多岐にわたる。

私の知る限りでは、スチュワートの父親はニュージャージーでバーを経営していた。スチュワートの最初のビジネスは、友達の洗浄機を借りて始めた清掃サービスである。この事業がうまくいって彼はUCLAのロースクールへ通う学費を稼ぎ出すことができた。一九六九年にこの会社を二五〇万ドルで売却すると、次にビル警報サービス会社に投資する。一方のリンダは、広告代理店を設立していた。やがてスチュワートは警報サービス会社を売却し、二人は一緒に仕事を始める。そして一九七九年に生花デリバリーのテレフローラを買収した。

このテレフローラで、二人は画期的なコンセプトを打ち出す。それまで生花は厚紙の箱に入れて配達され、受けとった人が花瓶に生けるのが当たり前だったのを、目的に合わせた美しい容器にプロのフローリストが生けたうえで届けるようにしたのだ。全米各地の生花店をネットワークして即日配達も実現した。このサービスは大人気となり、大きな利益を上げる。続いて一九八五年には、二人はコレクターズ・アイテムを扱うフランクリン・ミントを買収した。フランクリン・ミントはそれまで記念コイン専門だったが、リンダはこれを精巧な人形、ミニチュアのクラシックカーなどに拡大した（二〇〇六年に売却）。

＊　ネットワーク効果とは、買い手やユーザーの数が増えるにつれて製品の価値が高まることを意味する。規模の経済に似ているが、生産者のコストが下がるのではなく、買い手の支払意欲が高まる点が異なる。アマゾンやフェイスブックには強力なネットワーク効果が見られる。

一九八〇年代にはアグリビジネスに進出を果たし、柑橘類、ピスタチオやアーモンド、ザクロなどの農園を経営した。この事業は次第にロール・インターナショナルの稼ぎ頭となる。今日ではロール・インターナショナルは柑橘類でカリフォルニア州最大手、ナッツ類の栽培にいたっては世界トップである。二〇〇〇年代にはPOMワンダフルというブランドを設立し、ザクロジュースなどザクロを使った食品の販売を始めた。さらに、フィジー・ウォーターとステラも買収する。フィジー・ウォーターはフィジー島の天然水のボトリングを手がけている。ステラは虫の交尾を阻むフェロモンを製造するオレゴン州のメーカーで、殺虫剤を使用せずに害虫を駆除する技術では世界トップクラスである。それやこれやで、今日ではロール・インターナショナルは、アメリカの非公開企業上位二〇〇社にランクされている。

私はスチュワートにインタビューするため、ロール・インターナショナルの本社を訪れたことがある。本社はロサンゼルスのオフィス街にあるが、絵や彫刻が美しく飾られ、まるでアートのオアシスだ。スチュワートは自信に満ちた穏やかな物腰の紳士で、これほど大きくて複雑な組織の経営者であるにもかかわらず、自社のビジネスを隅々まで把握していることに驚かされた。

スチュワートによれば、買収した当時のテレフローラは価格競争をしていたのだという。「そこで私たちはサービスのモデルをガラリと変えた」。提携する生花店のネットワークを構築し、インターネット・ベースのITシステム、花を生けるためのおしゃれな容器、ウェブ・ホスティング・サービス、クレジットカードの処理機能、POS（販売時点情報管理）技術などを各店に提供した。「いまでは生花業界の競争は前より激しくなっている。だがテレフローラは買収したときとは比べ物にならないほど成長したよ。規模で言うと、以前は生花大手ＦＴＤの一〇分の一だったのが、いまは二倍だからね」

テレフローラとフィジー・ウォーターのようにまったく異なるビジネスに、何か共通の秘訣はあるのか、と私は質問した。スチュワートは首を傾げ、しばし考えてから言った。

「価値を高めるために重要なのは、コモディティ化しないようにすることだ。生花では私たちは新しいコンセプトを導入した。ミネラルウォーターでもそうだ。この市場は競争が激しいが、リンダはフィジー・ウォーターにユニークな特徴を見出していた。それは、火山岩層が数百年かけて濾過した地下水だということだ。つまり、酸性雨や公害が一切なかった時代に降った雨が水源なのだ。これはすばらしい魅力だが、元の会社の経営者はそのことにまったく気づいていなかった」

コモディティ化を避けることが大切だというスチュワートの話はよく理解できた。だがロール・インターナショナルはいまやアグリビジネスに乗り出している。

「だが農産物はどうなのか。あれは定義からしてコモディティではないだろうか」と私は訊ねた。

スチュワートは、農地を買いはじめたのは一九七八年で、最初はインフレヘッジが目的だったと説明した。だがこのビジネスには「おもしろみ」がありそうだと気づいたときに視界が開けたのだという。

「アグリビジネスがおもしろいって？」私は耳をそばだてた。

「そうだね、おもしろみというのは、投資妙味という言葉に近い。つまり、自分の力で価値を高める方法がありそうだ、という意味だ。これは、わくわくするね。ふつうのナッツ農園の経営者は、自分の運命をどうにかすることはできない。順調に収穫ができ市場価格が上がることを祈るしかない。

なぜなら小規模農家は、市場開拓、品質研究、加工処理の効率化といったことのために投資する資金を持ち合わせていないからだ。だが私たちには、収量や品質の研究に投資するだけのゆとりがある。さらに、アーモンドやピスタチオの需要を喚起することができれば、大きな利益につながると私は考えた。もちろん、需要が拡大すればカリフォルニア中の農家が潤うが、大口需要に応えられるだけの設備投資ができるのは私たちぐらいのものだ。この狙いは当たった。ナッツ類はヘルシーな食品というイメージが定着し、消費量はいまも増えつづけているし、輸出も伸びている。私たちはキャドバリーやネスレといった大手メーカーの需要に対応できる数少ない栽培業者だから、価格交渉力を持っている。まだまだこれからも伸びる余地はあるだろう」

私は、ナッツの需要拡大でロール・インターナショナルの利益が拡大するのは一時的な現象に過ぎないのではないか、と指摘した。他の栽培業者が生産量を増やしたら、ロール・インターナショナルの優位は失われてしまうだろう。

スチュワートは笑って、「農業の場合、そういうことは電光石火では起こらない」と言った。「新たに植えた木が実を付けるようになるまでには七年から一〇年はかかる。その間にこちらは手を打つことができる。狙い通り需要が伸びはじめると、私たちはすぐさまナッツの加工処理施設を拡大した。加工処理には規模の経済が働くので、小規模農家が自前の設備を持つのはむずかしい。私たちは加工、包装、マーケティング、流通販売まで全部やれるから、さらに農地を買って栽培を拡大できる」

スチュワートは、一〇年単位で複雑な事業活動を巧みにコーディネートしてきたのだと私はようやく理解した。まず大規模な農園を持つ。それによって研究、市場開発、広告、販促活動から得る利益を最大化することができる。競争相手の対応が七〜一〇年遅れる間に資金調達し、大規模な加工処理施設を建設する。そして加工処理の規模の経済によって、小規模農家の追撃をかわす……。

だが、この長期戦略をやり抜くには鉄の意志が必要である。もういまから五〜一〇年先を見通しているのか、と私はスチュワートに質問した。

スチュワートは頷いた。「そこが非公開企業の最大の利点だよ。私が最初に農地を買った相手は、大手石油資本だった。彼らは四半期か、せいぜい一年先しか見ていない。株主への財務報告の見映えを良くするために、資産を切り売りしたのだ。だが私たちは、上場企業にかかってくるばかげた重圧をまったく感じずに済む。だから良い仕事ができるのだ」

「おもしろみ」のない競争優位

他の人と話しているときは、相手の意図を理解し損ねたり、あるいは相手が言葉足らずだったりして、だいたいは相手が言いたかったことの何割かしか受け止められないものである。だが逆に、相手の言葉が自分の知識や経験と響き合って、相手の意図した以上のことに思いいたるときもある。スチュワート・レスニックの話を聞いたときの私がまさにそうだった。彼が「おもしろみ」という言葉を使ったとき、競争優位について長い間心に引っかかっていた疑問が突然よみがえり、すべてがピタリと符合するのを感じたのである。どういうことか、二〇〇二年に遡って説明しよう。

当時私は、UCLAの同僚スティーブン・リップマンと一緒に、競争優位についての思考実験を行っていた。思考実験とは、あるアイデアの論理的一貫性や影響をテストするために行う机上の実験である。その思考実験では、宇宙人が地球に置いていった「シルバー・マシン」なるものを想定する。このマシンは、毎年一〇〇〇万ドル相当の純銀を無からつくることができる。原料もエネルギーも人手も一切いらない。話を単純にするために税金はかからないものとし、金利は年一〇%とする。このシルバー・マシンを発見した人は、一億ドルで別の人に売った。さてこの新しい所有者は、銀の売買で競争優位を得られるだろうか――これが実験のテーマである。

シルバー・マシン問題には、大勢の同僚が頭を悩ませた。シルバー・マシンは明らかにローコストの生産者である。コストがゼロなのだから、これ以上は望めない。ところが、これほどの優位があるにもかかわらず、新しい所有者はいっこうに儲からないのである。これが、この問題の悩ましいところだった。たしかにマシンは毎年一〇〇〇万ドルの価値を生み出す。だがこれはマシンに支払った一億ドルの一〇%に相当し、ごく平均的な投資リターンに過ぎないうえ、利払いで消えてしまう。これでは、所有権が移転したために競争優位は消え失せてしまったように見える。だが現実には、マシンはゼロ・コストで銀を生産しつづけているのだ……(註3)。

さんざん頭をひねった末に、私はこの謎を解くことができた。シルバー・マシンは、銀事業に関する限り、やはり競争優位を持っているのである(註4)。競争優位と経済的利益を注意深く区別すれば、それが理解できる。多くの人は両者が同一だと考えているが、けっしてそうではない。これでいったん問題は解決したのであるが、スチュワート・レスニックは、シルバー・マシンについてもっと重要な点を示唆してくれたのだった。このマシンはたしかに競争優位を持っているが、それは「おもしろみ」がない、ということである。

競争優位はあるのに、なぜおもしろみがないかと言えば、所有者にとって価値を増やす手段がないからである。マシンはこれ以上効率的にはなり得ない。純銀には差異化の余地がない。では世界的な需要を喚起できるかと言えば、一生産者の立場ではむずかしいだろう。したがって、買いとったマシンの価値を自分の力で高めることはできそうにない。国債を満期までひたすら保有していれば安定した利回りは確保できるが、利益を増やせないのとまさに同じで、所有者にとってはおもしろみがない。

競争優位は、その価値を高められるときにこそ、楽しみがある。それをスチュワート・レスニックは知っていたし、いまや私も理解した。何か自分でできることがあるから、わくわくするのである。

重要な競争優位であるにもかかわらず価値を高める余地がないものの例として、オークション・サイトのeベイが挙げられる。言うまでもなく、eベイは個人間のオークション・ビジネスで世界的な競争優位を持っている。このビジネスモデルを開発したのは同社だし、いまだにこの分野では世界最大の利用者数を誇る。eベイの競争優位は、自分の持ち物をオンラインで売りたい・買いたい個人のために、最もコストのかからない効率的なソリューションを提供していることだ。この点で同社に対抗できる企業は存在しない。膨大な会員数、使い勝手の良いソフトウェア、オンライン決済サービス「ペイパル」の導入、出品者評価（DSR）システムといった要素すべてが、競合サイトには歯が立たないような競争優位となっている。長年にわたり、eベイは高業績を維持してきた。二〇〇九年一二月末時点の営業キャッシュフローは二九億ドル、税引後利益率は二六％に達し、税引後の総資産利益率（ROA）は一三％を記録している。だが、これほどの競争優位があるにもかかわらず、同社の時価総額は七年以上にわたって横ばいか、やや下落気味だ。eベイはすぐれたサービスを提供し、そのコストは利用者が得る価値を大きく下回り、しかもきわめて効率的に事業を運営しているため競争相手には付け入る隙がない。それなのにこの事業は、その持ち主に新たな価値をもたらしていない。

シルバー・マシンと同じく、eベイの価値は停滞している。このことは、競争優位が停滞していることを意味する。とは言え、eベイはシルバー・マシンよりはるかに「おもしろみ」がある。シルバー・マシンの優位性は、その定義からして変えようがないが、eベイのサービスや効率性や用途はまだまだ発展性があると考えられる。したがって、eベイの優位性には潜在的な「おもしろみ」があると言える。すでにすばらしい競争優位を持つeベイだが、その価値をさらに高めるような特別な何かを誰かが発見できたら、そのときはほんとうにおもしろいことになるはずだ。

価値の創造

戦略の専門家の多くは、競争優位と高い収益性とを同一視している。だが両者は必ずしも一致しない。ビジネスの世界では競争優位の必要性が声高に叫ばれているが、競争優位を持っているだけでは高収益に直結するとは期待できない。つまり競争優位と富の関係は、固定的ではなく変動する。競争優位が高まれば、あるいは競争優位を形成する要素（製品やサービス）への需要が高まれば、より多くの価値がもたらされる。そのためには、少なくとも次の四つのうちのどれかをめざす戦略が有効である。

- 競争優位を深める。
- 競争優位を拡げる。
- 優位な製品またはサービスに対する需要を増やす。
- 競争相手による模倣を阻むような隔離メカニズムを強化する。

以下では、一つひとつについて説明しよう。

競争優位を深める

競争優位の一つはコストを大きく上回る価値を提供することだが、「深める」とは、その価値とコストとの格差を拡大することを意味する。そのためには価値を高めて価格を引き上げるか、コストを押し下げるか、その両方が必要になる。コストというと売り手側のコストばかりに注目しがちだが、製品を探す、買いに行く、到着を待つ、据え付ける、使い方を学ぶ、切り替えるといった、買い手の側に発生するコストを圧縮する方法もある。

価値を高めるにせよ、コストを切り詰めるにせよ、その方法はたくさんあるので、ここで逐一吟味するのはやめておこう。それよりも、失敗する主な理由を挙げておくことにする。

価値の向上やコスト削減に失敗する最大の原因は、私の見るところ、経営陣の思い込みにある。大方の経営者は、現場に圧力をかけるかインセンティブを設けるかすれば、あとは自然に効率改善やコスト削減が達成されると考えているらしい。だがアメとムチに頼るより、もっと効果的な方法がある。インダストリアル・エンジニアリング分野の動作研究で名高いフランク・ギルブレスは、一九〇九年に、レンガ積みの工具や技術には数千年にわたってほとんど進歩がなかったことに気づいた(註5)。ギルブレスはレンガ積みのプロセスを注意深く観察し、職人の負荷をまったく増やさずに効率を二倍に伸ばすことに成功する。レンガやモルタルを入れた容器を地面に置くのではなく職人の胸の高さに設置し、毎日数千回も繰り返されていた「かがんで持ち上げる」動作をなくした。高いところで作業する場合には可動式の足場を導入し、職人がレンガを担いで梯子を上り下りするムダな時間を省いた。モルタルを最適の硬さに調節して何度もコテでならす必要をなくし、熟練職人が一度の動作でレンガを水平に積めるようにした。こうした工夫が相まって、生産性の劇的な改善が見られたのである。ギルブレスの教訓は、今日もなお新しい。大事なのは、ニンジンをぶら下げるだけでなく、製品やプロセスを適宜見直すことである。今日ではこれを「リエンジニアリング」とか「プロセス改革」などと呼ぶようだが、名称はともあれ、要はどのように仕事がこなされているのか、虚心に観察することが肝心である。

プロセスの改善だけでなく、製品の改善でも同じことが言える。ただ、前者は売り手側を見直すが、後者は買い手側を観察することになるので、いくらかむずかしくなる。製品の開発や改善に長けている企業は、買い手の姿勢や行動、意思決定、好みや感覚に細心の注意を払い、丹念に調査している。企業が顧客への共感度を高めることができれば、問題が発生する前に手を打つことも可能だ。

もう一つ、重要な価値に関して隔離メカニズムが不十分な場合にも、価値の向上に失敗しやすい。

こうした企業は無防備であり、競争相手が自社の改善にただ乗りしないよう、祈るしかない。価値の向上への投資から確実に実りを手にするためには、特許などでがっちり保護するか、自社事業に深く組み込んで他社には容易にまねできないようにする、あるいは単にまねをしてもそれだけでは役に立たないようにすることが必要である。

競争優位を拡げる

既存の競争優位を「拡げる」とは、新しい分野、新しい競争市場へ進出することを意味する。たとえばモバイル・バンキングは、開発途上国を中心に急伸中である。一方、eベイはペイパルというオンライン決済システムに一日の長がある。もしeベイがこの強みを活かしてモバイル決済システムに参入すれば、それは競争優位を拡大したと言える。

競争優位を拡大するためには、既存の製品、顧客、競争相手から視点を移し、自社の競争優位を支えている独自のスキルやリソースをほかに活かせる道はないか、探すことが必要になる。つまり競争優位の拡大は、自社の強みに基づいた戦略と言えよう。

このタイプの戦略では、自社のリソースを他の製品や他の市場でも活用するのが最も基本的である(註6)。だがこの方法が大失敗につながりかねないことは覚えておくべきだろう。自社の競争優位を「ロジスティクス」であるとか「ブランド」であるといったように抽象的に漠然と捉えていると、まったくなじみのない製品やプロセスに手を出しかねない。

賢い拡大を実現するには、十分な専門知識やノウハウが蓄えられていることが条件になる。たとえばデュポンは、もともとは爆薬の製造でスタートした。第一次世界大戦が終わると、化学の基礎研究と化学品製造のスキルを活かして、セルロース、合成ゴム、塗料に進出。さらに合成物質からポリマーへと手を広げ、一九三五年にはアクリル樹脂のルサイト、フッ素樹脂のテフロンを開発する。ポリマー技術からはさらにナイロン、ポリエステルフィルムのマイラー、ポリエステル繊維のダクロン、ストレッチ素材のライクラが生まれた。このような技術的リソースの蓄積と拡大例は、GE、IBM、3Mなどにも見られるし、医薬品やエレクトロニクス分野の多くの企業にも見受けられる。

知識というものは、次々に応用してもすり減るどころか一層豊かに強化される。したがって独自の知識やノウハウを特許などで押さえておけば、拡大戦略の強力なリソースとなりうる。これに対して信頼やブランドや評判など顧客との関係は、拡大戦略によって価値が薄れたり傷ついたりすることがあるので、要注意だ。こうしたリソースを他の分野に拡げてうまくいく例もないわけではないが、そこで失敗すると大きなダメージにつながりやすい。

ブランドや評判を拡大する戦略のお手本は、ウォルト・ディズニー・カンパニーである。同社は、ファミリー向けの作品で長年にわたり卓越した競争優位を誇ってきた。同社がどれほど抜きん出ているかは、大勢の人が「ディズニー」だというだけで映画館に足を運ぶことからもわかる。子供たちはいちばん新しいディズニー映画を見るのを楽しみにしているが、パラマウントだから見に行こうという人はまずいない。映画会社の中には財務実績や興行成績が良いところはほかにもあるだろうが、消費者の人気という点ではディズニーには敵わない。

ブランドの価値は、製品に共通するイメージや特徴を維持することから生まれるが、そうは言っても明確に定義するのはむずかしい。たとえば「ディズニー」映画の特徴は何だろうか。その特徴やブランド・イメージを損なわずに、新たな分野に進出するにはどうしたらいいだろうか。私は二〇〇八年に、当時ウォルト・ディズニー・モーション・ピクチャーズ・グループの社長だったマーク・ゾラディとディズニー・ブランドの拡大戦略について話し合ったことがある。このときゾラディは次のように話してくれた。

「われわれが持っている最も貴重なものは、ディズニーというブランドだ。数年前、ディズニー・スタジオの会長のディック・クックと私は、このブランド価値を希釈することなく活かすにはどうしたらいいかを真剣に考えた。ディズニー映画は小さな子供向けだと信じ込んでいる人もいるが、実際には『海底二万マイル』のような作品も制作している。これは小さな子供にはちょっと怖すぎるだろう。そこで過去に成功した作品の全リストを作って、とっくりと眺めてみた。するとうれしいことに、ディズニーの名で驚くほどさまざまな作品が発表されていることがわかったのだ。たとえば『E.T.』、スーパーマン・シリーズ、インディ・ジョーンズ・シリーズなどだ。

顧客の信頼を失わずにブランドを拡大するために、われわれは三つの基本方針を定めた。第一は、汚い言葉を使わないこと。登場人物が怒って真っ赤になるのはかまわないが、口汚くののしるのはNGだ。第二は、目のやり場に困るような性的なシーンは作らないこと。ロマンスは結構だが、生々しいものは他社に任せる。そして第三は、理不尽な暴力は使わないことだ。向こう見ずな冒険は大歓迎だが、首を切り落としたり血が飛び散ったりするのはいけない。こうした大きな方針の下で、われわれは、『パイレーツ・オブ・カリビアン』、『ナショナル・トレジャー』、『ナルニア国物語』を成功させることができた」

このようによく考えられた基本方針の下で、ディズニーはファミリー向けのジャンルで形成されたブランド価値を毀損することなく、アクション・アドベンチャーのジャンルに進出を果たすことができた。

需要を増やす

買い手の数が増えたとき、あるいは買い手一人ひとりの買う量が増えたときには、競争優位を持っている売り手はとくに有利になる。このとき価値が高まるのは、競争優位を支える希少なリソースである。たとえば、小型旅客機の買い手が増えれば、この分野で大きなシェアを持つブラジルの航空機メーカー、エンブラエルのブランド力や設計・製造スキルの価値はぐっと高まる。ここで注意したいのは、需要増が長期的な高業績に結びつくのは、安定的な競争優位を支える希少なリソースを企業がすでに持っている場合だけだということである。

戦略理論の専門家の多くは、価値創造＝競争優位を持つことだと考えているため、需要拡大を促すことの大切さを見落としがちである。だが希少なリソースを持つ場合には、それに対する需要をうまく高めることこそ、戦略の基本と言えよう。

先ほど登場したロール・インターナショナルのPOMワンダフルというブランドは、積極的に需要喚起した模範例である。一九八七年に、スチュワートとリンダのレスニック夫妻は一万八〇〇〇エーカーのナッツ農園をプルデンシャル生命保険から購入した。調べてみると、アーモンドやピスタチオに混じって、一二〇エーカーほどの面積にザクロの茂みがある。「最初はザクロを抜いてアーモンドか何かを植えようと思ったんだ」とスチュワートは打ち明ける。「だが結局、しばらくそのままにして様子を見ようということになった。そして作物別の生産高報告書を何年かチェックしているうちに、ザクロのほうがナッツ類よりも一エーカー当たりの売上高が多いことに気づいた」

一九九〇年代のアメリカでは、ザクロはほとんど知られていない作物だった。しかしルーツは古く、古代の中東では生命力を与える果物として珍重されていたという。一九九八年になると、レスニック夫妻はザクロの研究に投資しはじめる。その結果に二人は勇気づけられた。研究報告によれば、ザクロの果汁には抗酸化物質が赤ワインより多く含まれているという。そのうえ、血圧を下げる効果もありそうだった。また、フラボノイドの濃度が高く、前立腺ガンの予防にもなるという。一九九八年以降、レスニック夫妻はザクロの健康増進効果に関する研究に総額で三〇〇〇万ドル以上を寄付してきた。

そして二人は、ザクロに対するアメリカ人の需要を劇的に増やす戦略を練った。ナッツですでに成功を収めていたので、ザクロ生産で相当のシェアを占め、競争相手が機敏に対応できないような状況を作り上げれば、大きな利益を手にできることはわかっていた。この戦略を実行するために、夫妻は大胆に農地を購入した。そして一九九八年には、ザクロ栽培用に六〇〇〇エーカーの土地を確保したのである。これは、アメリカのザクロ生産を六倍に増やせるだけの面積だった。

レスニック夫妻は、これと並行してザクロジュースのパッケージやマーケティングの研究にも着手する。高価で高濃度の濃縮果汁は、ホワイトグレープ、リンゴ、桃などの果汁とブレンドするのが標準的な製法である。たとえば伝統あるオーシャン・スプレーのクランベリージュースは、この方法で製造されている。だがリンダはこのやり方に反対だった。自分たちが出すジュースはまじりっけなしの果汁一〇〇%でなければならない、というのである。そうすれば、健康増進効果も一〇〇%発揮できる。そして商品はソフトドリンクではなく、新鮮で要冷蔵の果汁として、生鮮食品コーナーで販売する、とリンダは主張した。ブランド名はPOMワンダフル、POMの〝O〟はハート形である。会社は、リンダの発想に賭けることを決めた。

POMの社長であるマット・タッパーは、当時のことを次のように回想している。「ザクロの植え付けは二〇〇〇~〇一年にピークに達した。もし需要拡大戦略がうまくいかなかったら、と考えるとゾッとしたね。売れないザクロジュースが赤潮みたいに押し寄せてくる悪夢を見たよ。会社をたたんで撤退しなければならないだろうと思った。リンダは顔の広さを活かして売り込みに奔走し、POMのザクロジュースについて取材という取材に応じ、雑誌という雑誌に書きまくった。そしてこの戦略は成功した。ザクロジュースの需要はうなぎ上りに増え、二〇〇四年にはわれわれはトップを独走していた。しかもこのジュースは、ほんとうに体にいいんだ」

隔離メカニズムを強化する

隔離メカニズムは、自社の競争優位を成り立たせている製品やリソースを競争相手がまねることを防ぐ。新たな隔離メカニズムを作り上げたり、既存のメカニズムを強化したりすれば、コピーされる恐れは減り、他社が侵入しシェアを食い荒らす事態も食い止められるので、その企業の競争優位は一段と強力になる。

隔離メカニズムを強化する最もわかりやすい方法は、特許、商標登録、著作権などで保護することである。新製品も、すでに強力なブランドの一環に組み込まれるなら、他社には容易にまねできないものとなる。また、組織としての集合的なノウハウが隔離メカニズムの役割を果たすような場合には、離職者を減らすことがその強化策となるだろう。特許などによる保護範囲が不明確な場合には、司法判断を仰ぐことで隔離メカニズムが強化されるケースもある。

集団的な行動によって財産権を強化した例として、アメリカの石油産業が挙げられる。ペンシルベニア州で初めて石油の採掘が行われたのは一八五九年のことだが、このときから所有権の問題が持ち上がっていた。石炭のような鉱物の場合には、ルールははっきりしている。自分の土地の下にある石炭は自分のものだ。だが石油はちがう。裁判所の判断によれば、石油は野獣のごとく動き回るのであって、ある一滴の石油がどこから来たかは誰にもわからない。アングロサクソンの慣習法「とった者勝ち」に従えば、先に汲み上げた人のものになる。

地中の貯油層は土地の境界線を越えて拡がっているため、ほとんどの油井は、結局は同じ貯油層から汲み上げていることになる。「とった者勝ち」ルールでは、汲み上げてしまえば自分のものになるのだから、誰もができるだけ早く汲み上げようとする。少し手控えようと思っても、他の事業者が汲み上げてしまうに決まっているからだ。こうしたわけで、石油のあるところにはどこでも掘削装置が林立し、おそろしい勢いで汲み上げ、過剰生産が日常茶飯事になった。たとえば、一九三〇年に発見された本土最大級の東テキサス油田では、四四の油井から猛烈なペースで採取が行われたため、一バレル＝一ドルだった原油相場がわずか一年半で一バレル＝一三セントまで急落している。しかも油層の圧力が急降下したため、水が浸入してしまった。業界では多くの企業がこのばかげた競争に歯止めをかけたいと考えていたが、生産調整は違法な価格つり上げに当たるとして裁判所は認めなかった。たまりかねたテキサス州知事は一九三一年末に東テキサス油田に戒厳令を発動し、州兵を派遣して強制的に生産をストップさせた。

生産者、州政府、連邦政府が現在の形の生産調整と利益配分ルールを練り上げるまでには、数十年にわたる交渉が必要だった。交渉が難航したのは、生産者の利害が同じではなく、また持っている情報も同じではなかったからである。埋蔵量に関してより多くの情報を持っているのは、やはり大手だった(註7)。それでも最終的に解決にいたったのは、生産者を保護する法律上の隔離メカニズムを変えることに全員の合意がとりつけられたからである。

隔離メカニズムを強化するもう一つの方法として、ターゲットを絶えず動かしてまねしにくくするという手がある。ターゲットがいつまでも変わらなかったら、競争相手は遅かれ早かれノウハウを探り当ててしまうだろう。だが製品やプロセスを絶えず改善していたら、あるいは改善とは言わないまでも変化させていたら、まねをするのははるかにむずかしくなる。たとえばマイクロソフトのウィンドウズOSを考えてみよう。ウィンドウズが長期にわたって同じままだったら、世界中の賢いプログラマーがいずれは同等品を作り上げることは確実である。だがマイクロソフトはのべつプログラムを変えることによって（それがつねに良いほうに変わっているとは言い難いが）、コピーをむずかしくしている。ウィンドウズは動く標的なのである。

同様に、製品やプロセスに次々にイノベーションが導入されたら、追随するのはむずかしい。そのイノベーションが独自の知識に裏づけられていたら、なおのことである。簡単な例で言えば、科学的な知識だけを使ったイノベーションは、隔離メカニズムとしては弱い。科学的な知識に顧客からのフィードバックや自社事業から収集した独自の情報が組み合わせて生まれたイノベーションならば、強い隔離メカニズムとなる。

第13章 ダイナミクス

古典的な軍事戦略では、防御側は高地をとるのがよいとされている。高台は攻めにくく守りやすい。高地は非対称な自然条件を作り出し、防御側の優位性を形成する。

戦略論の学問的な研究は、ビジネスにおけるさまざまな「高地」を比較対照し、この高地が有利であの高地が不利なのはなぜかを説明することに力を入れている。だがこれでは、重要な問題がないがしろにされている。それは、そのように有利な高地をどうやって奪取するのか、ということである。有利な高地ほど、手に入れるコストは高くつく。簡単に手に入る高地は、簡単に陥落するものだ。

未踏の高地を手に入れる一つの方法は、自前のイノベーションによって作り出してしまうことである。驚異的な技術革新（たとえばゴアテックス）あるいは画期的なビジネスモデル（たとえばフェデックスの翌日配送システム）は新しい高地を作り出す。そして競争相手が押し寄せてくるまでは、何年も富み栄えることができるだろう。

もう一つの方法は、変化のうねりに乗ることである。本章では、こちらを取り上げる。このような変化のうねりは、たいていは外からやって来る。だから、一つの組織でコントロールするのはむずかしいし、ましてうねり自体を起こすことは不可能である。テクノロジー、コスト構造、競争、買い手の意識や嗜好、さらには政治などさまざまな要素の変化が積み重なって、うねりを形成する。大きなうねりは地震のようなもので、新たな高地を作り出したり、高地だったところを平らにならしてしまったりする。そうした変化のダイナミクスは既存の競争環境を覆し、かつての競争優位を消し去り、新たな優位を生み出す。これまで成功していた企業の立場をさらに強くすることもあるが、衰退に追いやることもある。このような変化のうねりが押し寄せるとき、まったく新しい戦略が可能になる。

外生的な変化のうねりは、ヨットの帆に吹き付ける風のようなものだ。ときにはヨットを飛ぶような勢いで走らせるかと思えば、転覆させることもある。こうした荒々しいダイナミクスを自分たちの目的に適うように活かすことがリーダーの役割であり、そのためには鋭い洞察力やスキルや創造性が必要になる。うねりが来たら業界の構図はどう変わるのかをみきわめ、これから高地になりそうな方向を狙ってリソースを配分し、上手に波に乗ることが望ましい。

それについてお話しする前に、歴史的な視点から考えてみたい。今日では変化のペースが速くなっている、われわれは絶え間なく続く革命の時代に生きている、といったことがよく言われる。安定など時代遅れで、過去の遺物だというのだ。だがこれらはすべて、たわごとである。実際にはほとんどの産業は、ほとんどの時代を通じてきわめて安定している。それに、ちょっとした変化はいつの時代にもあったのだし、今日の変化が過去と比べてきわめて大きいという見方は、歴史を無視していると言わざるを得ない。

たとえば、現代と一八七五〜一九二五年の五〇年間とを比べてみよう。初めて電灯がついたのも、電気の力が工場や家庭を激変させたのも、このときの五〇年間だった。一八八〇年にはボストン－ケンブリッジ間の往復は馬で丸一日かかったが、わずか五年後には市電で二〇分になっている。路面電車の普及で通勤は劇的に楽になった。また工場の動力は、ばかでかい蒸気機関や水車発電機一基に頼るのではなく、小型の発電機があちこちに備え付けられるようになった。ミシンの出現で安価な縫製が実現し、既製の衣料品が大衆の手に届くようになったのも、この頃である。電報、電話、ラジオが登場してローマ街道以来の通信の高速化をもたらし、鉄道が網の目のように張り巡らされ自動車が普及して、アメリカ人の生活を激変させた。飛行機が発明され商業利用が始まったのも、高速道路が出現したのも、農業が機械化されたのも、この五〇年間のことである。IBMが最初の電気式計算機を開発したのは一九〇六年だった。大量の移民が海を超えてやって来て都市の姿を変えた。近代的な広告やブランドが発展し、今日有名な数多くのブランド（ケロッグ、ハーシーズ、コダック、コカ・コーラ、GE、フォードなど）が生まれたのもこの時代である。私たちが「現代」と呼ぶものの基礎はあらかたこのときに形成され、巨大な産業帝国はいまなお続いている。

では今度は、より今日に近い五〇年間を見てみよう。私が生まれたのは一九四二年だが、その後にテレビがアメリカ文化を大きく変えた。ふつうの人でもジェット旅客機に乗れるようになり、長距離輸送のコストが劇的に下がって世界の貿易は大きく発展した。小売店は大規模化し、コンピュータや携帯電話はいまや誰もが持っている。インターネットを介して仕事をしたり、ゲームや音楽を楽しんだり、家に居ながらにしてショッピングをしたりすることも、当たり前になった。そして今日では何百万もの人がツイートをしたりブログを書いたりしている。だがこれらの変化が毎日の生活やビジネスに与えたインパクトは、一八七五～一九二五年の五〇年間に見られたダイナミクスと比べれば、ずっと小さい。このように歴史的視点は、ものごとの重要性を判断する一つの基準を与えてくれる。

変化のうねりが過ぎてしまうと、その影響は誰の目にもはっきりするが、変化を活かすにせよ影響を免れるにせよ、そのときではもう遅すぎる。したがって変化のうねりが形成される早い段階で、気づいて手を打たなければならない。大事なのは予測することではなく、過去と現在に目を凝らすことである。数えきれないほどの変化とそれに対する調整とは毎年起きているが、その中から大きなうねりができていく兆候を読みとり、パターンを見抜き、そこに働いている原動力を理解することが必要だ。曇りのない目で見れば、たくさんの兆候が存在することにきっと気づくだろう。

うねりが到来して変化が始まると、たいていの人は目立つ影響、たとえば新しいタイプの製品の急成長や旧型品の需要急減などに気をとられやすい。だがそうした表面的な現象から一歩踏み込んで、目につく影響を引き起こした根本原因を探り、波及的・二次的な変化の兆候を見逃さないことが大切である。たとえばテレビが一九五〇年代に登場したとき、いずれ家庭に普及することや、無料のテレビ番組が映画と競合することは明らかだった。だが、もう少しわかりにくい影響もあった。映画産業は、もはや伝統的なハリウッド映画では観客を呼べなくなったのである。もともと西部劇などいわゆるB級映画を量産していたハリウッドは、テレビにすばやく対抗することができず、観客数は急速に減っていった。このときハリウッドを復活させたのは、独立系の制作会社、いわゆるインディーズである。そしてパラマウントや二〇世紀フォックスといったメジャースタジオは、資金提供と配給に比重を移すようになった。過去のしがらみや縁故関係や厄介な決まり事とは無縁の独立系制作会社は、目的に応じた人選でチームを編成して個性的で良質な映画を作り、多くの人をテレビの前から劇場へ誘い出した。このように、映画産業における独立系制作会社の台頭は、テレビの二次的な影響と言うことができる。

うねりの気配を感じとる

私は一九九六年に、パリでマトラ・コミュニケーションズのエグゼクティブにインタビューした。マトラ・グループは兵器、航空機からエレクトロニクス、通信まで手がける国営企業だったが、数年前にフランス政府が保有株を売却して民営化されていた。その後、マトラ・コミュニケーションズにはカナダのノーザン・テレコムが三九％出資している。

マトラ・コミュニケーションズの会長兼CEOのジャン＝ベルナール・レヴィは当時四〇歳。アメリカの基準からすれば若い経営者だが、フランスには優秀な若者を国が教育するグランゼコールというエリート養成校があり、そこを出れば若くても政府や民間企業の要職に就くことができる。レヴィも政府機関、フランス・テレコム、マトラで勤務した後、二〇〇二年にはメディア大手のヴィヴェンディのCEOになった。

私は、レヴィと右腕の最高財務責任者（CFO）から、変化の速い通信業界でマトラ・コミュニケーションズが直面する課題について話を聞いた。レヴィは次のように語った。

「通信事業は、メインフレーム・コンピュータと並んで、グローバル・レベルでの規模の経済がモノを言う。三大市場（日本、欧州、北米）のうち少なくとも二つで大きなシェアを持たない限り、ニッチ・プレイヤーに甘んじなければならない」。そして皮肉な笑いを浮かべた。「さもなくば、政府に頼って国内市場で独占を確立するしかない」

「だとすると、マトラにとっては厳しい状況ですね」と私は質問した。「マトラは通信機器で世界の上位一〇社に入っていませんから」

「たしかに」とレヴィは答えた。「だがチャンスはある。携帯電話がこの業界を大きく揺さぶると考えられるからだ。ヨーロッパの規制緩和によって、ゲームのルールは変わるだろう。またインターネットが通信、データ、エンターテインメントの境界を曖昧にすると私は見ている」

「では、ネットワークとモバイル機器に大きなチャンスがあると考えているのですね」

「その二つはすぐにやって来る変化だ。もっと多くの変化があとからやって来るだろう」

変化はチャンスを意味するが、最近の変化は必ずしもマトラに有利ではなかった。

「私は通信業界の構造にかかわるような変化について調べています。たとえば、シスコ・システムズの目を見張るような成功を考えてみましょう。彼らは、通信とコンピュータのインターフェースで成功した。これは、大方の見るところ、AT&TとIBMの独壇場だった分野です。にもかかわらず、後発のシスコが市場を席巻した。


あなたが言うとおり、通信機器やメインフレーム機の市場では、規模の経済が参入障壁となってきました。ですが、シスコ・システムズは大学職員二人で立ち上げた会社です。それなのに、規模という障壁をぶち破った。AT&T、IBM、アルカテル、シーメンス、NEC、そしてマトラという巨人の鼻先で、ネットワーク機器市場を押さえてしまったのです。なぜでしょうか」

ＣＦＯは、ストックオプションを餌にして最高級の技術者を集めたことが原因だと述べた。だがレヴィは首を振った。

「マトラの技術者にネットワーク機器を設計させたことがある。彼らは、基本原理はよく理解していた。だがシスコのマルチプロトコル・ルーターの性能を再現することは無理のようだった」

「シスコは重要な部分を特許で押さえているのでしょうか」と私は質問した。

「もちろん彼らは、何件も特許をとっている。だが重要なのはそのことじゃない。シスコのルーターの要は、ファームウェア（ハードウェアの基本的な制御を行うために機器に組み込まれたソフトウェア）だ。シスコの製品には、おそらく、きわめて巧みに生成された数十万行におよぶコードが組み込まれている。それを作成したのは、二〜五名程度の少人数のチームだろう。この非常によくできたコードが、シスコ製品の強みになっている」

その夜オフィスに戻って録音を書き起こしながら、私はレヴィの言ったことを改めて考えた。ルーターというのは、要は小型のコンピュータである。そこにはマイクロプロセッサ、メモリ、入出力ポートがあって、データの流れを管理している。使われているマイクロプロセッサやメモリはふつうに流通しているものだから、ルーターの性能がそれらによって決まるわけではない。では、シスコのルーターをマトラがまねできないのはなぜか――答は、コードつまりソフトウェアにある。いや正確には、ソフトウェアを書くスキルにある。

そして私ははたと気づいた。それまで私は、シスコはスキルがスケール（規模）に勝った唯一の例だと考えていたが、そうではないのだ、と。シスコがうまく活かしているのは、一企業、一産業の枠を超えた大きなうねりなのである。

従来コンピュータや通信機器の分野で成功するには、数十億ドル規模の大型プロジェクトで大量のエンジニアをとりまとめ、さらに大量の労働者を管理して複雑な電子機器を製造することが必要だった。それをやれる能力が備わっていたから、ＩＢＭやＡＴ＆Ｔは繁栄し、日本は技術集約型の成功を収めることができたのである。だが一九九六年の時点では、成功のカギを握るのはソフトウェアになっていた。そしてソフトウェアなら、大企業でなくても、頭の良い連中が何人かそろえば書き上げることができる。規模の経済から個人のスキルへ――これが、大きな変化のうねりだった。戦争の主流が、正規軍の衝突からゲリラ戦に移ったようなものである。私はそのとき、背筋が寒くなるのを覚えた。見えない地下の水脈が知らないうちに地層を侵し、あたりの風景を一変させるような気がした。

それ以前に私は東京で数カ月仕事をしたことがあり、二一世紀の主役は日本だと確信していたのだが、この大きなうねりがやって来たら、そうはなるまいと思えた。変化のダイナミクスは工作機械にも、高炉にも、自動車にも、トースターにも拡がっていくだろう……。そしてその通り、小さなチームのイノベーションに基づく起業文化が勃興し、シリコンバレーが一躍スポットライトを浴びるようになったのは、読者もご存じのとおりである。この変化のダイナミクスはたくさんの企業の運命を変えただけでなく、一国の富をも変えたのだった。

変化の原動力をみきわめる

何か本質的な変化が始まっているかどうかをみきわめるためには、重要な細部に目を凝らす必要がある。変化のうねりが形成されているのではないか——そんな勘が働いたら、専門家に質問して恥ずかしくない程度まで知識をかき集め、真摯に教えを乞うことだ。いったん変化が始まってしまえば、誰も彼もがわけ知りぶって論評する。だが重要なのは、表面的な現象にとらわれず、その下で働いている原動力をみきわめることだ。深いところを見ようとしないリーダーでも安定期にはうまくやっていけるかもしれないが、変化のうねりに乗るためには、根本的なダイナミクスとその波及効果を感じとることが欠かせない。

通信業は、長年にわたって非常に安定した産業の一つだった。だが、マトラのCEOレヴィと私がシスコ・システムズについて話し合った一九九六年には、いわゆるIT産業全体が突如流動的になる。目につく傾向としては、パソコンやデータ通信が誰の手にも届くようになった。通信市場の規制緩和やデジタル化はだいぶ前から予想されていたことだが、そのほかに二つ、意外な変化の大波があった。一つは競争優位の源泉としてのソフトウェアの台頭、もう一つはコンピュータ業界の解体である。

いまとなっては、この二つの変化にはマイクロプロセッサという共通の原因があったことがはっきりしている。だが初めは、誰もそれに気づかなかった。ハイテク産業に関わっていた人たちはみなマイクロプロセッサを目にしていたが、その深い影響を理解するのはむずかしかったのである。以下では、私なりの見方をお話しししたい。

ソフトウェアの優位性

ソフトウェアはどのようにして競争優位の強力な源泉となったのだろうか。答は、パソコンからサーモスタット、オーブンから巡航ミサイルにいたるまで、ありとあらゆるものにマイクロプロセッサが組み込まれ、それを制御するプログラムによって性能が決まるようになったからである。

私が学部生だった一九六三年には、電気工学で新しい分野と言えば集積回路（ＩＣ）とコンピュータだった。ＩＣが登場したのは一九五八年のことである。そして早くも大陸間弾道ミサイル「ミニットマン」には、数百個のトランジスタを詰め込んだＩＣが搭載された。一方コンピュータの中央処理装置に関しては、すでに一九五〇年代から回路の構造は明らかになっていた。電気工学系の学生なら誰でも、数百から数千のトランジスタを単一チップ上に配置することができさえすれば、コンピュータの中央処理装置は作れると知っていたのである。

「誰がマイクロプロセッサを発明したか」というのは歴史家や弁理士の間で好まれる話題だが、実際にはＩＣが登場したときから、処理装置の構成部品を単一のチップに配置するというアイデアは存在していた。ともあれ、最初に販売されたマイクロプロセッサはインテルの４００４（４ビット）で、一九七一年のことである。このチップには、二三〇〇個のトランジスタが埋め込まれていた。

当時、チップ市場は大きく二つのセグメントに分かれていた。一つは標準品、もう一つは特注品である。標準品は大量生産されるコモディティで、利益率は低い。特注品は利益率は高いが、生産量は少なく、しかも販売権は発注（および設計）した顧客に帰属した。

悲しいことに、重大な決定の多くは、それを下す時点ではそうとは意識されないものである。インテルの場合にも、マネジャーは通常の手続きに従い、４００４を顧客注文による特注品と分類し、権利は注文主のビジコンに帰属することになった。ビジコンは日本の電卓メーカーである。やがて幸か不幸かビジコンは資金難に陥り、インテルに値下げを打診する。インテルは、このチップを第三者に販売する権利と引き換えに値下げに応じた。そして驚くべきことに、次世代マイクロプロセッサ8008（8ビット）でも、まったく同じことが再現される。このチップはコンピュータ端末メーカーのCTCのために作られたのだが、資金繰りに窮したCTCは、販売権をインテルに譲渡する代わりに現物の無償供与を受けることを選択した。

それでも、ソフトウェアを使えば汎用チップを顧客の要求に合わせてカスタマイズできるとインテルの経営陣が気づくまでには、何年もかかった。こうすれば、顧客も高いお金を払って特注品を作らせる必要はない。汎用チップを使い、それぞれに必要な機能はソフトウェアで付け足せばよいのである。こうしてマイクロプロセッサは大量生産ができるようになった。そしてインテルは、他社の設計で作るのではなく、自前で設計製造するハイテク企業に生まれ変わる。当時会長を務めていたアンディ・グローブは「ソフトウェアとマイクロプロセッサの組み合わせこそがインテルに未来の扉を開いてくれたのに、われわれは一〇年以上もそれに気づかなかった。マイクロプロセッサはインテルの主力に育つのだが、最初の、そう一〇年ぐらいは、まるで前座の余興扱いだった」（註1）

インテルの共同設立者であるゴードン・ムーアは、「半導体の集積密度は一八〜二四カ月で倍増する」というムーアの法則で有名だが、設計コストに関するもう一つの法則のほうはあまり知られていない。それは、「カスタム・チップの設計コストは製造コストを上回るようになり、とうてい負担できない比率にまで高まる」というものである。ムーアは「半導体メーカーにとっては、二つのことが危機を打開する。（中略）マイクロプロセッサの開発と半導体メモリの出現である」と書いている。ムーアの目から見れば、この二種類の装置は大量に売れる可能性を秘めている点が大いに魅力だった。

これに関して、私はクアルコムの幹部と話したことがある。クアルコムは、携帯電話用のチップ製造を手掛けている。「複雑なカスタム・チップの設計コストは飛躍的にかさむようになる、とムーアは予想した」と私が言うと、一人が首を傾げ、チップのほうがソフトウェアより設計コストが高くつくことに疑問を呈した。「ソフトウェア技術者のほうがハードウェアの技術者より報酬が低いのか？」

これはおもしろい質問である。誰も即答できなかった。私は自分の経験に照らし合わせて考えてみた。ロールス・ロイスが、ジェットエンジンの燃費効率を高めるために、高性能の燃料コントロール・ユニットを開発するとしよう。その方法としては、必要なロジックを組み込んだ独自のハードウェアを搭載するやり方と、汎用マイクロプロセッサに独自のアイデアをプログラミングしたソフトウェアを組み合わせるやり方の二つが考えられる。どちらを選ぶにせよ、搭載するのはロールス・ロイスのジェットエンジン数千基だけなのだから、量産するわけではない。それなのになぜソフトウェアのほうが安上がりなのだろうか。

一つ言えるのは、すぐれたハードウェア技術者とすぐれたソフトウェア技術者は、どちらも報酬が高い、ということである。ちがいは人件費ではなくて、プロトタイプの制作やアップグレード、そしてとりわけミスの修正費用にある。設計プロセスには試行錯誤がつきものであり、ハードウェアの試行錯誤は、ソフトウェアのそれよりもはるかに高くつく。もしハードウェアを設計してきちんと動かなかったら、また何カ月もかけてやり直さなければならない。だがソフトウェアが設計通りに機能しなかったら、エンジニアは新たな指示をファイルに入力し、再構成して、数分あるいは数日後には再テストができる。しかもソフトウェアは、製品を出荷後にも簡単に修正やアップグレードができる。

つまりソフトウェアの優位性は、開発サイクルが短く、アイデアを出してからプロトタイプを作り、エラーを発見して修正するまでが短時間かつローコストでできることにある。もし設計プロセスで技術者が絶対にミスを犯さないのなら、ハードウェアもソフトウェアもコストはさほど変わらないかもしれない。だが実際にはミスは避けられないのだから、何か特別な理由でもない限り、ソフトウェアのほうが好ましいことになる。

コンピュータ業界の解体

一九九六年、インテルの会長アンディ・グローブは示唆に富む名著『インテル戦略転換』を発表し、経営とテクノロジーに関する豊富な専門知識に基づいて「転換点」がどのように産業を破壊するかを鮮烈に示した。彼がとくに注目したのは、コンピュータ業界が「垂直」から「水平」に変貌を遂げたことである。

かつての垂直構造では、コンピュータ・メーカーはそれぞれ自前でプロセッサ、メモリ、ハードディスクドライブ、キーボード、モニターを製造し、自前でソフトウェアを書いていた。買い手はこうしたメーカーと契約し、一切合切を一社から買った。ヒューレット・パッカードのディスクドライブを買ってきてDECのコンピュータにつなぐなどということは、できない。これに対して水平構造では、それぞれを別の企業が手がける。インテルはプロセッサを作り、別の会社がメモリを作り、マイクロソフトがソフトウェアを作る、という具合である。したがってコンピュータは、競争し合うさまざまなメーカーから調達した部品を使って組み立てられることになる。

アンディ・グローブは、コンピュータのあり方が変わるだけでなく、競争のあり方が変わることを正確に理解していた(註2)。だが戦略家の端くれとして、私はもっと深く知りたかった。なぜコンピュータ産業は自ら分解して水平構造に転換したのだろうか。これについてグローブは「いまになっても私は、どこが転換点だったのか、はっきりと指し示すことはできない。パソコンが出現した八〇年代前半だったのか、それともインターネット利用が普及した九〇年代後半だったのか、判断するのはむずかしい」と書いている(註3)。

そういうわけでコンピュータ産業が構造転換を遂げた原因は謎のままだったが、それから一年ほど経ったとき、思いがけずその謎が解けたのである。クライアント企業の技術部門でインタビューをしていたとき、あるマネジャーがこう言った——自分は昔IBMでシステム・エンジニアをしていたのだが、新しいコンピュータではシステム・エンジニアリングをさほど必要としないため、クビになってしまった、と。これに対して、私はさほど深く考えずにおうむ返しに訊ねた。

「なぜシステム・エンジニアリングを必要としないのですか?」

相手はたちどころに答えた。「いまでは、コンポーネントがどれも賢いからですよ」

このとき私は、目から鱗が落ちる思いがした。アンディ・グローブの転換点は、インテル自身の製品、すなわちマイクロプロセッサだったのである。主要コンポーネントにマイクロプロセッサが組み込まれるようになり、それぞれが「賢く」なった結果、コンピュータ産業の構造転換が起きた。

旧型のコンピュータの多くと初期のパソコンでは、CPUと呼ばれる心臓部がほとんどすべての仕事をやっていた。たとえばキーボードをスキャンしてキーが押されたことを感知し、行と列からどの文字あるいは数字が押されたのかを割り出す。テープドライブをモニターし、リールの回転速度やテープの張り具合をコントロールし、ドライブをオンオフして入力されたデータの読み込みやメモリへの保存を行う。旧式なデイジーホイール・プリンターの空転を防いだり印字のタイミングを調節したりすることまで、CPUがやっていたのである。ときには周辺機器を制御するミニCPUを組み込むケースもあったが、いずれにせよこれらの装置は標準化されておらず、すべてを巧みに組み合わせて適切に作動させるには、膨大な数のシステム・エンジニアが必要だった。

だが安価なマイクロプロセッサが登場して、すべては変わった。キーボードにはマイクロプロセッサが組み込まれているから、キーが押されれば「文字Xが押されました」というように、標準化された簡単な信号を直ちに送ることができる。ハードディスクドライブも賢いので、もはやCPUが監視する必要はない。ハードディスクに「セクタ2032を確保」と送信すれば、ハードディスクは直ちにそのセクタにデータを返してくる。こんな調子で、モニターもメモリも、USBポートもモデムもゲーム・コントローラーも、プリンターもスキャナーもマウスも、とにかくそれぞれに別個のマイクロプロセッサが搭載されているのが今日のコンピュータなのだ。

賢いコンポーネントたちが業界標準のオペレーティング・システム上で動作するのだから、システム・インテグレーションはひどく簡単になる。数十年をかけてIBMやDECが築き上げてきたシステム・インテグレーションのスキルは、もはや不要になった。だからさきほどのマネジャーは、IBMをクビになったのである。

コンピュータがシステム・エンジニアリングという接着剤をさほど必要としなくなったとき、この産業が解体するのは自然の流れだった。もはや全体の構成や他の部品との擦り合わせを考えながらコンポーネントをカスタム設計で作る必要はない。システムを組み立てるのに、単一のサプライヤーから全部を調達する必要もなくなった。かくして、メモリに特化したメーカーやハードディスクに特化したメーカーが出現したのである。

今日では多くの研究者がコンピュータ産業における企業間ネットワークに注目しているが、これは、表面と深層をとりちがえている。今日のコンピュータ産業で驚くべきなのは、ネットワークが存在することよりもむしろ、システムすべてを自前で手がけられる巨大企業が存在しないことのほうである。

うねりに乗ったシスコ・システムズ

先ほど述べたように、シスコ・システムズは設立間もない小さな企業でありながら、巨人の鼻先でネットワーク機器市場を押さえるという快挙を成し遂げた。シスコのサクセスストーリーは、変化のうねりを味方につけることがどれほど重要かを教えてくれる。ソフトウェアの台頭、企業のデータ通信の拡大、IP（インターネット・プロトコル）ネットワークへの移行、インターネット利用の普及……次々に押し寄せてくる大波にシスコはうまく乗った。

スタンフォード大学計算機センターの所長だったラルフ・ゴリンは一九八〇年代の初めに、アップル、アルト、DECのコンピュータとそれぞれの周辺機器とのネットワークを一つにまとめたいと考えた。しかし各ネットワークで使われているワイヤやプラグが異なるうえ、プロトコル（コンピュータ同士の通信規約）がちがう。ゴリンの願いを叶えてくれたのは、スタッフのアンディ・ベクトルシャイムとウィリアム・イェーガーだった。二人が開発したソリューションはブルーボックスと呼ばれた（註4）。

さらにレン・ボザックとサンディ・レーナーが加わってブルーボックスの改良が重ねられた。そして後にルーターと呼ばれるようになるこの装置を足がかりに、シスコ・システムズが設立されたのである。シスコは一九八七年に、一六万七〇〇〇ドルを支払ったうえシスコ製品を割引で売るという約束でスタンフォードと袂を分かった。当時シスコがルーターを他大学に売り込むことは予想がついたが、よもや大儲けをするとは誰も思っていなかったし、まして二〇〇〇年の一時期とは言え時価総額が五〇〇〇億ドルを突破して世界最大になるなどとは、誰一人として想像もしなかった。

シスコは一九八八年にベンチャー・キャピタルから第一回の出資を受けるとともに、経営のプロを登用する。一九八八～九五年にはジョン・モーグリッジが、その後はジョン・チェンバースがCEOを務めた。二人は業界に押し寄せる変化のうねりを鋭く見抜き、シスコがこの波に乗れるよう巧みに指揮をとっている。一九八八～九三年に、シスコは三つの波に同時に乗った。第一の波は、マイクロプロセッサがもたらしたソフトウェアの台頭である。シスコはハードウェアをアウトソーシングして、ソフトウェア、営業、アフターセールサービスに徹した。

第二の波は、企業におけるネットワーク需要の拡大である。スタンフォードの計算機センターと同じく、どの企業も、異なるプロトコルを使うメインフレーム機とパソコン、プリンター等々を接続したがった。おかげで、複数のプロトコルを扱えるシスコのルーターの需要は急増する。

第三の波は、IPネットワークの出現である。一九九〇年の時点では、大手各社はそれぞれ独自のネットワーク・プロトコルを持っていた。IBMはシステムズ・ネットワーク・アーキテクチャ、DECはDECネット、マイクロソフトはネットBIOS、アップルはアップルトーク、ゼロックスはイーサネット、という具合である。これに対してIPは、インターネットの前身である高等研究計画局ネットワーク（ARPANET）上の通信を扱うために一九七〇年代に用意されたプロトコルで、どの企業にも属さず、しかも無料だった。企業が多種多様なコンピュータをネットワーク接続するようになると、ベンダーに縛られないIPに目が向くのは自然な流れである。こうして企業はバックボーン（基幹回線）のプロトコルにIPを採用するようになるが、時を同じくしてシスコも、自社のルーターのセントラル・ハブにIPを採用しはじめた。ここで決定的だったのは、既存大手はどこもすぐにはそうしなかったことである。各社は独自のプロトコルを持っていたため、それを完全に捨て去るのをいやがった。それに、他社の機器のネットワーク接続を容易にするような製品を作る気もなかった。

この三つの波に同時に乗ったシスコは、さらに一九九三年に第四の波を迎える。インターネットの一般ユーザーへの浸透である。コンピュータを使う誰も彼もが突如としてインターネットにアクセスしたがるようになったのだ。この大きなうねりで、シスコは爆発的な成長を遂げた。最初はモデムを介したダイヤルアップ接続だったが、やがて常時接続が大学でも企業でも当たり前になると、IPは不動の標準プロトコルとなり、シスコのルーターは企業ネットワーク市場で七割近いシェアを獲得する。同時にバックボーン回線のトラフィックが飛躍的に増大し、ここでもシスコの高速ルーターが圧倒的な強みを見せた。

みごとなサクセスストーリーを前にすると、それは能力のおかげなのか幸運に恵まれたのかを多くの人が知りたがる。シスコの場合は両方だった。IT産業を揺るがす大波が来なかったら、シスコは小さなニッチ・プレイヤーのままだっただろう。シスコの経営陣も技術陣も、こうしたうねりを見抜いて巧みに活かすだけの能力を備えている一方で、変化に伴う混乱の中で大失敗を犯さない幸運にも恵まれていた。しかも強敵となるはずだったIBMは、一三年におよぶ独禁法絡みの訴訟に忙殺されていた。シスコが上り調子のときにインターネット時代が到来したのも、幸運だったと言えよう。このときに既存の大手が自前のプロトコルにこだわり、速い変化について行けなかったことも、シスコに味方した。

うねりを察知するためのヒント

凪のときにヨットを操る腕前を見せるのはむずかしいのと同じで、平穏無事なときには戦略策定の手腕はあまり目立たない。安定期には、後発企業が先行企業に追いつくのも、ライバルを圧してリードを奪うのもむずかしい。だが変化のうねりがやって来るときには、戦略がモノを言う。大企業がトップの座から滑り落ちたり、あちこちで下克上が起きたりするのはこんなときである。

変化のうねりを分析した理論などはいまのところ存在しないが、私が大学で教わったノーベル賞受賞物理学者のルイ・アルヴァレ教授に言わせると「まだよくわかっていない変化には『先端的』とか

『高度』といった形容詞が付く。すでにわかっているものは『基礎』と呼ばれる」のだそうだ。

一つの産業全体、さらには経済全体に拡がるような変化に直面し、そのダイナミクスを理解して先を読むのは、たしかに量子物理学に負けず劣らず「高度」で「先端的」かもしれない。幸いにも経営者は変化のダイナミクスを完全に理解する必要はなく、ライバル企業より正しく理解すれば十分である。変化がまだはっきりした形をとっていないうちに霧の中に踏み込み、ライバルより一〇％でも多くを読みとることができれば、優位に立てる。

霧の中を何も見えないまま運転したりスキーをしたりするときは、誰でも不安になるだろう。光や晴れ間が見えてくれれば、それを手がかりに進むことができる。そこでここでは、変化のうねりを察知するための手がかりをいくつか提供したい。第一は固定費の増加、第二は規制緩和、第三は将来予想におけるバイアス、第四は変化に対する既存企業の反応、第五は収束状態である。

ヒント1　固定費の増加

変化を引き起こす要因として最も単純なものは、固定費の増加、とりわけ製品開発コストの増大である。このコストがかさむようになると、大手でなければ耐えられなくなるため、業界の合従連衡が進む。たとえば写真フィルム産業では、白黒からカラーへの移行が一九六〇年代に進行し、大手の地位が一層強まる結果となった。なぜだろうか。まず白黒フィルム時代には、どの企業も研究開発への投資意欲が低かった。と言うのもフィルムのクオリティは、大方の消費者が要求する水準をすでにクリアしていたからである(註5)。だがカラーフィルムとなれば、品質や現像処理の面で投資効果が大きい。そこでカラーフィルムへの研究開発投資は急増し、多くのメーカーがその負担に耐えきれずに退場していった。たとえばイギリスのイルフォードはカラーフィルムから撤退し、アメリカのアンスコは姿を消している。変化のうねりが過ぎ去った後の市場では、コダックと富士フイルムが圧倒的なシェアを握ることになった。

同じような変化は、一九六〇年代後半のコンピュータ業界にも見られる。コンピュータとOSの開発コストが急増した結果、IBMが他を圧するようになった。またジェットエンジンがレシプロからターボに進化を遂げた結果、生き残ったのはGE、プラット・アンド・ホイットニー（P&W）、ロールス・ロイスの三社だけになった。

ヒント2　規制緩和

多くの変化が、政府の重要な方針転換から始まっていることはまちがいない。とりわけ規制緩和は影響が大きい。過去三〇年間で、アメリカ政府は航空、金融、ケーブルテレビ、トラック輸送、通信分野で大幅な規制緩和を行ってきた。その結果どの産業でも、競争環境が劇的に変化している。

こうした変化を俯瞰してみると、いくつかの点に気づく。まず、価格規制は一部の買い手に補助金を出して他の買い手を犠牲にする。たとえば航空運賃の規制では、国際線利用者の犠牲の下に国内線利用者が恩恵を被る。電話料金の場合にも、都市部の利用者や法人顧客の犠牲の下に地方や郊外の利用者が恩恵を被る。銀行預金では、通常口座利用者の犠牲の下に貯蓄預金口座や住宅ローンの利用者が潤う、という具合である。規制が外されて価格競争が勃発すると、こうした不公平はあっという間に解消するのだが、それまで規制や補助金の恩恵を被っていた事業者は、有利でなくなってからもすぐには方向転換できない。その原因は、第一には業務にも意識にも「慣性の法則」が働くからであり、第二にはそもそもコストのデータが乏しいからである。実際、補助金を受けてきた企業は自社のコストをきちんと把握していない。彼らは原価と価格を正当化する複雑な体系を作り上げた結果、自分自身でもほんとうの原価がわからなくなってしまうらしい。長らく規制産業で活動してきた企業や事実上の独占だった企業は、過剰な人員の整理を始めとするコスト削減をするのにも、間接費を裁量的に配分する会計慣行を改めるのにも、何年もかかる。またこうした企業は、過去の規制に基づく固定観念が形成されているため、有望な製品群を打ち切って将来性のない製品群にしがみつくといったことが起きやすい。

ヒント3　将来予想におけるバイアス

変化のうねりがやって来ると、その先どうなるのか、誰もが必死に予想しようとする。このとき注意したいのは、「将来予想のバイアス」が横行することである。たとえば、「現在のトレンドはいずれピークを迎えて下り坂になる」と予想できる人はめったにない。ある製品の売れ行きが好調だと、「もっと伸びる」と予想するのが普通である。そして中長期的には「伸びのペースはやがて落ち着き、通常の伸び率で推移する」などという。たしかに、ひんぱんに消費され買い足される商品であれば、そういうこともあるかもしれない。だが耐久消費財で売上が伸びつづけることはまずない。ハイビジョン・テレビだとかＦＡＸ、電動芝刈り機といった代物は、発売当初に大量に売れ、需要が一巡すれば売上は激減する。そしてその後は、人口増加率と買い替え需要に応じた伸びしか期待できない。

とは言えピークが来ること自体は予想できても、それがいつなのかは、伸びのペースが鈍化するまでわからない。そう言うと多くの人は直感に反すると思うらしく、「伸びるペースが速いほど市場はすぐに飽和するに決まっている」と言う。あるクライアントなどは、「先生がピークを予想できないなら、予想できるコンサルタントを雇いますよ」と言ってのけたものである。

もう一つのバイアスとして、変化の大波が押し寄せると大方の人が「巨人同士の対決」を予想することが挙げられる。巨人同士が価格競争や開発競争をするので、体力に乏しい中小企業は押し出される、という見方である。この予想が正しいときもあるが、つねにそうなるとは限らない。

たとえばコンピュータと通信の融合は、何年も前から予想されていた。的確な予想で広く知られる一人は、NECの会長だった小林宏治である。小林は一九七七年にコンピュータ&コミュニケーションを略してC&Cという理念を掲げた。彼はIBMによる通信機器メーカーの買収やAT&Tによるコンピュータ・メーカーの買収に注目し、未来像を描いたという。小林は、電話とコンピュータの融合（たとえばコンピュータを使って自動翻訳する電話）や通信の発展に伴う大規模集積回路の出現などを予想し、自社のコンピュータ事業の拡大を推進した。

こうした中、アメリカ政府は電話事業を独占していたAT&Tを解体する。このとき政府は、コンピュータと通信の融合が進む中、AT&TとIBMが互いの領域に進出して対決することを予想していた。だが業界大手にとって悩ましいことに、融合は予期されたような具合には進まなかった。AT&TとIBMの両横綱は土俵の真ん中に進み出たのだが、突然土俵が傾いて、横綱を二人とも土俵下に放り出してしまったのである。どちらも、マイクロプロセッサ、ソフトウェア、コンピュータ業界の解体、インターネットの普及という変化の大波に呑み込まれたのだった。

国際通信市場でも、同じようなことが起きた。一九九八年の時点では多くの人が、この市場を支配するのはグローバル規模を誇るメガキャリアだろうと考えていた。コンサート・コミュニケーションズ（AT&Tとブリティッシュ・テレコムの合弁会社）に代表されるようなメガキャリアが高度なインテリジェント・ネットワークを運営し、シームレスなデータ通信を実現するだろう、という見方である。だが、UPSが世界のあらゆる道路とトラック輸送を支配できないのと同じで、一つの通信会社が世界中のネットワークを支配できるはずもなかった。

ありがちなバイアスの三番目は、変化のうねりに襲われたら、とりあえずいま成功している企業のやり方に従えばよい、というものである。現在の最大手、現在の高収益企業、あるいは株価が急上昇中の企業の戦略をまねる――これは、コンサルタントやアナリストご推薦のやり方だ。彼らは、現在の勝ち組がそのまま将来も勝ち組になるか、少なくとも将来の勝ち組は現在の勝ち組に似ていると考えているらしい。

たとえば航空産業の規制緩和の際には、多くのコンサルタントがデルタのハブ・アンド・スポーク戦略を見習うようアドバイスした。だが残念ながら、デルタのドル箱路線であるアトランタから地方都市への短距離路線に補助金が出ていたからこそ、デルタは高業績を上げていたのである。規制緩和によって、当然ながら補助金は打ち切られた。

また通信大手のワールドコムの株が急上昇していた時期には、同社をまねて都市部への光ファイバー敷設を奨めるコンサルタントが多かった。ある報告書には「ワールドコムははやくも価格競争でAT&Tを打ち負かした」などと書かれている(註6)。だがぬるま湯に浸かっていた巨大電話会社がようやく目覚めて価格競争に乱入してきたとき、ワールドコムはあえなく敗退し倒産にいたった。

また一九九九年には、ウェブで起業するならヤフーやAOLのようなポータルサイトを作りなさい、というのがコンサルタントの決まり文句だった。たしかにインターネットの普及期にはこうしたポータルサイトが成功したが、それは一時期のことに過ぎない。インターネットの拡大スピードが速すぎて、ポータルでトラフィックをさばくというのは幻想に過ぎなくなった。

ヒント4　既存企業の反応

変化の大波が押し寄せてきたときには、既存の大手がどう反応するかが重要なポイントになる。一般に、スキルや経験を蓄積し確固たる基盤を持つ大企業ほど、それらを揺るがしかねない変化に抵抗すると考えられている。この点については、次の第14章でくわしく取り上げる。

ヒント5　収束状態

変化のダイナミクスについて考えるときには、収束状態を見通すとよい。新しい技術や構造変化に直面した産業がどのように動いていくべきかを考え、どこに落ち着くかを予想する。「べき」という言葉を使ったのは、変化は効率化の方向へ向かうべきだからである。すなわち、買い手のニーズと需要に可能な限り効率的に応じられる方向へと変化は進む。産業の収束状態を明確に描き出せるなら、変化の波に乗ることもよりたやすくなるだろう。

一九九五〜二〇〇〇年の通信業界は混乱のさなかにあった。当時シスコ・システムズは「あらゆるネットワークにIPを」というビジョンを掲げていたが、まさにそれが業界の収束状態であり、そこへ向かってすべてが動き出していた。あらゆるネットワークでIPが標準プロトコルになれば、すべてのデータは、イーサネット経由であれ無線LAN経由であれ電話回線経由であれ、IPパケットでやりとりされることになる。また音声、テキスト、ファイル、画像、動画を問わず、すべてがIPパケットにコーディングされることになる。

これに対して他の企業は「インテリジェント・ネットワーク」とか「付加価値サービス」といった未来像を描いていた。ここで言う「インテリジェント」や「付加価値」とは、各社が独自のプロトコルやハードウェア、ソフトウェアを使ってサービスをサポートするという意味である。これに対して「あらゆるネットワークにIPを」ならインテリジェントなのは終端に接続される各種の装置であって、ネットワークそのものは標準化されたデータ・パイプラインに過ぎなくなる。

収束状態は産業の未来の方向性を示すものであって、必ずそうなるとは言えない。だが適切に予想された収束状態であれば、磁石に吸い寄せられるように産業はその方向へと進むはずである。収束状態はあくまで総合的な効率に基づいて予想されるという点で、企業の願望を表すビジョンとははっきり一線を画する。シスコの「あらゆるネットワークにIPを」が最終的に収束状態となったのは、各社固有のプロトコルを持つ状態に比べてはるかに効率的だったからである。

収束状態を分析するうえでは、促進要因と阻害要因をみきわめるとよい。促進要因の一つとして、私が「示威効果」と呼ぶものを紹介しよう。これは、従来の認識や行動を覆すような大胆不敵な証拠や事実が明らかになることの効果である。たとえば、「音楽や動画もデータに過ぎない」という考え方は、一般の人にとってはなじみのないものだった。ところが音楽共有ソフトウェアのナップスターが登場すると、その瞬間に何百万もの人々が、三分間の歌は二・五メガバイトのファイルに過ぎず、コピーも交換も簡単にできるし、メールに添付して送ることもできると気づいた。

一方、阻害要因としては、電力業界の例が挙げられる。大気中にいつまでも二酸化炭素を排出すべきでないことを考えれば、発電産業の収束状態は原子力発電の多用ということになる。そこへ向けてのいちばん簡単な方法は、火力発電所を原子力発電に順次置き換えていくことだ。しかしアメリカの電力業界には、発電事業の認可プロセスがきわめて不透明だという阻害要因がある。フランスでは許認可から建設までが五年しかかからないのに対し、アメリカでは一〇年以上かかる。

私は新聞業界の収束状態を分析したことがある。新聞だけでなく、テレビ、ウェブサイトその他のメディアについても言えることだが、これらの業界では間接収益構造を持つという特殊性がある。すなわち、収入の大半を広告に依存している。

新聞業界で主導的な立場にあるニューヨーク・タイムズにとって、このような収益構造はとりわけ問題が多い。同紙は平日の発行部数が約一〇〇万部に達する。定期購読とスタンド売りによる収入は二〇〇八年に六億六八〇〇万ドルに達し、編集その他の経費は十分にカバーできている。ところが印刷と販売コストは購読料収入の二～三倍に達するので、この分は広告収入でカバーせざるを得ない。しかし二〇〇九年にはこの広告収入が激減してしまった。

その原因は二つある。第一は、読者は年中無休で一日二四時間いつでも見られる無料のニュースソース、つまりインターネットでニュースをチェックするようになったことである。しかもインターネットにアクセスすれば、ニュースだけでなく、専門家のブログや解説まで読むことができる。旧態依然の大都市のデパートが郊外型の大規模ショッピングモールやディスカウントショップに押されているのと同じで、中学生以上なら誰でも読める汎用的な新聞よりも、自分の目的に合わせて選べるメディアが好まれるようになった。第二の原因は、新聞に広告を出す企業が一九八〇年代半ば頃から減ってきていることである。今日の広告主は、年齢・性別や嗜好などに基づいてターゲットを絞り込める媒体を選ぶようになった。これは、グーグルの功績である。こうして新聞は広告主から敬遠されるようになった。

ニュース媒体は、守備範囲（世界、国内、地方など）、発行頻度、報道の深さ（見出し、特集、専門的な解説など）という三つの次元で差異化を図ることが可能だ。私は、新聞に限らずニュース媒体の収束状態は、それぞれの次元でスペシャリストになることであって、あらゆる人々にまんべんなく提供するジェネラリストをめざすことではないと考えている。情報に電子的にアクセスできるようになった今日では、地方のニュースと世界のニュースを一緒に提供しなければならない理由はないし、さらに天気予報やスポーツや専門家の分析まで盛り込む理由はまったくないと言える。この業界が収束状態に向かうにつれて、万人向けの発行部数の多い日刊紙は消えて行くだろう。一方、地方紙や専門紙は生き残り、中には発展するところも出てくるかもしれない。したがってニューヨーク・タイムズやシカゴ・トリビューンがとるべき戦略は「オンラインへの進出」でも「広告の強化」でもなく、事業の解体であろう。

このように解体が進んだ収束状態でも、天気予報やスポーツから地方ニュースまで扱う日刊紙の市場はあるかもしれないが、現在のニューヨーク・タイムズよりはるかに少ない経費でやっていかねばなるまい。深く掘り下げた分析や調査報道にふさわしい媒体は、おそらくは週刊のメールマガジンだろう。一方、全国ニュースや国際ニュースは、モバイル端末に配信する形が最もふさわしいと考えられる。これを補うものとしては、ケーブルテレビのニュースチャンネルがおもしろい。主要都市の新聞社と提携し、フリーの記者を使えばコストを抑えられる（ニューヨーク・タイムズのブランドも活かせるだろう）。企業ニュースや政治、アート、サイエンスものなども、オンラインでの配信にチャンスがありそうだ。

オンライン・モデルに移行するに当たっては、旧来の大手新聞は専属記者に頼る形態を止め、さまざまなソースやさまざまな書き手からコンテンツを集めてとりまとめるスキルが必要になる。よくできたオンライン・メディアは、関連記事やブログなどにきめこまかいリンクを提供している。いまのところ、オンラインの収益源としては広告以外で成功した例はないので、やはり広告に頼ることになるだろう。ユーザーの特性や嗜好分析を通じてよりターゲットを絞り込めるようになれば、ニュース・サイトはより多くの広告収入を得られるようになるはずだ。

第14章

慣性とエントロピー

エンジンを逆回転させても、大型タンカーが止まるまでには一キロメートル以上かかる。このように、動いている物体がそのまま動きつづける性質を慣性と呼ぶことは、学校で教わったとおりである。企業経営においては、組織が状況の変化に適応できない、あるいは適応しようとしない性質を「慣性」と呼ぶ。改革プログラムに全力に取り組みはじめたとしても、大組織が基本のところを変えるまでには何年もかかることがある。

一方、変化に賢く対応できた企業は、その後にさらなる変化が押し寄せて来ない限りは安泰でいられるはずである。ところがここに、エントロピーというもう一つの力が働く。エントロピーは、おおざっぱに言えば不確定性や無秩序の度合いを表し、熱の移動などの変化に伴って増大する。熱力学の第二法則によれば、孤立した系ではエントロピーは必ず増大し、絶対に減ることはない。これを企業経営に置き直すと、組織は長い間には必ず秩序が緩み焦点がぼやけてくる。したがって経営者はエントロピーを念頭に置き、たとえ戦略や競争環境に変化がない場合でも、目標や組織や行動が本来の方向に向かっているか、注意を払わなければならない。

慣性とエントロピーは、戦略にとって重要な意味を持つ。

第一に、戦略がうまく機能するときには、ライバルの慣性と非効率に助けられる場合が多い。たとえばオンラインＤＶＤレンタルのネットフリックスは、店舗展開にこだわるブロックバスターを倒産に追いやった。またマイクロソフトは、携帯電話用のＯＳで先行していたにもかかわらず、その改善に手間どっているうちにアップルやグーグルにつけ入る隙を与えた。ライバルの慣性を理解しておくことは、自社の強みを理解するのと同じぐらい重要である。

第二に、組織にとって最大の問題は外からやってくる脅威ではなく、身の内にあるエントロピーと慣性である。エントロピーが増大していると感じたら、組織の刷新に手をつけるべきだ。リーダーはエントロピーと慣性の実態をよく調査したうえで、業務慣行や企業文化、上下関係や勢力図を変えるような一連の改革を設計することが望ましい。

慣性

組織の慣性は、大きく三種類に分類できる。業務の慣性、文化の慣性、委任による慣性である。自社の慣性を減らそうとする場合にも、相手の慣性につけ込もうとする場合にも、それぞれの実態をよく知っておく必要がある。

業務の慣性

ある程度大きく、かつある程度の年月を経た企業では、資材調達や注文処理からマーケティングにいたるまで何にでも標準的な手続きが決まっていて、それらが一定のリズムでこなされていくものである。もう少し複雑な業務になると一定のリズムでこなすというわけにはいかないにしても、やり方はしっかり決まっている。さらに重要な新規顧客の獲得だとか、新工場の建設といったことでさえ、まったく初めてということは滅多になく、どれも「いつか来た道」であることが多い。こうした企業では知識や経験が何層にも積み上げられ、「これがウチのやり方だ」というものができあがっている。それは日常業務に限らず、マネジャーのものの見方や考え方にもおよぶ。一般に組織の標準的な業務手続きは、古いやり方を守ろうとする方向に作用する。

こうした業務上の慣性はふだんは気づかないが、外から突然ショックが襲ってきたときに、その存在が明らかになる。たとえば原油価格がいきなり三倍になったり、マイクロプロセッサが発明されたり、通信業界の規制緩和が行われたり、といったことである。ショックは競争基盤を覆し、新しいやり方を要求する。そこで、古いやり方との間に大きなギャップができることになる。

アメリカでは一九七八年に航空産業の規制緩和が始まった。これは、外からの突然のショックに該当する。航空会社の運営や競争の概念は数十年におよぶ強力な規制の下で固定されてきたのだが、規制緩和によって一気に重しがとれたのである。だがそうなってからも最初の数年は、多くの企業が現実を直視しようとせず、古い経験則にしがみついていた。

規制緩和から二年後に私はコンチネンタル航空から依頼され、新規機材の購入を含めた戦略策定のアドバイスをすることになった。同社はＤＣ10型機中心に運行してきたが、四億ドルもの買い物をするに当たって外部の意見を聴こうと考えたのである。ＣＥＯのアルビン・フェルドマンは、フロンティア航空から引き抜かれたばかりだった。フロンティアのCEOだった頃は規制緩和に熱心に賛成していた人物である。

規制時代の航空産業では、政府が運賃水準を決め、路線も割り当てていた。したがって各社の競争は、せいぜいイメージだとか機内サービスといったものに限られていた。航空産業の標準的な生産単価は、一般に有効座席マイル（ASM）で計算する。一つの座席が巡航高度まで達してから一マイル移動すれば、一ASMである。航空会社の場合、機体整備、清掃、食料、人件費などは固定費なので、一ASM当たりの営業費用は、長く飛べば飛ぶほど低下する。たとえばロサンゼルス－フェニックス間（三六七マイル）の一ASM当たりのコストは〇・一二ドルだが、ロサンゼルス－デトロイト間（二〇〇〇マイル）になると、わずか〇・〇九ドルになる。議会は地方小都市への乗り入れを望んでおり、民間航空委員会（CAB）は短距離路線にコストを下回る運賃を設定して、それで飛ぶよう航空会社に強制した。その代わり長距離路線にはコストをゆうゆう上回る運賃を設定し、短距離の赤字を穴埋めするわけである。もちろん、どの航空会社も短距離・長距離両方の路線を飛ばさなければいけない。

私は少人数のチームを編成して、航空産業の近未来像を描き出した。私の分析によれば、規制緩和後には短距離・長距離路線の運賃水準は近づくはずである。短距離路線の運賃と利益率は上昇し、長距離路線のそれは下落するからだ。規制が緩和されたら、利益を稼ぐ方法は二つしかない。一つはローコスト構造を実現すること。もう一つは、これまで十分な旅客数を確保できなかった短距離路線で旅客数を大幅に増やす戦略を立てることである。

しかし当時の航空産業で支配的な見方は、私の分析とは正反対だった。ローコスト戦略で客を呼び込むことはできるかもしれないが、おとくいさまであるビジネス客は快適性を重視し、運賃には無頓着だというのである。だが私はそうは考えなかった。たしかにビジネス客は便利で快適に出張をしたいだろう。だが交通費を払うのは本人ではなく会社である。そして会社は、快適性よりもコストに関心がある。いくら社員が快適な旅を望んでも、会社がその分を余計に払うだろうか。私たちのチームは、長距離路線の運賃が下がりはじめたら、企業は安いほうを選ぶと予想した。だから、ロードファクター（総座席数に対し有償旅客がどのくらい乗ったかを示す数字）が上昇しても、価格と利益率は下がるだろう。

この見方は、業界の常識とも一致しなかった。長距離路線はずっとドル箱路線だったからである。ユナイテッド航空のCEOディック・フェリスなどは証券アナリストを前にして、「これからは短距離路線を切り詰めて長距離路線に全力投球する、利益の源泉は長距離だ」とぶち上げたものである。そして三〇億ドルを投じて長距離運行用の航空機を購入すると断言した。ブラニフ航空もこの動きに追随した。

コンチネンタルが私の分析に従って手を打ってくれれば、必ずユナイテッドを出し抜けるだろう――そう確信していたが、残念ながら私の提案は受けが悪かった。執行委員会からはこう言い渡された。

「あなたは完全にまちがっている。われわれはすでにプランニング・モデルを作成しており、長距離路線の運賃は上がることがわかっているのだ。残る問題は、今度買う機種をボーイングにするか、それともエアバス、ダグラス、どれにするか、ということだけだ」

雇われコンサルタントとしては、もうそれ以上どうしようもない。だがいったい、長距離路線の運賃が上昇することを予測した「プランニング・モデル」とは何だろう。私はせめてこのモデルについて教えてもらうことにした。

プランニング・モデルとは、「ボーイング・フリート・プランナー」という名前のコンピュータ・プログラムだった。機材調達の決定支援のためにボーイングが航空各社に提供しているという。路線構成と機材のスペックを入力すると、たちどころに営業費用を計算し、財務諸表の予想までプリントアウトしてくれるというありがたいプログラムである。コンチネンタルの保有機はダグラスが中心だが、賢い「フリート・プランナー」は、主要航空機の特性を隅々までちゃんと知っていた。

財務部のスペシャリストがこのプログラムを操作するのを、私は横に座って見せてもらった。どの路線を飛ぶか、そこでの自社のシェアはどのぐらいかを入力し、機材を指定する。するとプログラムは営業費用を計算し、路線ごとに一ASM当たりのコストをアウトプットしてくれる。座席の五五％が売れると想定し（これがロードファクターである）、総資本利益率を一二％と見込むと、運賃水準が計算できる。「必ず上がる」と聞かされたのは、この運賃なのだ。

私はあきれて思わず叫んだ。「これが予想運賃だって？　これじゃ、コストに利益を上乗せしただけじゃないか」

「われわれはこのツールをずっと使ってきた」とスペシャリスト氏は冷ややかに答えた。「だから信頼できる」

私はますます驚いた。規制緩和が行われたというのに、「ずっと使ってきた」ツールをこれからも使うつもりなのだ。

「この予想運賃をどうするのか？　この数字は何に使うのか？」と私は質問した。

「他の裏づけ資料とともに、運賃計画書としてＣＡＢに提出する」

コンチネンタル航空の運賃計算方法は、規制時代にＣＡＢに正当性を説明して認可してもらっていた頃と何ら変わらないのだった。競争相手のことも、需要と供給も、市場のキャパシティも、まったく考慮していない。要するに運賃を「予想」するというのは、ＣＡＢがどう出るかを予想することであるらしかった。フリート・プランナーはすぐれたツールかもしれないが、座席が半分しか埋まっていないのに利益率は一二％とすることを規制当局が認めてくれない限り、適切な運賃計算ソフトとは言えない。

規制緩和を受けて、ＣＥＯは競争スピリットだのアグレッシブな行動だのをしきりに口にしたが、コンチネンタル航空のプランニングもプライシングも規制時代と何ら変わらなかった。

その後一カ月ほどかけて、私はもう一つ規制時代の残滓をほじくり出した。ＣＡＢは航空各社に一二％の総資本利益率を認めることで、債務の利払いを事実上保証していたのである（総資本は自己資金と負債からなる）。したがって航空各社は、よほど非常識なことさえしなければ、あとは何の心配もいらない。銀行にとっても、航空会社の信用リスクを心配する必要はなく、好都合だった。このことは、新規機材の購入に多大な影響をおよぼす。旅客機のエンジンがレシプロからターボへ移行したとき、さらにナローボディからワイドボディに移行したときには、惜しげもなく数十億ドルの資金が投下され、輸送能力は飛躍的に拡大した。ふつうの産業であれば、大型の新型機がいっせいに就航したら価格破壊が起き、大赤字になる会社が必ず出てくる。そもそもふつうの産業であれば、あきらかな需要増大が認められない限り、競合各社がいっせいに設備投資をするはずがない。だが航空産業では、供給過剰になるとCABが手を差し伸べ、運賃を下支えし、引き上げさえした。規制下の航空各社にとって、機材調達は戦略的な問題ではなかった。「みんながやるときにウチもやる」でよかったのである。

規制緩和は、こうしたやり方が通用しなくなることを意味する。コストに潤沢な利益を上乗せした運賃や横並びの機材調達では競争していけない。規制緩和翌年の一九七九年から四年後の八三年ぐらいまで、大手は古いルールにしがみついていた。一九八一年を見ると、ユナイテッド航空、アメリカン航空、イースタン航空の三社で合計二億四〇〇〇万ドルの赤字を計上している。これに対して、短距離路線に特化したデルタ、フロンティア、USエアなどは軒並み黒字だった。その後二〇年間は、実質黒字はサウスウエスト航空だけとなっている。一九八四年から八五年にかけて、長距離路線の運賃は二七％下落した。一方、短距離路線は四〇％上昇し、コストを差し引いてもおつりが来るようになっている。私たちの分析は基本的に正しかったと言ってよい。長年の経験則は、一度疑ってみるべきである。

もっともコンチネンタル航空の場合には、たとえ正しい判断を下したとしても、うまくいったかどうかはわからない。労働組合との問題がこじれてストライキに悩まされ、市場のダイナミクスに目が届かなくなっていたからである。運賃を引き上げることができず、赤字が膨らんだため、新型機の導入は頓挫した。そのうえ、苦境を見抜いたテキサス航空のフランク・ロレンツォが敵対的な買収を仕掛けてきたのである。吹けば飛ぶようなテキサス航空などが大手エアラインに買収を仕掛けるとは、経営幹部には信じられなかった。そんなことは、当時はあり得なかった。怒りと絶望に駆られたフェルドマンは、一九八一年八月、ロサンゼルス国際空港のオフィスで自殺してしまう。

翌年、ロレンツォはコンチネンタルとテキサス航空を合併させると、従来の労働協約を反古にする目的で新会社を強引に破産させた。一九八六年に倒産から立ち直った再生コンチネンタル航空は、フロンティア、ピープル・エクスプレス、ニューヨーク航空を合併。九〇年にロレンツォは経営から手を引いている。その後業績回復を果たし、二〇一〇年にユナイテッド航空と対等合併を発表したことは記憶に新しい。

■　■　■

陳腐化した業務慣行がもたらす慣性は、退治することができる。最大の障害は経営陣の意識なのだから、そこが変わればよい。新しいやり方が必要なのだとトップが理解すれば、あとは変化に俊敏に対応できるだろう。そのためには、会社の業務慣行を見直すことのほか、進取の気性に富んだ人材を外部から登用する、より良く対応している企業を買収する、コンサルタントを雇うなどが考えられる。どの方法を採るにせよ、旧来の慣行が染み付いている人や変化に抵抗する人には退場してもらわなければならない。それと並行して、新しい流れに沿って組織を再編することが必要になる。

文化の慣性

私は一九八四年に、文化の慣性がこびりついた大本山とも言うべき企業をこの目でつぶさに見ることになった――ＡＴ＆Ｔである。当時のＡＴ＆Ｔは創業当初からの市内電話事業を切り離し、ベル研究所、機器製造のウェスタン・エレクトリック、家電やネットワーク・サービス事業、長距離電話事業などから構成され、現在の姿とはかなりちがっていた。*じつは、リナックスやアップルのマックＯＳの土台となったＵＮＩＸを開発したのはＡＴ＆Ｔである。こうした経緯からして、同社はコンピュータ通信で主役になるべき企業と言えた。私は戦略コンサルタントとして、コンピュータおよび通信関連の製品開発と戦略策定についてアドバイスすることになっていた。

私がアドバイスしたのは、ＡＴ＆Ｔのブランドと結びつけた通信ソフト・パッケージを開発することである(註1)。それに加えて、こうしたパッケージをＡＴ＆Ｔの電話網を介して電子的に販売することを提案した（当時はまだインターネットは学術的興味の対象に過ぎなかった。インターネットの基幹回線が整備されたのは、一九八六年に全米科学財団が出資してからのことである）。さらに、ＵＮＩＸをもう少し単純にしたバージョンをパソコン用に開発することも提案した。

ところがＡＴ＆Ｔの社員と親しくなって内情がわかってくるにつれ、ＡＴ＆Ｔは製品開発が得意ではないことが判明した。たしかに名高いベル研究所は抱えている。トランジスタ、C言語、ＵＮＩＸを発明したほか、基礎研究ではすばらしい実績を持つ研究所である。しかし製品開発は手がけたことがなく、家電などはまったく苦手だという。たとえば携帯電話の基本的なアイデアは一九四七年からすでに研究していたが、七七年に最初の市場テストを行ったときには、モトローラの製品を使わざるを得なかった。また一九八三年には大手新聞社ナイトリッダーと共同でビデオテックス（ニュースや天気予報、航空機の発着予定、スポーツ速報などをテキストで家庭のテレビ端末に送信するシステム）を開発したが、ベル研究所はテスト用の簡単なソフトウェアさえ作れなかったという。やむなくインフォマートという小さな会社が下請けで制作した。

このことは、私が提案した「コンピュータ通信」のプレゼンテーションにさっそく影響してきた。私は経営幹部の前でコンピュータを介してソフトウェア販売をするデモンストレーションをしたかったのだが、そのための簡単なプログラムを書いてくれとベル研究所に依頼したところ、三〇〇万ドルの予算と二年の期間が必要だと返事されたのである。「いや、もっと簡単なものでいいのだ」と私が言うと、「われわれの設計方針に口を出さないでもらいたい」とぴしゃりとはねつけられた。仕方なく私は自分でデモ用のプログラムを書き上げたものである――二年ではなく三週間で。

AT&Tの問題は、個人の能力ではなく会社の文化だった。仕事のやり方や意識が問題だったのである。ベル研究所は基礎研究をやり、製品開発はしない。デモ用のコードを書いてくれという私の依頼は、ボーイングの技術者におもちゃの飛行機を設計してくれ、と頼んだようなものだったのだろう。この研究所では、大規模な大学とまさに同じように、一握りの有能な研究者の功績によって「その他

＊ 今日では、AT&Tの商標は以前とはまったく異なる会社に使われている。長距離電話、国内ワイヤレス・サービス、もともとの地域電話会社の多くが合体した会社である。ベル研究所とウェスタン・エレクトリックは、現在はアルカテル・ルーセントが所有する。ビジネス・コミュニケーションとネットワーク・サービスは分離され、現在はアバイアとなっている。

大勢」の硬直的な研究姿勢が正当化されているように思われた。こうした文化は、AT&Tが独占電話会社として政府の規制を受けていた数十年の間に培われたものである。規制が緩和され、自由な競争の場が開かれ、コンピュータとデータ通信の大きな市場機会が立ち現れたとき、AT&Tの文化は機敏な行動の足を引っ張るだけだった。しかもなお悪いことに、この慣性に逆らおうとする人がいなかった。AT&Tの経営幹部の大半はテクノロジーに疎く、激変する環境で何が問題なのかをわかっていなかったし、それを理解しているごく少数の人間だけでは、ベル研究所を変えることはできなかった。なにしろノーベル賞受賞者を何人も輩出した、アメリカの研究開発における至宝なのだから。

私がAT&Tで行った戦略コンサルティングは、結局徒労に終わった。どんなによくできた戦略も、組織に根を下ろした文化に阻まれたら役に立たないという苦い教訓を私は学んだ。実行不能な戦略を立てても意味がないのである。AT&Tが分割されスリムになってからだったら、あの戦略もいくらかは活かされたかもしれない。

一九九六年、ウェスタン・エレクトリックとベル研究所は分離され、ルーセント・テクノロジーとなった。ウォール街はこれを歓迎し、八ドルだった株価は八〇ドルまで高騰したが、利益を上げられないことが判明すると、二〇〇二年には一ドルまで下落している。二〇〇六年にはフランスの通信機器メーカー、アルカテルがルーセントと合併。アルカテル・ルーセントの株価は合併以来七〇％も下落しており、その原因の大半はルーセント部門の赤字だとされている。

■

■

■

「文化」という言葉はどっしりと根を下ろした社会的行動や価値観を意味し、それは変化に強く抵抗すると考えられる。その生々しい例をカンボジアに見ることができる。クメール・ルージュを率いるポル・ポト政権はカンボジア国民の五分の一を殺戮した。しかも知識層の大半を処刑したうえ、書物を焼き、宗教、銀行、貨幣、私有財産権を廃止した。それでもカンボジアの文化を変えることはできなかったのである。企業の文化は国や宗教や民族の文化よりは根が浅い。だが、だからと言って企業文化を簡単に変えられると考えるのは危険である。

企業文化の慣性を打ち破る第一のステップは、単純化である。むやみにややこしい業務手続きを簡素化し、部門間の隠れた力関係を明るみに出し、埋もれていたムダや非効率を排除する。何層にもおよぶ序列を整理し、不要な業務は廃止する。部門によっては売却してもいいし、分離や閉鎖もあり得るだろう。またサービスは、可能であればアウトソーシングするとよい。連絡会議や調整委員会の類いは解散し、不急不要のプロジェクトは打ち切る。組織構造が単純になれば、それまで官僚的組織に覆い隠されていた陳腐化した業務慣行や非効率や私欲優先の行為が一段とあらわになるだろう。

単純化が完了したら、次には組織単位の分割が必要になるかもしれない。とくに協力や調整を必要としない部署同士は、本来別個に活動すべきものと考えられる。そうした組織を分離すれば、政治的結託や予算の二重どりなどを排除できるし、小さな単位になればリーダーの目も行き届き、一層の効率化を図ることができる。

分割の次には、適切な優先順位づけや取捨選択が必要である。必要に応じて閉鎖、修復、再編を行う。このとき、業績だけでなく文化に注目することが大切である。いくら高業績の部門であっても、好ましくない文化が根づいていたら、対策を講じなければならない。

文化を変えるというのは漠然としているが、企業の場合には業務行動規範を変え、職場の価値観を変えることだと考えればよい。規範は、上層部の意向に添って少人数の集団が日々監督・指導し、強制することによって定着する。したがって規範を変えるには、一般的には上層部を変える必要がある。しっかりした目標が定まっているときには、こうした一連の対策はスムーズに進む。

文化の慣性の重しがとれたと判断できたら、分割した組織を必要に応じて連携させ協力体制を整えることも考えるとよいだろう。

委任による慣性

変化への対応が鈍いのは、必ずしも業務慣行への固執や文化の硬直化ばかりが原因ではない。あえて変化に対応しない、あるいは変化に抵抗することを、企業は自ら選ぶことがある。それは、既存の利益の源泉がまだまだ安泰だと見込めるときだ。なぜ安泰なのか——顧客の慣性が働くからである。すなわちこれは、顧客から委任された慣性と言うことができる。

たとえば、一九八〇年の銀行がそうだった。この年に最優遇金利は二〇%に達している。当時の銀行にはMMFなど新たな口座の開設が認められていたのだが、実際には彼らはどうしただろうか。規模の小さい銀行や新規参入した銀行は、小口顧客を増やしたいと考えていたから、高金利を歓迎し、有利な預金口座を開発した。だが昔からのお得意様を持つ伝統的な銀行は、何もしなかったのである。もし目端の効く顧客が機敏に行動していたら、この手の銀行も高金利口座を用意するか、でなければ姿を消していただろう。だが古い銀行の顧客はおっとりしていた。

当時私はフィラデルフィア貯蓄基金協会(PSFS)のコンサルタントをしており、預金の金利構造はどうなっているのかと協会幹部に質問した。副理事長はあちこちパンフレットを探したが、預金金利についての説明資料は一切ないことが判明した。「われわれの平均的な顧客は年金生活者で、金利など気にしないのだ」と副理事長は釈明した。「この貯蓄基金は、この人たちのために五%をプールしてある」。ということはつまり、この協会は預け入れられた資金を一二%で貸し出し、預金者には五%の利息しか払わないのである。もちろん一部の賢い預金者は資金を引き揚げたが、大半の人はそのままだった。その慣性たるや恐るべきものと言わねばなるまい。この状況ではライバルは、相手が手をこまぬいているうちにやすやすと貯蓄協会から顧客を奪うことができただろう。

同じような例は通信業界でも見られる。地域電話会社は、インターネットが登場したとき、法人顧客向けにT1規格の回線を提供した。この方式では通信速度は一・五mbps、料金は月額四〇〇〇ドルである。一九九八年の時点では、電話回線を使った一般家庭向けデジタル加入者回線(DSL)の通信速度はT1規格の三分の一程度だが、料金は一三分の一だった。つまり顧客はDSLを三本引いても料金は一〇分の一で済む。しかしニューヨーク、シカゴ、サンフランシスコといった大都市を抱える地域ベルは、高収益のT1事業を守るため、法人顧客にはDSLサービスを提供しなかった。その結果、彼らは毎年一〇%の顧客を新参キャリア(ワールドコム、インターメディア・コミュニケーションズなど)に奪われていったが、T1事業があまりに儲かるため、それでも黒字だったという。*

ここでも、電話会社の慣性と見えるものが、実際には顧客の委任によっていたことがわかる。はなはだしい価格格差を目の当たりにしても、法人顧客がなかなかキャリアをスイッチしなかったために、電話会社は不当なサービスを維持することができた。その結果、新参キャリアが次々に顧客を奪い、驚異的な成長を遂げ、さかんにもてはやされ、株価が急騰したのである。だがついに古手が目を覚まし、本腰を入れて競争に臨むと、新参キャリアは一社も生き残ることはできなかった。

■　■　■

委任による慣性は、既存企業が古い収益源にしがみつくのをやめ、競争環境に対応しようと決意した瞬間に消滅する。それは、一九九九年の電話業界に起きたように、まったく突然に起きる。過去の栄光に浸っていた伝統企業を出し抜いたように見えた新参企業は、そのときを境にぱったり利益が途絶えてしまう。しかも、この動きの当初に自らスイッチした顧客は、価格にもサービスのクオリティにも敏感なタイプであるため、すぐさままた乗り換えようとする。したがって、新参企業の凋落には拍車がかかることになる。

逆に、新参企業が価格優位に加えてクオリティの面でも顧客の信頼を勝ちとることに成功すれば、既存大手が遅ればせながら目を覚まして競争に復帰してきても、顧客を取り戻すことはできない。

エントロピー

現実の世界でエントロピーの作用を見つけるのはむずかしくない。たとえば偉大な美術作品も、時が経つにつれて輪郭がぼやけ、絵具が剝離し、熟練した修復家が手を施さない限り、原形をとどめなくなる。また郊外の通りを運転していると、人が住まないまま放置された家をよく見かける。雑草が生い茂り、ペンキは剝がれ、荒れ放題だ。また、長らく緩んだ経営をしてきた企業では、製品群が無秩序に乱立し、無節操な値引きが行われ、納期は守られず、経営幹部が利益をごっそり懐に入れる、といったことになりがちである。どの例でもエントロピーが増大している。

とは言えエントロピーは、戦略コンサルタントにとってはありがたい存在である。破滅の元凶であるエントロピーが存在するからこそ、どの企業にも生い茂る雑草を取り除くために、コンサルタントの出番が回ってくる。

ダントンズ

私は一九九七年に、ガーデン用品チェーンのダントンズのコンサルタントを務めたことがある。ダントンズはカールとマライア・ダントン夫妻が経営する企業で、アメリカ四州でチェーンを展開していた。設立は一九三〇年代で、大恐慌を乗り切るために、多数の小売店がチェーンを結成したのが発端である。当初は農家相手の商売をしていたが、次第に準郊外にも進出し、店舗数は二八に増えてい

＊　このことが理解できれば、企業向けにＤＳＬサービスを最初に提供する電話会社がＵＳウエスト（旧マウンテン・ベル）であることが予想できたはずだ。なぜなら、ＵＳウエストは保有するＴ１回線数が最も少ないうえに、急成長中の企業・個人市場を抱えているからである。そこで同社は、企業向けＤＳＬサービスの先陣を切ることになった。

た。三ブランドを展開するものの、どのブランドも似たり寄ったりである。店舗はガーデン用品や農機具を売る屋内部分と、苗木、土、庭石、柵など大型の造園資材を扱う広い屋外部分から構成されていた。ダントンズの直営店は二〇、残り八店舗はリースである。

ダントン夫妻は庭いじりが大好きで、自宅の庭は花が咲き乱れ石や樹木で美しく造形されて、そのまま同社の製品の広告塔になりそうだった。私たちはみごとなオークの木の下で会社の現状について話し合った。夫妻は「もう少し良い形で」子供に経営をバトンタッチしたいのだという。

五年分の財務報告を分析するうちに、私はどうもおかしいと感じはじめた。資本の扱いが不適切なのである。小売部門の投下資本利益率を算出するときに、一九五〇年に一エーカー五〇〇〇ドルで土地を購入した店舗と、一九八九年に一エーカー九万五〇〇〇ドルで購入した店舗では、前者のほうがはるかに高いことになっている（註2）。だがこれでは、小売店としての業績と不動産投資がまぜこぜになってしまう。

各店舗を公平に比較するために、私は営業利益の新しい基準を考案した。不動産の購入費用を始めとするさまざまなちがいを調整した後の「差し引き営業利益（GTO）」である（註3）。この尺度で測ると、ダントンズで最も成績の良い店舗のGTOは一〇五万ドル、最悪がマイナス九七万ドルだった。つまり最も成績の悪い店をたたんでしまえば、九七万ドルの利益を捻出できることになる。ダントンズ・チェーン全体のGTOは三二万ドルで、損益計算書に記載されている純利益八〇〇万ドルとはだいぶちがう数字になることも判明した。

ダントン夫妻のために作成したチャートを以下に掲げる。GTOが多い順（一番が最高、二八番が

ダントンズの調整済み差し引き営業利益（GTO）

店舗はGTOの多い順に並べてある

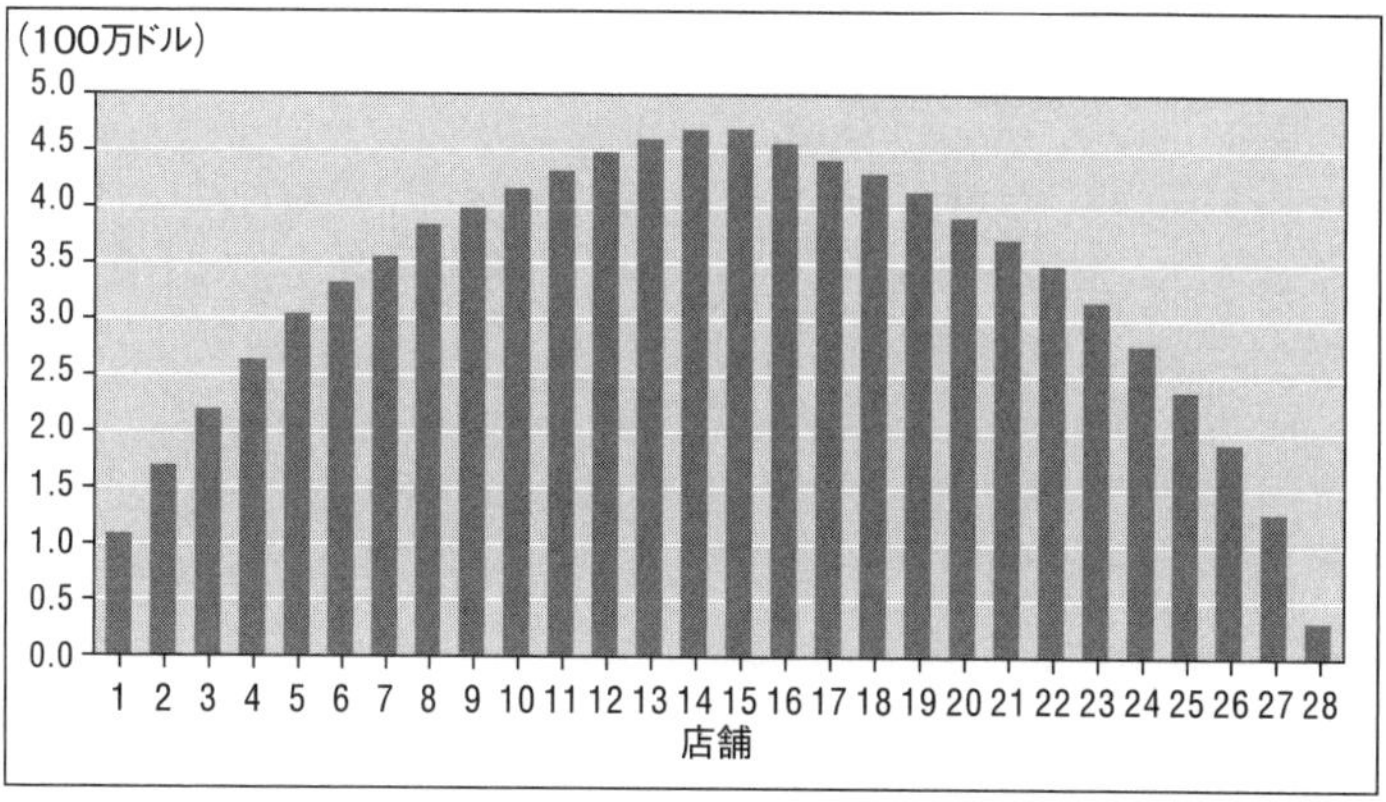

最低）に店舗を並べ、累積GTOを棒グラフで示した。すなわち、一番店は一番店のみ（一〇五万ドル）、二番店は一番＋二番で一六八万ドル、という具合である。一五番店以降が減っているのは、GTOがマイナスだからである。一五番から二八番までのマイナスを合計すると四四〇万ドルに達し、プラスをほとんど打ち消してしまう。すでに読者もお気づきのとおり、一番店のGTOは、二八店舗の合計（三二万ドル）を上回るのである。

私はこのチャートをハンプ・チャートと呼んでいる。製品別、地域別、店舗別、セグメント別などに利益や売上高を把握できていれば、ハンプ・チャートは作成可能である。私が最初にハンプ・チャートを作成したのは、ウェスタン・エレクトリックの製品構成を見直したときだった。それ以降、軍事基地の撤収計画、ソニーの製品ミックス、電話会社の顧客構成などさまざまな用途でハンプ・チャートを作成してきた。基本的に累計を表すチャートなのだから、一部の黒字製品や黒字地域が赤字を埋め合わせているのでない限り、チャート全体が右肩上がりに最高値に達するはずである。だが何らかの製品あるいはどこかの地域が足を引っ張っている場合には、途中で最高値に達したあと、赤字の製品や地域に全体の売上高や利益が喰われていき、チャートは小高い丘（＝ハンプ）のような形状になる。

赤字製品なり赤字店舗なりを切り離せる状況であるにもかかわらず、ハンプが長年にわたって放置されているとしたら、それは経営の怠慢である。ハンプ・チャートは、エントロピーの増大を雄弁に物語っているのだから。ただしダントンズの場合には、ハンプが現れたのは経営の怠慢と言うよりは、業績測定の方法がまちがっていたせいだった。先ほど述べたように店舗の業績に土地の値上がり益が含まれていたことに加え、従業員への報奨金やボーナスを除外した「事業利益」で店舗の月次・年次業績を比較していた。報奨金などは毎年本部で決めるもので、店舗の勘定とは別だという理屈である。しかし実態はと言えば、長年の間に報奨金はいつの間にか肩書きに連動して支払われるようになり、会社全体としては黒字店から赤字店への補助金のような存在になっていた。

ダントン夫妻は私が提出したハンプ・チャートを見て仰天した。

「まさかあなたは、赤字店を全部閉鎖しろと言うのではないでしょうね？」と、マライアは叫んだものである。

「いや、そんなことは言いません。ですが、著しく業績不振の数店舗は、閉鎖を考えるほうがいいでしょう。加えて、他の八店舗の経営を立て直すことができれば、ダントンズ・チェーンは利益を倍に増やせるはずです」

不振の店舗を立ち直らせるまでには二年かかった。ダントン夫妻はデータ重視を徹底し、高業績店のベストプラクティスを全店に積極的に導入するという手法をとった。このとき決め手となったのは、なぜ一部の店は突出して業績が良いのかをつぶさに観察して探り出したことである。一平方フィート当たりの売上高を主要指標として比較した結果、近くに競合するホーム・デポがあるかないか、といった立地条件が重要な影響要因であることがはっきりした。だがそれだけでなく、託児施設や遊具場のレイアウト、造園資材の陳列方法も重要なポイントだった。高業績店では、ただ碁盤目のように並べるのではなく、実際の庭園のように演出し、苗木にも品名のラベルをつけるだけでなく、植え方や肥料のやり方、相性の良い他の樹木のアドバイスなどを丁寧に説明している。上手な組み合わせで見映え良く並べられていると、ガーデニング好きならさっそく買いたいという気持ちにさせられてしまうのだった。庭石やブロックなどもただ積み上げておかず、実際の組み付けの仕方を示し、お客が自分の庭ですぐに試せるように配慮していた。店内売り場とガーデニング用品、造園資材の売り場は分離し、それぞれに専門知識を備えた店員が対応している。

二年間の努力のおかげで、ダントンズのGTOは五〇〇万ドルを突破し、純利益は二倍になった。増益分の半分は業績不振店五店舗の閉鎖、残る半分はベストプラクティスの導入による。どちらも、経営陣のリーダーシップなしには実現しなかった。長年のエントロピーの増大で積もり積もったムダを一掃するには、経営幹部の意志と行動力が欠かせない。

新しい種を播くほうが雑草を抜くよりはるかにおもしろい。だが、定期的に雑草を抜いたり剪定をしたりしないと、庭は荒れてしまうことを忘れてはいけない。

ゼネラル・モーターズ

企業に作用するエントロピーの明白な証拠は、受注高が次第に減っていくことである。ゼネラル・モーターズ（GM）でアルフレッド・スローンが直面したのは、まさにこれだった。大方の人はこのような事態に直面して初めて、「経営がまずい」ことを実感する。そもそも経営の価値を日々気づくことはむずかしい。人間は、よほどうまく動機づけられていないと次第に緩み、散漫になり、目的意識が低下するものであり（註4）、そうなっていない組織は経営がすぐれていると理解すべきである。

アメリカの自動車業界では、一九二一年にヘンリー・フォードがシェア六二％を獲得し、大ヒットしたT型を中心に一大帝国を築き上げた。フォードの成功は、T型が低価格だったことに加え、製造面でも世界一流の技術力を発揮したことによる。

当時のGMは規模でフォードに劣り、かつ度重なる買収によるつぎはぎの企業だった。一九二一年四月、社長のピエール・デュポンは当時業務担当副社長だったアルフレッド・スローンに対し、会社の「製品方針」を考えるよう命じた。その時点でのGMの製品ラインは一〇あったが、アメリカ市場に占めるシェアは合計で一二％に過ぎない。以下のチャートに示すように、シボレー、オークランド、オールズモビル、シェリダン、スクリップス・ブース、ビュイックはどれも一八〇〇〜二二〇〇ドルの価格帯で、フォードのT型の四九五ドルに対抗する車種は皆無だった。おまけにシボレー、オークランド、オールズモビルは完全な赤字である。

スローンは二カ月かけて新方針を作成し、執行委員会に提出した。そして「GMの製品ラインを総

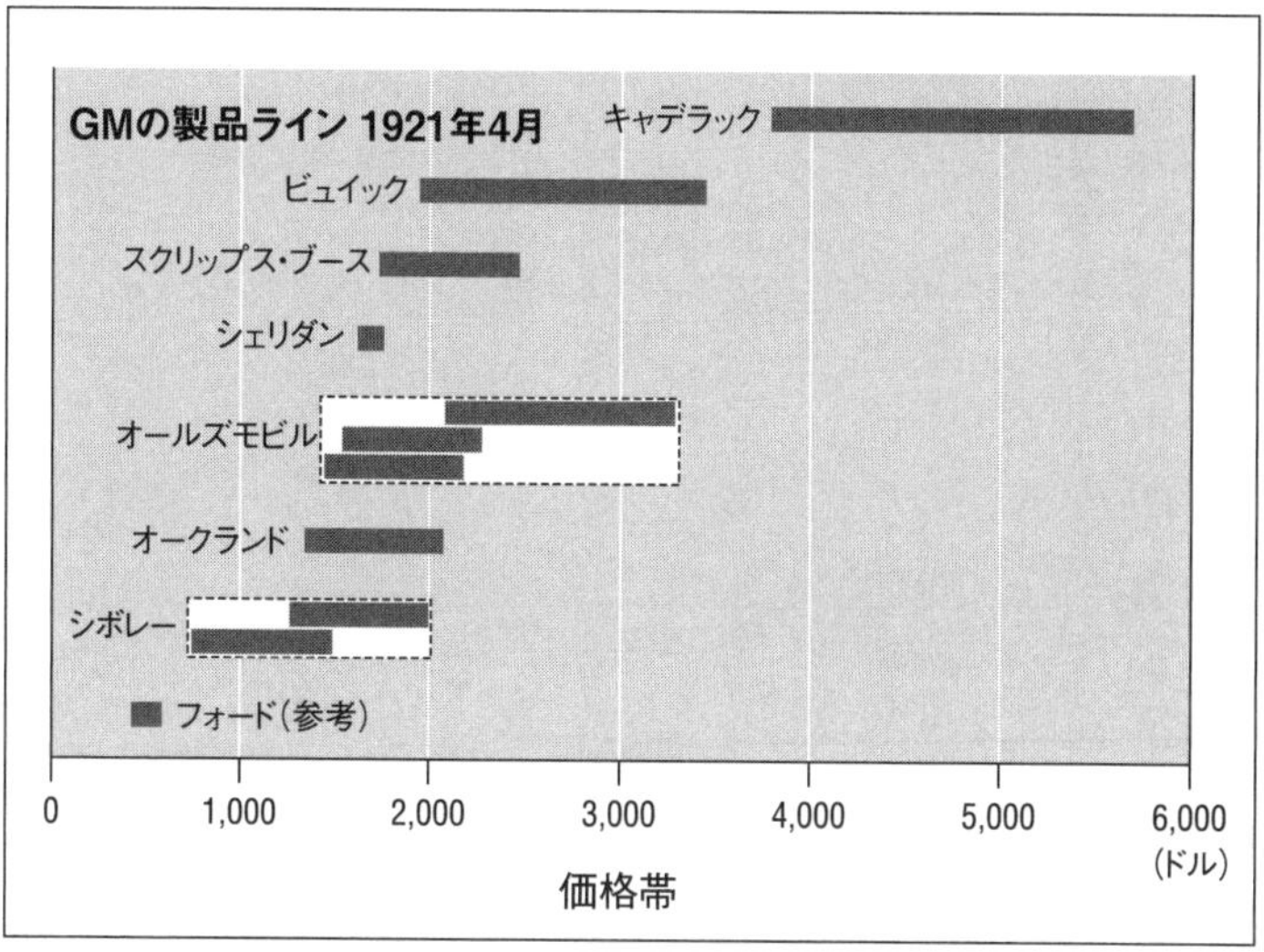

合的に見直し、各ラインの位置づけを明確にする必要がある」と指摘したうえで、「ある価格水準以下の車に対してはクオリティで、それ以上の車に対しては価格で勝負する」ことを望んだ(註5)。スローンの打ち出したプランは、単に製品価格を引き下げるのではなく、各ブランドの価格帯を明確にし、消費者の予算に合わせた車種を用意することが眼目である。こうすれば製品の無秩序な乱立をなくし、共食いをなくすことができる。次ページのチャートに示すとおり、スローンの提案に基づく各ブランドの位置づけは一目瞭然である。

執行委員会はスローン案に同意し、シェリダン・モーターズを売却、スクリップス・ブースは廃止した。スローンは一九二三年に社長に就任し、五年後にはオークランドをポンティアックに統合している。そして一九三一年にはGMは世界最大の自動車メーカーとなり、世界のトップ企業の一角を占めるようになった。一九四〇年代、五〇年

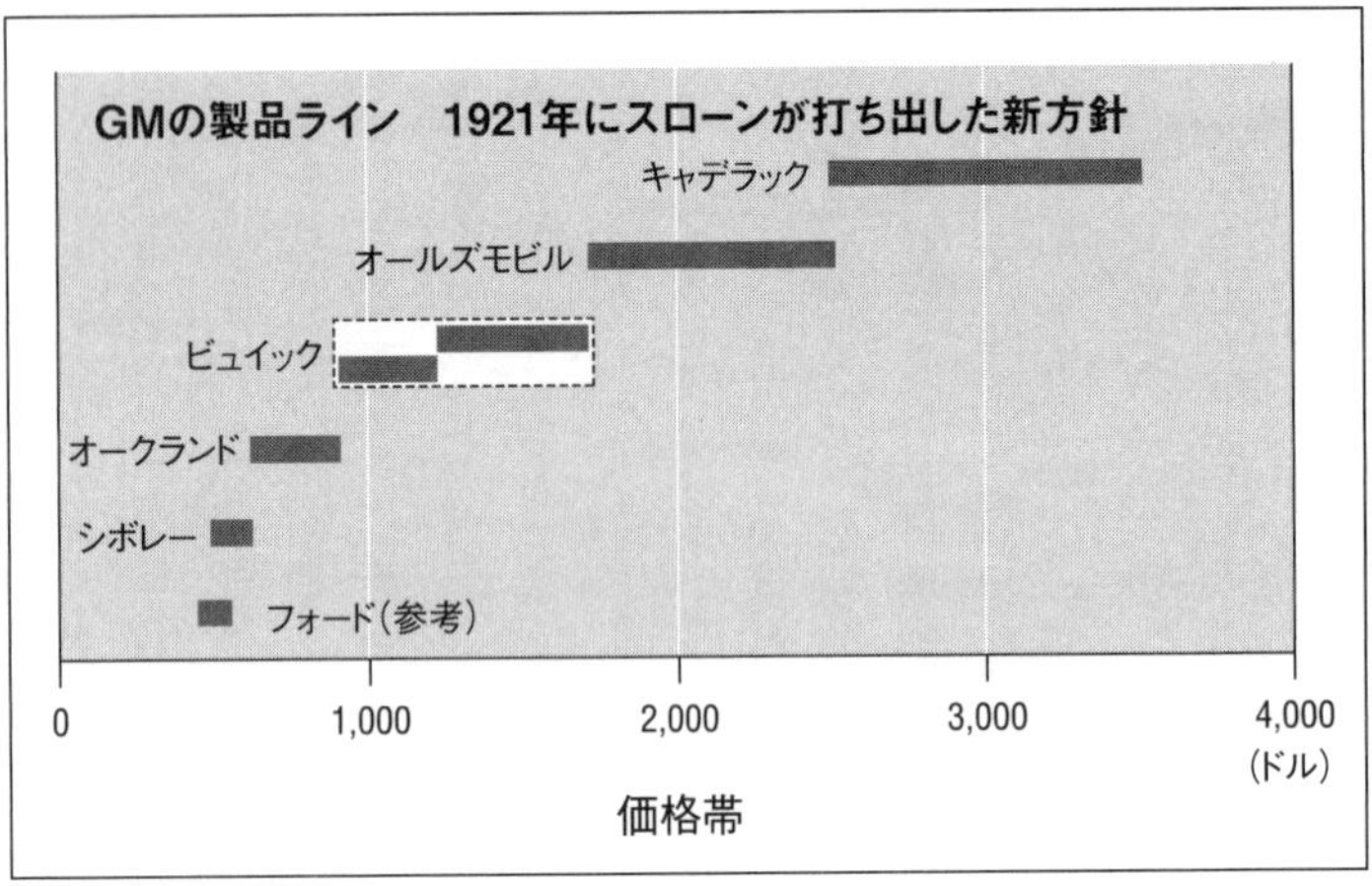

代には、スローンのコンセプトがアメリカ文化の一部となったと言っても過言ではあるまい。郊外の住宅地を歩けば、ガレージに収まっている車から持ち主の階層が想像できたものである。平社員はシボレー、主任クラスはポンティアック、マネジャーはビュイック、CEOはキャデラック、といった具合に。

スローンが提案した方針は、カオスに秩序をもたらしたと言える。このような方針が機能するためには、ただ紙に書き出すだけではだめで、四半期ごと、年度末ごと、一〇年ごとに見直さなければならない。方針が一貫して保たれるようにするには、経営陣がよくよく注意する必要がある。注意を怠ったとたん、本来の意図はぼやけ、無秩序が忍び込み、一貫性は失われる。

分権化が進んだ企業の場合、新製品が投入されると、製品群の位置づけや棲み分けは曖昧になりやすい。たとえばシボレー部門は、多少高めのモデルを売り出せば部門利益を増やせるとわかっている。そうすればクライスラーからいくらかシェアを奪うことはできるかもしれないが、同時にポンティアックとオールズモビルからも奪ってしまうだろう。同様にポンティアック部門も、低価格モデルを売り出せば部門利益を増やせるとわかっている。一四歳の息子がタバコに手を出さないよう両親があの手この手を繰り出すのと同じように、経営陣は各部門の甘い誘惑をあの手この手で断ち切り、毅然として方針を堅持しなければならない。方針が陳腐化しているのであれば、適宜見直して新たな方針を打ち出し、無益な競争が社内で勃発しないよう気を配ることが大切である。

一九八〇年代には、スローンが設計した方針は消え失せていた。これは、エントロピーが作用したことの何よりの証拠である。GMの製品ラインやブランドは棲み分けが曖昧になっただけでなく、まったく同じ車を別のモデル名やブランド名で売り出すといった姑息な手段まで使われるようになっていた。

その後ようやく重複を整理する努力が行われ、二〇〇一年にオールズモビルが廃止されている。スタイルも価格帯も何ら特色がないという妥当な判断からだったが、オールズモビルのディーラーから訴訟を起こされ、高いものについた。

二〇〇八年のGMの製品ラインと同時期のトヨタの製品ラインを次ページに掲げたので、ご覧いただきたい。GMの製品ラインが一九二一年よりはるかに煩雑になっていることがわかる。しかもこのチャートはセダンとクーペだけで、SUV、バンおよびトラック、ハイブリッド車は含めていない。なお、オールズモビルは二〇〇八年にはすでに存在していないが、価格水準が全体的に上がっていることを示すために、二〇〇〇年式モデルの物価調整後の価格を示しておいた。

チャートを見ると、どのモデルも大衆向けの二万〜三万ドルの価格帯に集中していることがわかる。

トヨタとGMの製品ライン　2008年

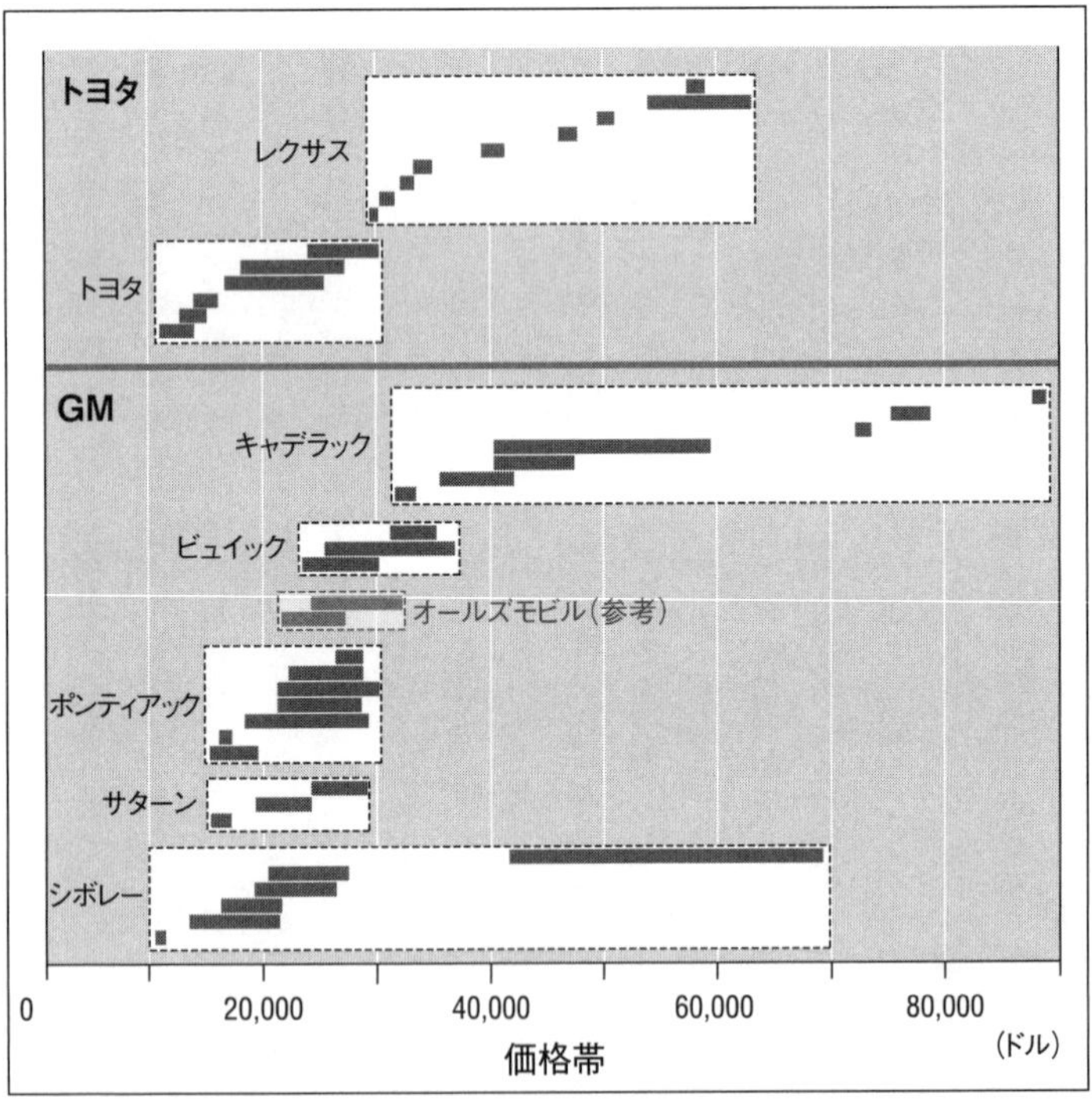

(註) 各ブランドに属すモデルを横棒で示し、ブランドは点線で囲んである。SUV、ハイブリッド車、バン、トラックは含まない。GMのオールズモビルは2001年に廃止されており、図には2000年式モデルの物価調整後の価格を示した。シボレーのハイエンド車種はコルベットのブランド名で販売されている。

たとえば二万五五〇〇ドルのモデルは、GMには九つもある（シボレー二、サターン一、ポンティアック二、ビュイック二）。これに対してトヨタは二つだけだ。

このように乱立した結果、社内の競争は激化している。競争はムダを省くので良いことだ、などと言われるが、ものごとはそう単純ではない。製品開発や広告に投資して他社のシェアを奪うのであれば、自社のパイは大きくなるから良いことだが、社内の姉妹ブランドからシェアを奪うのであれば、パイは小さくなってしまう。しかも投資がムダになるだけでなく、どちらのブランドも値下げを余儀なくされるだろう。

二〇〇九年六月にGMは破産申請した。最終的にオバマ政権に救済され、アメリカ政府が六割以上を保有することになった。破産法の管理下で、サターン、ポンティアック、ハマーの三ブランドが廃止されている。

ダントンズの場合、エントロピーを逆転させる必要が判明すると、経営陣は慣性の法則に流されることなく、直ちに対策を講じた。だがGMの場合には、数十年におよぶエントロピーに加え、陳腐化した業務慣行、硬直化した文化、鎖構造の組織体制など慣性の問題も抱えていた。したがって、破産法下の管理だけでは問題は解決しないだろう。今後一〇年間で同社はさらに解体され、歴史あるブランドが売られるのではないかと私は見ている。

第15章

すべての強みをまとめる——NVIDIAの戦略

NVIDIA（以下エヌビディア）は3Dグラフィックチップで知られるアメリカの大手半導体企業である。設立後短期間で急成長を遂げ、インテルを始めとする業界大手を次々に出し抜き、高性能グラフィックチップで一躍業界リーダーと目されるようになった。二〇〇七年にはフォーブス誌が同社を「カンパニー・オブ・ザ・イヤー」に選出し、「一九九九年の株式公開以後、同社の株価は二一倍になり、同時期のアップルをもしのぐ勢いを見せている」と評価した（註1）。共同創設者のジェン・スン・ファン（黄仁勳）がCEOを務める。

エヌビディアはどこからともなく現れて、ほぼ戦略だけの力で市場を席巻したと言ってよい。エヌビディアのサクセスストーリーを追って行くと、良い戦略のカーネル、すなわち診断、基本方針、行動を見出すことができるし、本書の第2部で取り上げたテコ入れ効果や設計などさまざまな手法も使われていることがわかる。またライバルの慣性やエントロピーも賢く活用されている。

本章ではエヌビディアの戦略を論じるが、一読しただけでは気づきにくい点やとくに注意すべき点について、私の解説を適宜挿入した。解説は枠囲みで示してある。

3Dグラフィックス技術の発展

3Dグラフィックスとは、空間や立体など三次元の存在をコンピュータの画面に投影・描画する技術のことである。ある画像が3Dグラフィックス技術を使って作成されたかどうかは、静止状態ではわかりにくい。だが視点を自由に動かせるなら、ちがいは鮮明になる。マウスやジョイスティックを使ってさまざまな角度から見たり、周囲をぐるりと回ったり、下から見上げたり、部屋の中を自由に歩き回ったり、できるのだ。なぜなら、コンピュータが画像の三次元構造を「知っている」からである。

3Dグラフィックスの基本技術の多くは、一九六〇年代後半にユタ大学で開発された。主導したのは、アイバン・サザランドとデービッド・エバンズ両教授である。ユタ大学のコンピュータ・サイエンス学科では、他大学とは異なり、3D画像のレンダリングやフライト・シミュレーターの設計などを行う。この学科は、アドビ・システムズの創業者ジョン・ワーノック、アタリの創業者ノーラン・ブッシュネル、ピクサーの共同創業者エドウィン・キャットムル、シリコン・グラフィックスとネットスケープの創業者ジム・クラークなど、コンピュータ・グラフィックス業界の綺羅星のごとき人材を輩出してきた。

中でもIT業界の革命児と呼ばれるジム・クラークが一九八二年に設立したシリコン・グラフィックス・インコーポレーテッド（SGI）は、三次元画像処理という分野を開拓した企業であり、その影響は計り知れない。同社は高速・高解像度のグラフィックス・ワークステーションを実現しただけでなく、グラフィックス処理のためのプログラミング・インターフェース「グラフィックス・ライブラリ（GL）」も開発し、これはオープン化されて、今日でも標準として広く使用されている。このためその後の3Dグラフィックスのロジックは、SGIのハードウェアとインターフェースの枠組みで論じられるようになった。SGIは「グラフィックス・パイプライン」と呼ばれる高速処理方式を開発し、画面を無数の三角形に分割して、それぞれを個別に処理した。同社の技術が活用された最も有名な例は、映画『ジュラシック・パーク』だろう。一九九二年にSGIはついにグラフィックス・パイプラインのハードウェア化に成功するが、「リアリティ・エンジン」と名づけられたこの装置は、高さ四フィート、価格は一〇万ドルという代物だった。

ゲーマーの願望

一九九〇年代前半にはすでに、チップがいずれ高速化し、パソコンに高性能の3Dグラフィックスを搭載することは十分に可能だとわかっていた。だが、果たしてユーザーはそんなものを使うだろうか。また、使うとして何に使うのか。当時の専門家が予想したのは、遠い国のバーチャル・トリップをするとか、不動産業者が売り出し中の住宅の中を見せる、といった程度のことだった。だが実際には、パソコン用の3Dアクションゲームが突如として登場し、3Dグラフィックチップの需要は急速に伸びはじめたのである。

一九九四年の夏、私は友人の家で、ティーンエイジャーのポールがパソコンでゲームをやっているのを目撃した。当時人気のアドベンチャーゲーム「ミスト（Myst）」である。なかなか美しい３Ｄ画像だが、ポールが橋をクリックするとＣＤドライブが回転し、数秒たってようやく橋からの眺めが描画されるという具合で、じつにのろかった。

ところが二週間後にまた行ったとき、私はゲームの急速な進歩を目の当たりにすることになる。ポールは、今度はシューティングゲームの元祖と言われる「ドゥーム（Doom）」をやっていた。怪獣が襲ってきて火を噴くと、ポールはマウスとキーボードを操作してあやうく逃れる。すばやい操作に応じて画像は瞬時にめまぐるしく変化し、わずかな遅れもなかった。三次元空間を縦横無尽に逃げ回るポールを怪獣が追ってくる。ポールは廊下を突っ走り、物陰に隠れ、また飛び出し、隙をうかがって銃を発射し、また隠れる……という具合。あまりに迫真的で私までハラハラし、アドレナリンが逆流するのを感じた。

コンピュータ科学者であるポールの父親は「３Ｄ画像がパソコン上であのように高速に描画できるとは、思ってもみなかった。もちろんパソコン用の３Ｄレンダリング・ソフトは存在するが、一つのシーンの描画に数十分、それどころか数時間かかるような代物なのだからね」と驚嘆していた。

ドゥームを制作したのは、ジョン・カーマックとジョン・ロメロが一九九一年に設立したｉｄソフトウェアである。彼らのヒット作であるドゥームとクエイク（Quake）は、３Ｄ描画をパソコンに持ち込み、アクションゲームの定義を変えた画期的な作品と言えるだろう。しかもｉｄソフトウェアは、当時まだ新しかったインターネットを最初に活用した企業の一つであり、ドゥームを九レベルに分けてオンラインで販売した。ゲームにはまったユーザーは次のレベルを有料で買う。この巧みな売り方で、ドゥームは文字通り一夜にしてセンセーションを巻き起こしたのだった。

一九九六年にidソフトウェアは、クエイクにマルチプレイヤー・モードを追加した。インターネットを介して複数の相手と対戦するプレイ方式は、このときが始まりである。クエイク以降のパソコン用ゲームでは、マルチプレイヤー・モードが標準になった。

オンラインでの対戦が普及すると、ゲーマーにとって3Dグラフィックスは非常に重要な意味を持つようになる。こうした需要には、業界の調査報告を読んだりチップの売上高データを見たりするだけでは、なかなか気づけない。だが一度クエイクをオンラインでプレイしてみれば、グラフィックスがお粗末だとどうしようもないことがすぐわかる。視界が狭いうえ、見たいところがすぐに見られず、動きもとろい。これでは何度も敵に撃ち殺されてしまう。現実の生き死にが懸かっているわけではないが、ティーンエイジャーにとって、高性能の3Dグラフィックチップは喉から手が出るほどほしいものだった。

この需要に応えた最初の会社が、一九九四年設立の3dfxインタラクティブである。シリコン・グラフィックスの同僚だった三人が結成した会社で、ブードゥー（Voodoo）というブランド名でゲーム用の3Dグラフィックチップを供給した。ブードゥーではGLを単純化したグライド（Glide）という高性能インターフェースを使用しており、これを使って最初に制作されたゲームが「トゥームレイダー（Tomb Raider）」である。グライドは美麗画質と高速描画を誇り、女主人公ララ・クロフトのリアルタイム3D画像は、一九九六年のゲーム見本市E3で大きな話題となった。

ある製品を使うと競争で優位に立てるなら、その製品には大ヒットが期待できる。たとえば一九七九年に登場した世界初のパソコン用表計算ソフト「ビジカルク」は、もともとはビジネススクール向けに開発されたものだが、金融アナリストを始めとするプロフェッショナルにとって競争相手を出し抜く有力なツールとなった。このためビジカルクは急速に普及し、おかげでオタクの玩具的存在だったパソコンが大量の一般ユーザーを獲得したという経緯がある。同様に、高性能3Dグラフィックスを備えていればオンライン・ゲームで競争優位に立てるため、需要が急増した。

3dfxはグラフィックチップの業界標準を確立しようとした。同社の設立は、ジェフリー・ムーアの画期的な著作『キャズム』（一九九一年）とほぼ時を同じくしている。同書は「ネットワーク外部性」（ネットワーク型サービスにおいて、加入者数が増えれば増えるほど、ユーザーの便益が増大する現象）や「標準ロックイン」（多数派標準がデファクトスタンダードとしてユーザーをロックインする現象）などをわかりやすく解説し、第二のマイクロソフトの座を狙う人々のバイブルとなった。圧倒的多数のゲーム・デベロッパーが3dfxのグライドを使うようになれば、それがデファクトスタンダードとなり、3dfxはグラフィックチップのマイクロソフトになれたはずである。

エヌビディアの戦略

エヌビディアは、ジェン・スン・ファン、カーティス・プリーム、クリス・マラコウスキーの三人が一九九三年に共同設立した。ファンはLSIロジックの技術担当役員、プリームとマラコウスキーはサン・マイクロシステムズの最高技術責任者とハードウェア担当副社長だった。

当時の業界では来るべきマルチメディア革命がしきりに取沙汰されていたものの、規格が統一されておらず、ソフトウェアによっては動かないオーディオカードがあったり、画像の圧縮や表示方法がちがったりしたうえ、CDドライブが標準装備されていないパソコンもある、といった状況だった。マイクロソフトのウィンドウズ95やインターフェース・ブラウザなどが出現する数年前の話である。

エヌビディアの営業担当上席副社長ジェフ・フィッシャーは、「マルチメディアのサウンド・ブラスター（サウンドカードで業界標準の地位を確立した製品）を開発することがわれわれの夢だった」と語っている。同社の最初の製品であるグラフィックス・プロセッシング・ユニット（GPU）NV1は一九九五年に発売された。エヌビディアはこれでマルチメディアの業界標準を狙ったのだが、競合製品と比べてとくにすぐれているとは言えず、しかも描画方式が特殊だったため、売れ行きは芳しくなかった。結局NV1は後継製品も出ず、失敗に終わっている。

最初の製品で手痛い敗北を喫したうえ、3dfxの追撃を受けたジェン・スン・ファンは、戦略を立て直す。急遽社内外の専門家から成る技術諮問委員会を設置し、意見を求めたのである（註2）。

その結果、エヌビディアは方向転換し、マルチメディアではなくデスクトップPC用の3Dグラフィックスに的を絞ることになった。そして当初は独自技術を模索していたが、結局はかつてシリコン・グラフィックスが開発した三角形を基本とする処理方式を採用することを決断する。終始一貫していたのは、ファブレスで行くということ、すなわち設計に集中し製造はアウトソーシングすることである（このためメーカーではなくベンダーと呼ばれる）。

半導体産業は、トランジスタの小型化と歩調をそろえて発展してきたと言ってよい。トランジスタが小型になれば、一つのチップ上により多くのトランジスタを搭載できる。小型化と同時に高速化と省電力化も進み、まさにムーアの法則「半導体の集積密度は一八カ月で倍増する」のとおりの進化が実現していた。もっとも驚異的なペースではあるものの、フォトリソグラフィー、光学設計、金属付着技術からテスト方法にいたるまであらゆる技術が横並びで進化しなければならないので、このペースがそれ以上早まる可能性は低かった。

だがエヌビディアの経営陣と技術委員会が描く未来図はちがった。彼らは、３Ｄグラフィックスはムーアの法則よりずっと速いペースで進化できるはずだと考えていた。そのためには二つの条件を満たす必要がある。第一は、チップ上にできるだけ多くのグラフィックス・パイプラインを詰め込み、性能を飛躍的に向上させること。第二は、インテルを含む大半の半導体メーカーは、集積密度が上がるとウエハー一枚当たりのチップ数を増やしてコスト抑制に結びつけているが、エヌビディアはパラレル・プロセッサを導入して性能向上につなげることである。

ジェン・スン・ファンは、需要サイドについては、ＧＰＵはまちがいなく売れると見込んでいた。ワープロや表計算ソフトには一層の高速処理を求める声は上がっていないが、ことグラフィックスに関しては、高速化やリアル感への要求は高まる一方だったからである。チーフ・サイエンティストのデービッド・カークは、こんなふうに語っている。

「3Dグラフィックスの処理能力に対する要求は、とどまるところを知らないようだ。現在のパソコンにもっと高性能のCPUが搭載されたとしても、一般ユーザーが使いこなすのはむずかしい。だがグラフィックスのパワーのほうは、簡単に使い切ってしまう。これからの一般向けパソコンでは、技術的進化と付加価値向上の両面でGPUが重要な役割を果たすことになるだろう」

プログラミング・インターフェースに関しては、ライバルである3dfxのグライドを使うのは自殺行為だとエヌビディアの経営陣は判断し、マイクロソフトが開発したダイレクトXを選んだ。開発されたばかりでまだ海のものとも山のものともつかなかったが、これが業界標準になることに賭けたのである。ダイレクトXの開発チームとミーティングをしてグラフィックスへの情熱を肌で感じ、この賭けに踏み切ったという。

ジェン・スン・ファンは、ムーアの法則を打ち破ることが自社の競争優位になると確信していた。GPUの性能をCPUの三倍のスピードで進化させることは十分に可能である――エヌビディアは一八カ月ごとではなく、六カ月ごとにGPUの性能を大幅に向上させてやろう、とファンは決めた。これが、エヌビディアの基本方針に相当する。

悪いストラテジストは、ここで止まってしまう。「六カ月ごとにGPUの性能を二倍にする」といった景気の良いスローガンを掲げ、あとはひたすら尻を叩く。だがエヌビディアの経営チームは、ちがった。この方針を実現するために、一貫した行動計画を立てたのである。

まず、開発チームを三つ発足させた。各チームは、開発開始から市場投入まで一八カ月のサイクルで作業するが、三つのチームのスケジュールをずらすことで、六カ月ごとの新製品リリースを実現するという仕組みである。

六カ月のサイクルで、もし二カ月の遅れが出たら、一八カ月のサイクルより重大なことになる。そこで、開発プロセスの遅れと不確実性を減らすための対策が講じられた。

遅れの重大な原因となるのは、設計ミスである。チップを設計してメーカーにアウトソースし、一カ月後に試作品が戻ってきたときにバグがいくつも発見されたら、設計をやり直さなければならない。この問題を解決するために、エヌビディアはシミュレーションやエミュレーション技術（あるハードウェア用に開発されたソフトウェアを、設計の異なる他のハードウェア上で実行させる技術）に積極的に投資し、チップの設計プロセスに活用した。この方面は共同創設者であるクリス・マラコウスキーの得意とするところで、彼が設計ロジックの検証を担当した。

だが設計ロジックがいくら正しくても、電子流のタイムラグや信号劣化などによる物理的な機能不全という問題はつねに起こりうる。この種の問題を防ぐために、エヌビディアはチップの電気的特性をシミュレートする困難な作業にも多額の投資を行った。

遅れを引き起こすもう一つの要因としては、ドライバの制作に時間がかかることが挙げられる。通常はチップ・ベンダーからチップを受けとってから、グラフィックボードのメーカーがドライバを書きはじめるので、ここにタイムラグが生じる。しかも新しい3Dグラフィックス方式では、従来よりはるかに高度なドライバが必要だ。そのうえボード・メーカーは微妙な問題も抱えていた。たとえばエヌビディアがボード・メーカー二社にチップを供給すると、どちらのメーカーもバグは自分たちで直してチップ・ベンダーにはフィードバックせずに済まそうとする。ベンダー経由で敵に塩を贈るのを避けるためだ。またこのやり方では、チップは同一でもボードごとに異なるドライバが制作されるため、ドライバのアップデートも、旧型品を持っているユーザーへの配慮も複雑になる。

これらの厄介な問題に対してエヌビディアが出した答は、統合ドライバ・アーキテクチャ（UDA）だった。エヌビディアのチップはすべて同一のドライバを使用し、インターネットから簡単にダウンロードできるようにしたのである。ドライバがチップを識別して自動で対応するので、ユーザーはドライバとチップの組み合わせを心配する必要がなく、非常に使い勝手が良くなった。またこの方式では、ボード・メーカーではなくエヌビディアがドライバの設計・販売まで手がけられるようになった。

ドライバの開発期間を短縮するため、エヌビディアはエミュレーションへの設備投資をさらに増やした（註3）。その結果、チップ完成の四～六カ月前からドライバの開発に着手することが可能になっている。

開発サイクルを短縮すると、新製品がそのクラスで最高の地位を占める確率が高まるというメリットがある。エヌビディアの開発サイクルが六カ月、ライバル社が一八カ月だとすると、エヌビディア製品は、八三％の期間はライバル製品を上回る計算になる。加えて、ひんぱんに新製品がリリースされるので絶えず話題に上ることになり、高価な広告への出費を抑えられる。さらに、サイクルが短ければ技術者は早く経験を積めるので、製品開発のコツを早く会得できるだろう。

この新しい戦略を実行するに当たって、エヌビディアは手元資金をエミュレーション装置と新型チップの開発に注ぎ込んだ。こうして一九九七年八月にリリースされたリーヴァ（Riva）128は、描画品質ではライバルの3dfxに劣るものの、その高速性と解像度が高く評価された。また低価格だったため多くのボード・メーカーで採用され、まずまずの成功を収める。おかげでエヌビディアは息を吹き返し、次の製品開発に資金を回せるようになった。

そして一九九八年にリリースされた後継製品のリーヴァTNTで、エヌビディアは新たな一歩を大きく踏み出す。これは統合ドライバを採用した最初のチップで、マイクロソフトのダイレクトX6に対応している。この製品と後継のTNT2はほとんどの基準で競合製品を上回る評価を得た。そしてTNT2から七カ月後にはジーフォース（GeForce）256を投入。これは、3Dグラフィックスに新たな地平を切り拓く画期的な製品である。なにしろチップ上にほぼ二三〇〇万個のトランジスタが詰め込まれているのだ。この集積密度は、インテルのCPUペンティアムⅡの二倍に相当する。また浮動小数点計算能力は五〇ギガフロップスに達し、クレイT3Dスーパーコンピュータに匹敵した。チーフ・サイエンティストのデービッド・カークは、「エヌビディアの技術力はどんどん上がり、製品の性能はCPUの一〇倍のスピードで向上している。ジーフォースはたった一〇〇ドルだが、一九九二年当時で一〇万ドルもしたシリコン・グラフィックスのリアリティ・エンジンより高速だ」と話している。

エヌビディアは性能面で業界リーダーの座を確立すると、今度は製造期間の短縮やドライバ問題、ボード・メーカーとの価格交渉などに乗り出した。まず経営陣は、グラフィックボードの大手であるダイアモンド・マルチメディアが競争優位を失いつつあるのを見抜いてマージンの引き下げを交渉したが、同社は頑として応じなかった。

そこで今度はデルに乗り込んでプレゼンテーションを行い、業界慣行の問題点を指摘したうえで統合ドライバ・アーキテクチャの利点を訴えた。デルの反応は好意的で、エヌビディアのチップを搭載し香港メーカーが製造したボードの採用に踏み切る。この後エヌビディアは次第に受託製造企業との契約を増やしていった。デルの受託製造企業はボードのブランドを自由に選ぶことができるので、多くの場合にエヌビディアの名前を選んでくれるからである。

その後五年間、エヌビディアは短いサイクルでのリリースと3Dグラフィックスの性能向上というパターンを継続し、一九九七〜二〇〇一年の四年間で一五七%の性能アップという驚異的な数字を記録（ちなみに性能は、一定時間内にレンダリングできるピクセル数を示すフィルレートで計測する）。さらに二〇〇二〜〇七年には年平均六二%の性能向上を達成した。これは半導体技術の進歩と歩調をそろえており、たとえばインテルのＣＰＵの処理能力はほぼ同じペースで向上している。ただしＣＰＵの場合、せっかくインテルが努力しても、同社にはどうにもならないハードウェアやソフトウェアのボトルネックで十分効果を発揮できないことが多い。これに対してエヌビディアの性能は、ただちに直接ユーザーが実感できる。ゲームファンは首を長くして新たな高性能品を待っているのだ。

技術の変化は往々にして業界構造の変化を引き起こす。ここでは、チップ・ベンダーであるエヌビディアとボード・メーカーの関係が変わった。意外なのは、この変化の重要性を見抜いた人がほとんどいなかったことである。従来型の産業であれば、ボード・メーカーがエヌビディアのエミュレーターの開発に初期段階から関与していただろう。ただしこれではボード・メーカーの交渉力が増大するうえ、情報がライバルに漏れる恐れがある。

ダイアモンド・マルチメディアについて言うと、エヌビディアの経営陣は、グラフィックスが2Dから3Dに移行したため、ダイアモンドの従来の付加価値はほとんど失われたと判断した。そこでマージン引き下げを要求したわけだが、ダイアモンドは頑として拒んだ（マージンは約二五％にも達していた）。

標準的な産業分析では、デルのように有力な買い手は、エヌビディアに不利だと結論づけられるだろう。だがエヌビディアの立場は、大手パソコン・メーカーに頼らなくても販路を確保できるダイアモンドとはちがう。ダイアモンドという強力なブランドに拮抗するためには、エヌビディアはこうした大口需要家の力に頼る必要があった。一般に模倣製品を売るのであれば、細分化した小口の買い手のほうが好ましい。これに対して卓越した製品を持っているのであれば、デルのような大口需要家に買ってもらうほうがスポットライトを浴びやすい。

ライバルの脱落

3Dグラフィックスに関するエヌビディアの戦略はきわめてうまくいったが、そこにはライバルがついて行けなくなって脱落するという要因も働いていた。どこか一社が大成功を収めるときには、必ずと言っていいほど競争相手がまずい対応をしているものである。もちろん、成功企業の特許その他の法的な保護が競争を阻むケースもあるが、たいていは成功企業から学ぶのをよしとしなかったり、追随し損ねたりすることが原因である。エヌビディアは集積密度の向上に全力投球しつつ、自社の短いリリース・サイクルには競合各社が追随できないだろうと冷静に見抜いていた。

ライバルの3dfxは、アナリストのまちがったアドバイスや新CEOの根拠のない直感に従って、大衆市場向けに路線転換してしまった。ゲーマーの間で高い評価を得ていた技術力を存分に活用せず、優秀なエンジニアをローテク製品に投入したのである。さらに、「インテル・インサイド」キャンペーンをまねて広告支出を増やしたほか、ボード・メーカーのSTBシステムズを買収して自前のボード製造に乗り出す、といった行動をとった。こうしてリソースを薄く広く投入しながらも、次世代製品には能力的に無理な目標を立て、結局は発売が遅れに遅れる。それやこれやで3dfxは二〇〇〇年に入ると工場を売却し、特許やブランドや在庫などの資産をエヌビディアに売り渡すことになった。

表面的には3dfxの方向転換が誤りだったように見えるが、もう一歩踏み込んで見れば、エヌビディアの短いリリース・サイクルが3dfxを焦らせ、一貫性を欠く対応に追い込んだと分析できる。ハンニバルがカンネーの戦いでローマ軍相手にやってのけたように、エヌビディアは競争相手を巧みに煽って無理な挑戦に追い込んだのである。

一方、インテルは高性能3Dグラフィックス市場では競争について行けなかった。まちがいなく偉大な企業であり技術力では世界最高水準でありながら、インテルには柔軟性が欠けていた。業界アナリストのジョン・ペディーは、「インテルはCPUを開発するのとまったく同じようなやり方でグラフィックチップi740を開発した。これでは、3Dグラフィックス業界ではやっていけない。インテルの開発サイクルは六カ月でも一二カ月でもなく、一八～二四カ月だった。彼らは、グラフィックチップなどという副業のために自社のやり方を変えるつもりはなかったのだ」と指摘する(註4)。

とは言えインテルは、標準的な2Dグラフィックスでは、自社製品をマザーボード・チップセットに組み込むというやり方で市場を制圧している。二〇〇七年にインテルは高性能3Dグラフィックス市場への参入計画第二弾を明らかにしたものの、二〇〇九年一二月にはこれを打ち切った。

グラフィックチップの大御所であるシリコン・グラフィックスでは、創業者のジム・クラークが一九九四年に会社を離れ、新CEOのエド・マクラッケンは企業向けの大規模ワークステーションやサーバーに関心を持っていた。彼は「売上を五〇%伸ばすにはどうしたらいいか、創造的に考えろ」と檄を飛ばし(註5)、ワークステーション・メーカーを次々に買収して成長をめざした。

だが時代は変わりつつあった。シリコン・グラフィックスのプラットフォームは独自のプロセッサと自前のOSから構成されており、必然的に高価だったが、その頃には安価なウィンドウズ+インテルのワークステーションの性能が向上し、シェアを徐々に拡大していたのである。シリコン・グラフィックスはこれに対して打つ手がなく、PCベースの3Dグラフィックス市場にはついに参入しなかった。数々のすぐれたアイデアと人材を輩出し、一時は時価総額七〇億ドル以上に達していたシリコン・グラフィックスは、二〇〇六年に破産申請する。

> マクラッケンの「売上を五〇%伸ばせ」というのは、典型的な悪い戦略である。この手のスローガンが戦略としてまかり通っている企業があまりに多い。マクラッケンは目標を立てただけで、それを実現するための方法を設計していない。さらに言えば、成長とはあくまで戦略がうまく実行できたときに結果としてついてくるものであって、成長そのものを作り出そうとするのはまちがっている。マクラッケンの下でシリコン・グラフィックスが仮に成長できたとしても、それは買収した企業の売上高を足し合わせただけのことである。しかもこれらの企業のワークステーション戦略は、すでに陳腐化していた。

エヌビディアの唯一の競争相手は、カナダのATIテクノロジーズだった。当初、ATIはエヌビディアの六カ月のリリース・サイクルに置き去りにされていた。だが二〇〇〇年に、やはりシリコン・グラフィックスの開発エンジニアたちが設立したArtXを買収してから、企業文化ががらりと変わる。同社は六カ月のサイクルで新製品を投入するようになり、しかも性能でもエヌビディアにひけをとらなくなった。ATIは二〇〇六年に、インテルの最大のライバルである半導体メーカーAMDに買収されている。

ＡｒｔＸに手を出さなかったのは、エヌビディアにとって戦略的な大失敗である。この業界では人的なつながりが希薄で、しかも優秀な人材のことは誰もがよく知っている。ＡｒｔＸのような人材の宝庫はほかにもたくさんあるだろうから、同社を買収することはエヌビディアにとってさほど意味がないかもしれない。だが、たとえエヌビディアが当面は人材を必要としていなくとも、ＡｒｔＸを買収してしまえば、優秀な人間をよそにとられることは防げたはずだ。

今後の展望

エヌビディアが選んだのは、地球上で最も競争が激しく、しかも変化の速い分野と言ってよい。したがって、一九九八〜二〇〇八年に成功した戦略が今後もうまくいくとは限らない。エヌビディアがうまく乗った変化のうねりは、終息しようとしている。シリコン・グラフィックスが構想したことはもはやほとんど実現したし、ゲーマーも次世代グラフィックチップを以前ほど待ち望んではいない。ダイレクトXは複雑になりすぎて、すべての機能に習熟しているゲーム会社はほとんどいないほどである。

現在のエヌビディアは、戦略的には二つに枝分かれしている。一つの方向性は、グラフィックチップのコンピューティング能力を活用することである。なにしろグラフィックチップには数百個の浮動小数点プロセッサが含まれているのだ。この方向性を実現したのが「テスラ（Tesla）」と名づけられたGPUで、デスクトップにまさにスーパーコンピュータの能力を供給する。二〇一〇年一一月には、このテスラを搭載した中国のスパコンが世界最速の栄誉を獲得した。

エヌビディアの第二の方向性は、コンピュータに必要な機能を一枚のチップに収めることで、こちらは統合型プロセッサの「テグラ（Tegra）」シリーズとして形になった。エヌビディアはこのシリーズで下克上を狙っており、インテル＋ＡＭＤ＋ウィンドウズの権威を打ち倒そうともくろんでいる。テグラはスマートフォン、タブレット型コンピュータ、ゲーム機などに使用されている。テグラはきわめて小型かつ軽量で、高解像度の動画を一回の充電で連続一〇時間再生できる。

この二つの方向性はどちらも成功する可能性があり、ライバル社にとっては相当手強いことだろう。ただ、この業界に確実なことは一つもなく、どちらの道にもさまざまな難題が待ち受けていることはまちがいない。

第3部

ストラテジストの思考法

戦略を練り上げるときは他人の視点に立つことが重要だ、目の前の状況がライバルの目あるいは顧客の目にどう映っているか考えてみるといい――このようなアドバイスをよく聞く。しかしこのアドバイスでは、大事なことが見落とされている。それは、そもそもどうやって戦略を考えるのか、自分自身の思考法について考えることである。

人間は自分の思考を意志の力で完全にコントロールすることはできない。そのことに気づくのは、たとえば、危険や病気や死について熟考すべきときに、どうしても考えられないときである。[*] 考えというものは、その大半が、意志の力でひねり出すと言うよりは単にひょいと思いつくものだ。こうしたわけだから、次々に戦略を考えついたとしても、どうしてその考えが出てきたのかを振り返ることはめったにない。しかも、その戦略が正しかったのか、事後に検証しないことも多い。

第3部では、より良い戦略を練るために役立つ思考法を紹介する。第16章では、戦略と科学的な仮説の共通点を探る。どちらの思考過程にもある種の飛躍があり、理論的・実証的な検証を経るまでは鵜呑みにすべきではない。第17章では、目先のことや最初に思いついたことにとらわれがちな傾向を指摘し、思考の幅を広げるためのテクニックを紹介する。最後の第18章は、重要な問題で自分自身の判断を下すことの大切さを論じる。リーダーになる人は、この点をもっと認識しなければいけない。この章では光ファイバー大手だったグローバル・クロッシングの破綻と二〇〇八年の金融危機を題材に取り上げ、経営者やアナリストが周囲に流されて自らの判断を放棄した過程に注目する。

* James S. Uleman and John A. Bargh, eds., *Unintended Thought* (New York: Guilford Press, 1989) などを参照されたい。

第16章

戦略と科学的仮説

良い戦略は、これはうまくいく、あれはうまくいかない、それはなぜか、といった実際的な知識に基づいている。基礎的な知識やいわゆる常識も大切だが、それらは誰にでも手に入るので、決定的な要因にはなりにくい。最も価値のある知識は、企業にとって独自の知識、自ら発見あるいは開発した知識である。

企業は、これから進出する分野や強化する分野を積極的に開拓して独自の知識を収集する。科学でいえば、「経験主義」を実践するわけである。良い戦略は、他社には入手できないような独自の知識を存分に活かす機会を提示する。

新しい戦略は、科学の言葉で言えば、「仮説」である。そして仮説の実行は「実験」に相当する。実験結果が判明したら、有能な経営者は何がうまくいき何がうまくいかないかを学習し、戦略を軌道修正する。

戦略とは仮説である

私は、航空・衛星通信大手のヒューズ・エレクトロニクスで戦略策定のコンサルティングをしたことがある。一度工場を見学したときにはたまげたものだった。格納庫のような巨大なスペースにこれまた巨大な通信衛星が鎮座し、現代のカテドラルのように輝いている。先端技術がぎっしり詰まったあのばかでかいものが地球の上空二万マイルの静止軌道を数十年も回りつづけるとは、驚くほかない。

ヒューズ・エレクトロニクスでは通信衛星や偵察衛星を始めとする各種衛星のほか、ミサイル・システムなども扱っている。経営陣はみな技術畑出身だった。

戦略策定に当たっては、まず私から簡単なレクチャーを行い、次には逆に衛星ビジネスについてレクチャーを受けた後、現在の問題点に移った。ところが議論が一向に進まない。経営陣が私のやり方に満足していないことは明らかだった。バリーという経験豊富な幹部が数人とごそごそ話した末に、とうとう声を上げた。

「ちょっと待ってくれ。こんな議論をしても無意味じゃないか。確たる理論が何もないんだからね。われわれに必要なのは、Aをやったら何が起き、Bをやったら何が起きるかを確実に知る方法を見つけることだ。それもわからないのに、最善の戦略が立てられるはずがない。われわれは、計画ならちゃんと立てている。そもそも衛星は緻密な計画なしに作れるようなものではないのだからね。だが戦略というやつ、これはまるで中身がないように見える」

バリーの発言は的を射ていた。私もかつてはエンジニアだったから、彼らの考え方はよくわかる。

エンジニアというものは、荷重に耐えられるかもしれない橋を設計することは絶対にない。あらゆる手を尽くして不確実性をつぶしていく。そして何千もの要素を一つ残らず考慮し、すべてをうまくかみ合わせてシステムを作動させるのである。こういう技術者がビジネスの世界に足を踏み込み、直感で方針を決めるエグゼクティブたちを見てどれほど動転したかも想像がつく。しかもあきれたことに、この連中は自分たちの判断の事後評価すらしないのである。

私は、何か答えなければ、と焦った。そして不意に、戦略と科学の類似性に気づいたのである。私は次のように発言した。

「科学的な知識はどこから来るのだろうか。みなさんはそのプロセスをよく知っていると思う。良い科学者は、すでにわかっている知識を限界まで獲得すると、そこから先へ進むために推論を行う。未知の領域で何が起きるか、仮説を立てるわけだ。科学者が知識の限界を超えようとせず、手持ちの知識の範囲内にとどまるなら、何の不安も苦労もないだろう。だが、発見の喜びも栄誉もない。

同じようにビジネスの世界の戦略も、既知の領域と未知の領域のはざまに存在する。他社と競争をしているうちに、知識の限界まで追いつめられる。そこを超えなければ先んじるチャンスはない。未知の領域へ足を踏み出すのだから、わからないことだらけだ。みなさんが危惧するのはよくわかる。チャンスには危険がつきものなのだから。

科学の世界では、まずは既知の法則や経験に照らして仮説を検証する。仮説が基本的な法則や過去の実験結果に反しないか、確かめるわけだ。このテストに合格した仮説は、現実の世界でのテスト、すなわち実験で検証しなければならない。

戦略の場合にも、すでにわかっている原則や過去の経験に照らして検証する。このテストに合格したら、実際に試してみて何が起きるかを調べることになる。

知識の限界でうろうろしているとき、確実にうまくいく戦略を要求するのは、科学者に確実に真実である仮説を要求するのと同じことだ。これが理不尽な要求だということはおわかりいただけるだろう。良い戦略を立てることと、良い仮説を立てることは、同じ論理構造を持っている。ちがいは、科学的知識の多くは共有されているが、経営に関して蓄積された知恵は業界や企業固有のものだという点だけだ。

要するに良い戦略とは、こうすればうまくいくはずだ、という仮説にほかならない。理論的裏づけはないが、知識と知恵に裏づけられた判断に基づいている。そして、みなさんのビジネスについて、みなさん以上に知識と知恵を持ち合わせている人は誰もいない」

これで呪縛が解け、議論は袋小路から抜け出した。「戦略とは仮説である」という前提の下で、各自が自分の判断を発言しはじめたのである。

エンジニアは、整然と推論を重ねて問題を解決するプロセスを「クランクを回す」と表現する。クランクとはエンジンを手動で動かすときに使う道具のことで、この表現は、解決の質はエンジン（推論システム）に左右されるのであって、クランクを回す人間には左右されない、ということを意味する。あとになって考えると、ヒューズ・エレクトロニクスの経営陣は、「クランクを回す」ように戦略を立てられると期待していたらしい。コンサルタントが賢い戦略策定マシンを持ち込んでくれるから、それを動かせばうまいこと戦略がアウトプットされると考えたのだろう。

啓蒙思想と科学

継続的に良い結果が出ている状況で、かつ開拓すべき新たな機会がなさそうなときや新たなリスクが見当たらないときは、新しい発想はとくに必要としない。そんなときは「これまで通りのことをこれまで以上にがんばる」のが論理的に正しい戦略となる。だが変化の速い流動的な世界では「これまで通り」でうまくいくことはめったにない。変化する世界で良い戦略を立てるには何かしら起業家精神の味つけが必要であり、新しいアイデアや知見をもって新たなリスクやチャンスに備えることが求められる。

クランクを回して整然と一定の手順で戦略を立てるようなやり方では、ほんとうにおもしろいアイデアは出て来ない。純粋な数学の分野でさえ、新しい定理を打ち立てるのはきわめて創造的な行為である。

三段論法のような具合に順序正しく戦略を立てられるという考え方は、知る価値のある情報はすでにすべて知っていることが前提となる。そうすれば、あとはその情報を投入して手順を踏んでいけばよい。たとえばニュートンの万有引力の法則が与えられていれば、太陽を回る火星の軌道は求められる。あるいはタンカー、パイプライン、精油所のコストと能力が与えられていれば、原油と精製品の流れを最適化できる。このように、知るべきことがすべて与えられていれば、問題はクランクを回すだけになる。

重要な知識はすでに全部持っているとか、権威ある既知の情報源から入手できるという前提に立っていると、イノベーションは生まれない。このような前提の下では社会の変革は圧殺され、組織や企業の改善や近代化は阻まれて、「いまのやり方がいちばんいい」ということになってしまう。戦略を立てるに当たっては、居心地の良い前提や安心できる推論システムを捨てて、危うい未知の領域に踏み込んで自らの判断や洞察に頼らなければならないのである。

■　■　■

しかしこのような姿勢は、ローマ帝国滅亡以降一〇〇〇年の長きにわたって西欧世界から失われていた。「重要な知識はすべて明らかにされた」という主張がまかり通って真理の追究は阻止され、知的探究心は信仰や芸術や内省に、あるいは戦争へと向けられた。西欧が突如として理性と論理に目覚めたのは一七世紀に入ってからである。人々は科学、政治、哲学の分野で世界を支配する根本的な法則を探そうとし、権力や信仰や慣習を意図的に捨て去ろうとした。このような姿勢は啓蒙思想と名づけられ、一六三〇〜一七八九年を啓蒙時代と呼ぶ。啓蒙思想を主導したのは、ルネ・デカルト、トマス・ホッブス、デービッド・ヒューム、トーマス・ジェファーソン、ゴットフリート・ライプニッツ、ジョン・ロック、アイザック・ニュートン、トーマス・ペイン、アダム・スミス、ボルテールらである。プラトンとアリストテレスの時代に行われていた合理的探求を超えようとする思想家の一群が、ようやくにして登場したのだった。

啓蒙時代を出現させるきっかけとなったのは、ガリレオ・ガリレイの異端的な試みである。ガリレオはイタリアのピサに生まれ、ピサ大学を経てパドヴァ大学の数学教授となる。一六〇九年にオランダで望遠鏡が発明されたという噂を聞きつけ、自ら仕組みを考えレンズを研磨した末に、オランダ製よりもすぐれた望遠鏡を自作した。そして天体観測を始めると、数週間のうちに次々と驚くべき発見をしたのだった。月の表面の凹凸や木星の四つの衛星を発見したのも、銀河が無数の恒星の集まりであること、金星には満ち欠けがあることを発見したのも、ガリレオである。

当時は、長らく信じられてきた天動説と新たに登場した地動説がせめぎあっていた。前者の主な提唱者はプトレマイオス、後者はコペルニクスである。天文学者の大半は、天体の動きを正確に予測できるコペルニクスの説を支持していた。ローマの教会は、聖書の記述と矛盾するという理由から世界観としての地動説は認めなかったものの、実用計算に限ってその利用を認めていた。

ガリレオの発見が広く知れ渡ると、地動説はますます優位になった。金星に満ち欠けがあるのは太陽の周りを回っているからだと考えられたし、木星の衛星の動きからは地球も同様の運動をしていると推測されたからである。一六一六年にガリレオは第一回異端審問で地動説を唱えないよう注意を受けたにもかかわらず、一六三〇年に地動説を解説する『天文対話』を執筆。第二回の審問で無期刑に処せられてしまった。

ガリレオ審問の顛末は、またたく間にヨーロッパ中に広がる。教会と国による締め付けを打破しようとする勢いはもう止まらなかった。ガリレオは軟禁状態のまま一六四二年に死ぬが、そのほぼ一年後にはニュートンが生まれ、*啓蒙思想のリーダーとなるロックは一〇歳になっている。やがてニュートンが発表した惑星の軌道の計算方法は、教会の意向に一層鮮明に逆らうことにほかならなかった。さらにロックはこの自然界の法則を社会に当てはめようとし、「人間は地球上のどのような権力者からも生来自由であり、人間の意志や法的権威の下に置かれることはなく、その人を律する決まりとしては自然法のみを持つ」と主張した(註1)。ロックのこの考え方は一世紀後にジェファーソンに受け継がれ、アメリカ独立宣言には「すべての人間は平等につくられており、生存、自由、幸福の追求を含む侵すべからざる権利を創造主から与えられていることを、われらは自明の事実とみなす」と謳われている。

人間が権力者から押し付けられる思想から自由であるならば、何を信じたらいいか、どうやって知ることができるだろうか。啓蒙思想家が出した答は、「科学的実証主義」だった。自らの知覚と、さまざまな手段によって知覚に届けられた情報を信じる、というのである。科学者は新しい考えに反論し、実験あるいはデータの分析によってテストし、誤ったものを捨てて真実のみを残す。提出された考えにこのように反論することこそ、科学的思考の根幹と言えよう。客観的に検証可能な事実によって証明できなければ、科学的とは言えない。たとえば宗教的な悟りなどは検証できないが、これらは

* ニュートンの誕生日は一般に一六四二年一二月二五日とされている。しかし当時の英国の暦はユリウス暦、バチカンはグレゴリオ暦である。グレゴリオ暦では、ガリレオは一六四二年一月八日に死去し、ニュートンは一六四三年一月四日に生まれたことになるので、ちょうど一年後とは言えないわけである。

科学的とは言い難い。

科学の世界では新しい考えを「仮説」と呼ぶが、この言葉は、新しい考えが証明されるのを待っていることをみごとに言い表している。新しい考えは、既存の知識のみからは生まれない。新しい考えを生み出すのは、深い洞察であり創造的な判断である。そして科学の科学たる所以は、現実の世界からとりだした実証データによって仮説の価値が決まるということだ。けっして、仮説の提唱者の階級や富や人気で決まるのではない。これこそが、啓蒙思想が巻き起こした革命だった。

戦略は、世界がどう動くかを知識と経験に基づいて予測する点で、科学的仮説と共通するものがある。戦略の最終的な価値は、雑誌に取り上げられたとか、本の売れ行きが良いといったことではなく、成功したかどうかで決まる。したがって戦略策定の作業は実証的かつ実際的にならざるを得ない。とりわけ企業においては、どのような製品やサービスが必要とされるか、人間はどう行動するか、あるいは組織はどう運営すべきかについてどれほど立派な理論があるとしても、それが現実にうまくいかなければ、生き残れない。

科学の世界では森羅万象の一つひとつに説明を与えようとするのに対し、ビジネスの世界では理解や予測の対象ははるかに狭い。だが、普遍性に欠けるからと言ってビジネスが非科学的だということにはならない。科学とは方法であって結果ではない。データに注意を集中する科学の方法は、ビジネスの基本でもある。

アノマリー

アノマリー（異常）とは、定説や常識から逸脱した現象を意味する。ある種の人々にとってアノマリーは苛立たしい頭痛のタネだが、別のタイプの人々にとっては何か貴重な手がかりが得られるチャンスである。科学においては、アノマリーは開拓されるのを待っている未知の領域である。

私は大学院生で貧乏暮らしをしていた頃、壁のぼろ隠しにアンドロメダ大銀河（M31）を大きく引き伸した天文写真を貼っていた。平たい円盤状の渦巻き銀河で、約三〇度傾き、中心部は美しく光り輝いている。このような銀河が宇宙には多数存在しているのだ。

遠く離れてみたら、私たちの天の川銀河もM31と同じように見えることだろう。太陽系は天の川銀河の中心から伸びた「オリオンの腕」にあり、銀河中心の周りを毎秒二二〇キロメートルの速度で二億四〇〇〇万年かけて一周する。中心に近い星は太陽より速く、遠い星は太陽より遅く一周することになる。

銀河系に関しては、私が大学院生だった頃から現在までの間にさまざまなアノマリーが発見された。たとえば、銀河系の質量の大半は密度の高い中心部に集中しているので、重力の法則からすれば中心から遠い星ほど軌道半径が長くなるだけでなく、速度も遅くなるはずである。ところが一九八〇年代初めに銀河系の回転速度を電波観測したところ、周縁部も中心部も速度は同じだったのである。これはまさしくアノマリーであり、銀河系の「回転曲線問題」と呼ばれている。

この問題は、宇宙について何か根本的な認識がまちがっていることを示唆しており、多数の研究者が解明に取り組んでいる。現在立てられている有力な仮説は二つある。第一は、私たちの目を楽しませてくれる輝く星たちは実際には宇宙空間の一〇％程度を占めるに過ぎず、残りは暗黒物質だという説である。この説はなかなか人気があるし、銀河系はこの見えない暗黒物質の中に埋め込まれていると仮定すると、アノマリーの説明はつく。だが言うまでもなくこの仮定を採用すれば、暗黒物質とは何か、どのように生成されたのか、など次々に別の疑問が湧いてくる。第二の仮説は、ニュートンおよびアインシュタインの重力の法則は誤りだった、とする説である。こちらは、第一の仮説ほど支持されていない。

このように、銀河系の回転速度という単純な問題から、まったく異なる二つの方向性が出てきたことになる。宇宙の大半は暗黒物質だという仮説にせよ、重力の法則はまちがっているという仮説にせよ、途方もないことだ。

このようなアノマリーは、比較対照から発見されることが多い。ただM31大銀河を見ているだけでは、アノマリーには気づかないだろう。シャーロック・ホームズがワトソンによく言うように、「見ているだけではだめだ、観察しなければいけない」。アノマリーは、鋭い観察者が事実と定説とを注意深く比較したときに、立ち現れる。

エスプレッソのアノマリー

一九八三年、イタリアを訪れたハワード・シュルツはコーヒーを巡るアノマリーに気づく。当時のシュルツは、深煎りコーヒー豆を販売する小さなチェーン店でマーケティング担当マネジャーを務めていたに過ぎない。スターバックスのサクセスストーリーは、まさにこの発見から始まるのである。シュルツは、ミラノのエスプレッソバーに初めて行ったときのことを次のように回想している。

「背の高い痩せた男が、ボンジョルノと陽気な声をかけてくれた。その男、つまりバリスタが金属製のバーを押し下げると、蒸気がしゅーしゅー漏れ出す。カウンターには肘をくっつけ合うようにして客が三人並んで立っており、バリスタはその中の一人に小さなデミタスカップに入ったエスプレッソを渡した。次の客には、手で淹れたカプチーノ。きめこまかな白い泡がふんわりと載っている。バリスタの動きは手際よく滑らかで、豆を挽くのとエスプレッソを抽出するのとミルクを温めるのをいとも簡単そうにやってしまう。しかもその間ずっとお客と楽しそうにおしゃべりしているのだ。いやはや、なんてすてきな光景だろう。

私はその日、イタリアのバールの秘密に触れたように思う。バールはイタリア人の日常になくてはならないものだ。だから、いつ行っても活気にあふれている。一つひとつどこも個性的だが、大きな共通点もある。客同士やバリスタが親密でなごやかな雰囲気があることと、バリスタがじつに腕利きで商売上手だということだ。当時イタリアには二〇万軒ものバールがあり、フィラデルフィアと同じ規模のミラノだけでも一五〇〇軒あった」（註2）

さらにシュルツは小売業者の目で、客の回転が早いこと、コーヒーの値段が比較的高いことも見抜いている。

シュルツにとって、ミラノでの体験はアノマリーだった。シアトルでは深煎り豆はニッチ製品であり、コーヒー好きの目利きの買い手（幸いにもその数は増えつつあった）相手の商売である。シアトル、いやアメリカ中の大多数の人は、薄味の安いコーヒーをがぶ飲みしていた。それなのにミラノでは高品質の高いコーヒーをごくふつうの市民が毎日飲んでいる。アノマリーはもう一つあった。アメリカではファストフードと言えば安物であり、使い捨て容器で提供されるのに対し、ミラノの「ファストエスプレッソ」は高価で、磁器のカップで供され、店の雰囲気もあたたかく、社交場のイメージを保っている。アメリカ人とイタリア人の生活水準はたいして変わらないはずだが、なぜアメリカ人はまずいコーヒーをそそくさと飲んでいるのだろうか。なぜアメリカにはコーヒーをゆっくりと楽しむ文化がないのだろう。

ここでシュルツは戦略的な仮説を立てた。イタリアのエスプレッソ体験はアメリカでも再現でき、きっと人気になるだろう、という仮説である。さっそくシュルツは、会社（スターバックス・コーヒー・カンパニー）の社長にミラノでの体験を伝え、エスプレッソをアメリカでも提供したい、と直訴する。社長は試してみてもいいと許可し、シュルツに小さなスペースを与えてくれた。しかしうまくいくとは考えていなかった。そもそも同社は豆の販売が本業で、エスプレッソバーの経営が目的ではない。それに、エスプレッソを出す店なら昔からあったが、あんなものを飲みたがるのは物好きか変人と決まっていた……。

コーヒー文化のちがい

ハワード・シュルツが社長を口説き落とした「コーヒーショップ」というコンセプトは、全然目新しいものではない。アラブ人は六〇〇年前からコーヒーを飲んでいたし、ヨーロッパでは一六五二年にイングランドのオックスフォードで最初のコーヒーハウスが開店している。かのニュートンが一〇歳の頃だ。啓蒙思想が隆盛になったのはコペルニクス的転回や宗教改革がきっかけだとしても、この思想に日々の活力を与えたのは、まちがいなくコーヒーだった。

イングランドでは、コーヒーハウスは独自の発展を遂げた。まともな服装さえしていれば誰でも入れ、一ペニー払えば一日中テーブルを占有できるのである。居酒屋とは異なり、酔っぱらってのどんちゃん騒ぎはない。かといって一人沈思黙考するわけではなく、活発な議論がコーヒーハウスの特徴だった。コーヒーハウスへ行けば本も新聞もあったし、多くの客がそこを自分の郵便の宛先にしていた。ニュートンはグレシャンによく行っていた（そこでイルカの解剖をしたことはよく知られている）。ジョン・ドライデンはウィルズがお気に入り。アダム・スミスは、ブリティッシュ・コーヒーハウス（ロンドンに住むスコットランド人思想家のたまり場だった）で『国富論』を書き上げたのだし、ジョゼフ・アディソン、アレクサンダー・ポープ、ジョナサン・スウィフトはボタンズの常連だった。

イングランドでは、日中の飲み物としては最終的に紅茶がコーヒーにとって代わり、ロンドンのコーヒーハウスは次第に姿を消して、会員制のクラブやレストラン、あるいはオフィスに変身することになる。たとえばエドワード・ロイズのコーヒーハウスは保険のロイズに、ジョナサンのコーヒーハウスはロンドン証券取引所に姿を変えた。そこでは、使い走りはいまだに「ウェイター」と呼ばれている。

アメリカでは、コーヒーはまったくちがった歴史を辿った。ボストン茶会事件と米英戦争で紅茶の貿易が中断された結果、コーヒーへの関心が高まった。アメリカ人にとって、コーヒーは安価な紅茶の代用品だったのである。安いから心置きなくがぶ飲みできる。というわけで一八二〇年頃にはコーヒーへの切り替えは完了し、アメリカは世界最大のコーヒー市場となった。

二〇世紀初めには、エチオピア原産のコーヒーの木（アラビカ）に代わるものがコンゴで発見される。ロブスタ種である。ロブスタ種は生長が早く、病気に強く、収穫が容易で、カフェインを多く含む。風味はアラビカ種よりややきつく、まろやかさに欠けるが、アラビカとブレンドすればあまりちがいはわからなくなるし、砂糖やクリームを加えればなおのことだった。こうして新しく発見された安価な豆のおかげで、コーヒーはアメリカ人の間でどっと普及する。さらにインスタントコーヒーが開発され、アメリカ人はエチオピア産とは似ても似つかぬコーヒーを愛飲するようになった。

アメリカ人がロブスタ種を開発し、さらにはインスタントコーヒー党に鞍替えする頃、イタリア人のルイジ・ベゼラがエスプレッソ・マシンを発明した。一九〇一年のことである。深煎りの豆に圧力をかけた蒸気を通してコーヒーを抽出する方式で、蒸気とコーヒー豆が反応して豊かな味わいになる。抽出時間が二、三〇秒と短いため、苦いコーヒー油が抽出されず、カフェインの量は控えめである。

イタリア式のエスプレッソでは表面が泡状になっている。泡は一分ほどで消えてしまうが、この泡がエスプレッソの芳香と風味を閉じ込めてくれるのだ。高圧の蒸気と特別な装置を必要とし、手間もかかるため、エスプレッソを家庭で作るのはむずかしい。そこでイタリアではエスプレッソバーがはやり、都会の社交の場となった。

仮説の検証

アメリカにエスプレッソバーを再現するというシュルツの構想は、かなりの修正を必要とすることがわかった。彼がミラノで体験したのは、単なるビジネスモデルではなく、数百年続いてきた歴史の産物だったからである。アメリカではコーヒーは安い紅茶の代替品であり、食事と一緒にも飲むし、朝昼晩いつでもちょっと一息つくときにも飲む。これに対して南欧ではコーヒーはアルコールの代用品であり、少量の強いコーヒーを「バール」で飲む。この時点でシュルツが自覚していたかどうかはともかく、彼がやろうとしていたのはただコーヒーショップを経営することではなくて、アメリカ人の味覚と習慣を変えることだった。

そのうえエスプレッソにせよコーヒーショップにせよ、全然新しい発明ではないという点も問題だった。何百万人ものアメリカ人がイタリア旅行をしているし、エスプレッソバーも体験している。だから、エスプレッソバーの存在を知っていること自体は何ら特別なことではない。新たな事業を起こして利益を上げようとするときには、何か他人が知らないこと、他人には入手できない希少な資源や価値ある情報を持っていることが決め手になる。シュルツの場合、彼しか知らない情報と言えば、ミラノのバーでの感動や閃きぐらいしかなかった。イタリアを訪れる他のアメリカ人は、まったく同じエスプレッソ体験をしたとしても、シュルツのような感動は味わっていないだろう。だがこの繊細で微妙な感覚は、もろ刃の剣と言える。この感覚を他人が容易に共有できるなら、シュルツ本人はもはや必要ない。共有できないなら、大勢の協力を得て構想を実現するのはむずかしい。

とは言えシュルツにとって幸運だったのは、コーヒーショップの開店にはさほど巨額の投資は必要ないことである。ある種のベンチャーを起こすには数億、数十億ドルの資金が必要だが、エスプレッソバーの開店資金は一〇万ドル程度で済む。

試験店舗で手応えを得たシュルツは、退職して自分で店を始める。店名はイル・ジョルナーレ（イタリア語で日刊新聞という意味）。この店は、イタリアのエスプレッソバーをそっくり再現したものだった。シュルツは、イタリアでのコーヒー体験が少しでも薄まるのをいやがったという（註3）。七〇〇平方フィートの店内は何から何までイタリア風で、椅子はなく、ミラノのエスプレッソバーと同じ立ち飲みスタイルである。エスプレッソは磁器のデミタスカップで供され、流される音楽はイタリア・オペラ、バリスタはベストにボウタイ、メニューにはイタリア語も添えられているという懲りようだった。

シュルツがこのスタイルにこだわりつづけていたら、イル・ジョルナーレはたった一軒で終わっていただろう。幸いにもシュルツのチームは、実験結果を注意深く吟味する有能な科学者のように、お客の反応を注意深く観察していた。イル・ジョルナーレは、生きた実験材料だったのである。

どんな事業でも最も価値のあるリソースは、その企業にしか入手できない情報である。と言っても神秘的な内容だとか不法に入手した機密情報というわけではない。それは、毎日の事業運営の中で得られる情報である。自社の顧客、製品、製造技術などについて最もよく知っているのは、当の企業の経営者であり社員だ。シュルツは店を始めたその瞬間から、そうした貴重な情報を蓄積していった。

そしてさまざまなことがわかるにつれて、シュルツは方針を修正する。イタリア語をメニューから消し、オペラを流すのをやめた。バリスタが重要な役割を果たす点は変わらないが、ベストとボウタイはやめた。ミラノ風のスタイルを打ち切り、椅子も導入する。やがてシュルツは、アメリカ人はテイクアウトしたがることに気づき、紙コップもとりいれた。ノンファットミルクが好まれることもわかり、さんざん悩んだ末にそれも採用した。ビジネス用語で言うなら、シュルツはイタリア式エスプレッソバーをアメリカ人の好みに合わせて「ローカライズ」したのである。

一九八七年にシュルツの会社は元いたスターバックスの小売部門を買収し、社名として「スターバックス」を採用する。こうして発足した新生スターバックスは、深煎り豆の販売とエスプレッソバーの経営を手がけることになった。一九九〇年には会社は黒字に転換し、九二年には上場を果たす。その頃には店舗数は一二五、従業員数は二〇〇〇人に達していた。

二〇〇一年には、全世界に四七〇〇店を展開し、売上高は二六億ドルと、スターバックスはアメリカの象徴的存在になっていた。売上高の大半を占めるのは、言うまでもなくコーヒー飲料（スターバックスではこれを「手作り飲料」と呼んでいる）である。残りはコーヒー豆や食品会社からのライセンス収入だった。ほんの数年前までは、アメリカ人にとって「コーヒー」と言えば、プラスチック容器入りの七五セントの飲み物だった。それがいまではどの都会へ行ってもスターバックスのおしゃれな店があり、若いビジネスマンがトールサイズのラテをすすりながら足早に行き交う光景が当たり前になった。

ハワード・シュルツが夢見たのは、シアトルにイタリア式のエスプレッソバーを輸入することだった。かれはこの仮説がうまくいくと信じて試した。だが実験を通じて情報を収集するうちに、修正が必要であることに気づく。シュルツは修正し、テストを繰り返した。何百回もの試行錯誤の末に、もとの仮説は原形をとどめないほどになる。代わって新たな仮説が積み上げられ、それぞれの良いところが採用され、またテストされた。仮説、データ、新たな仮説、データ……と繰り返されるこの学習プロセスこそ、成功する企業に必須のものと言えよう。

独自情報の価値

スターバックスが成功した一因は、多くの人が都会のオアシスで「手作り飲料」を飲むために喜んで高いお金を払ったことにある。だがビジネスの世界ではつねに競争があるはずだ。なぜスターバックスは長年にわたって他を寄せ付けなかったのだろうか。二〇〇一年の春、私はこの疑問をジョー・サントスにぶつけてみた。ジョーはフランスのビジネススクールＩＮＳＥＡＤで戦略を教えているが、その前はセガフレード・ザネッティというコーヒー豆販売会社のＣＥＯを務めていたからである。セガフレード・ザネッティはヨーロッパでは大手で、レストランやエスプレッソバーに豆を卸している。「ジョー、エスプレッソはもともとヨーロッパの飲み物だし、ヨーロッパには専用の豆を売る企業もたくさんある。それなのに、なぜスターバックスだったのだろう。ヨーロッパのコーヒー豆会社がコーヒーショップを経営したってよさそうなものじゃないか。少なくともスターバックスの欧州版をやることはできたはずだ。一九八〇年代後半にスターバックスが伸びはじめたとき、君たちも気づいていたはずだろう？」

ジョーは首を振った。ヨーロッパの企業にとってスターバックスを理解するのはむずかしかったという。

「スターバックスの存在には気づいていたさ。だが、規模の問題があることを君は認識しなければいけない。セガフレード・ザネッティは毎週五万店のカフェやレストランに豆を卸している。これは大きなビジネスだ。これに対してスターバックスはあまりに小さかった。アメリカにもクラフト、サラ・リー、P&Gなどコーヒー豆を扱う食品大手は存在するが、彼らはみなマス・マーケットを相手にしている。*

ヨーロッパの視点から見ると、そもそもスターバックスとは何者なのか、位置づけがわかりにくかった。ヨーロッパでは、豆屋は豆屋であって、飲食店ではない。一方マクドナルドは飲食店

* クラフトが展開するコーヒーの主要ブランドは、マクスウェルである。サラ・リーのMJB、ヒルズ・ブロス、チェース&サンボーンは一九九八年にネスレとカフェ・ピロンから買収した。P&Gの主要ブランドはフォルジャーズだったが、二〇〇八年にスマッカーズに売却した。これは、二〇〇七年からダンキン・ドーナツ・ブランドのコーヒーに力を入れはじめたためである。

であって、誰も肉屋とは言わない。だがスターバックスは実際には飲食店なのに『コーヒー会社』と見なされている。どうやらアメリカ人にとって、コーヒーは他の食品とは別扱いのように見えた。

そのうえヨーロッパから見ると、スターバックスはアメリカ風のコーヒーショップだ。アメリカ人はあれをイタリアのエスプレッソバーだと思っているのかもしれないが、本物のエスプレッソバーではみんな立って飲む。それに、大半の客が頼むのは純然たるエスプレッソで、カフェラテは朝食のときか子供しか飲まないし、テイクアウトもしない。コーヒー豆は自前ではなく、専門の卸、たとえばセガフレード・ザネッティから仕入れる。またエスプレッソバーは小さな家族経営の店が普通で、大規模チェーンなど存在しない。

対照的に、スターバックスではコーヒーは座って飲むか、でなければテイクアウトだ。だから容れ物は紙コップになっている。コーヒー豆はすべてスターバックス・ブランドで、店舗も会社が所有している。おまけにメニューには、ヨーロッパ人が聞いたこともなければ飲みたくもないような、長ったらしい得体の知れない飲み物が並ぶ。飲み物の大半はミルク・ベースだ。実際、ヨーロッパ人の目から見ると、スターバックスはコーヒー屋というよりはミルク屋だね。なにしろ飲み物の大半は、コーヒー味のするミルクなのだから。

スターバックスは豆屋と飲食店を合体させただけでなく、アメリカ人のチェーン店好きと市場からの資金調達を主流とするやり方にうまく乗った。ヨーロッパの企業よりずっと速いペースで拡大できたのは、そのためだ。いまになってようやくわれわれはスターバックスの位置づけを理解しはじめているが、もはや相手は手強い存在になっている。だがこれは忘れないでほしいのだが、世界のコーヒー豆ビジネス全体から見ると、スターバックスはまだ小粒のプレイヤーに過ぎない」

ジョー・サントスの発言から、既存大手にとってスターバックスは立ち位置がよくわからない存在だったことがうかがえる。とりわけジョーにとっては、スターバックスが垂直統合型の企業で、自前の豆を扱い、自前の店舗で提供しているところが奇妙に映ったのだろう。とは言え、スターバックスは競争相手を攪乱するために垂直統合型を選んだわけではない。万事を自前でまかなうことによって貴重な独自情報が得られるから、このスタイルを選んだのである。

統合がつねに良いとは限らない。社外のサプライヤーから良い製品やサービスを買えるなら、高いコストと労力をかけて自前でやるのは、おそらくムダである。だが多数の要素の相互作用から得られる情報が多くて学習の余地が大きく、それらのバランスを見ながら修正していく戦略を採用する場合には、そうした要素を自前で抱えてコントロールすることが意味を持つようになる。

第17章

戦略思考のテクニック

私はハーバード・ビジネススクールの博士課程にいた二五歳のとき、現場インタビューをして戦略事例のレポートを書くという課題を出されたことがある。そこで、金属加工・成型のファンスチールという会社へ赴き、先端構造部門のゼネラル・マネジャー、フレッド・フレッチャーにインタビューを申し込んだ。とは言うものの、私は心底困りきっていた。戦略についてどんなことを聞いたらいいのか、皆目見当がつかなかったからだ。

フレッチャーは、私が無知な若造であることを気づいていないかのようにふるまってくれた。彼がどうぞ何でも聞いてください、という様子を示すので、何か言わなければと焦った私は「まず、この部門が何をめざしているのか、うかがいたいと思います。先端構造部門の目標は何でしょうか」と、ごくごく初歩的な質問をした。

フレッチャーによれば、その部門は最近買収した六社の事業を統括する任務を負っているという。六社はそれぞれハイテク材料（チタン、コロンビウム、タングステン、ファイバーエポキシ樹脂、ファインセラミックスなど）の加工を得意とするが、基本的には職人の熟練技能に依存する小さな町工場である。そこに合理的な経営手法を持ち込んで六社をうまく統合し、たとえば航空機メーカーから元請けとして受注するといった具合に、請負契約者としての地位を確立することが先端構造部門の目標だった。

そのようなハイテク材料を扱う企業が、まるで家内工業的な小さな注文製作の作業場であることに私はひどく驚いた。するとフレッチャーは、こうした町工場的な企業がロサンゼルス周辺に集中し、航空産業を支えているのだと説明してくれた。考えてみれば大学でもビジネススクールでも、実際の製造現場のことはほとんど教わっていなかった。大企業は、こと設計に関しては優秀な人材とすぐれたスキルを誇るが、実際にナマの材料からモノを形作ることについては、じつはほとんど知識を持ち合わせていない。材料の加工や成型は、ノウハウに習熟した職人が営む小さな工場に外注される。たとえばタングステンの高精度鋳造はA社に、セラミックスの加工はB社に、燃料タンクのコロンビウム被覆はC社に、という具合に。

そこで私は、質問を連発した。あなたはそうした統合を行った経験があるのか、そうした統合の例は業界にあるのか。現在直面している課題のうち最も困難なものは何か、なぜ困難なのか。さらにはハイテク材料や航空産業を巡る競争状況や、フレッチャーの部門の強みと弱点についても質問した。

三時間におよぶインタビュー（その成果として私は一五ページのレポートを仕上げることができた）が終わるとフレッチャーは立ち上がって私に握手を求め、「今年一年間で最も意義のある会話だった」と言ってくれた。

その後ずっと、フレッチャーがなぜあんなことを言ったのか、ふしぎでたまらなかった。あれは会話などというものではない。不勉強で無知な私は、明らかに初歩的な質問を連発し、彼の答をひたすら書き留めただけだ。なぜフレッチャーはそれに意義を認めたのだろう。結局のところ、彼は上司や部下以外の何も文句を言わない相手とおしゃべりできたのがうれしかったのだろう、と私は結論づけた。

リストを作成する

フレッチャーの発言の真意をようやく理解できたのは、それからだいぶたってからである。ピッツバーグにあるレパブリック・スチールの本社で取締役会向けにプレゼンテーションを行った後、ランチをとっていたときのことだ。話題は自然にピッツバーグの栄光の日々のことに移り、USスチールの創業者アンドリュー・カーネギーの思い出話になった。「あなたはコンサルタントなのだから、きっとこのエピソードには共感を覚えるだろう」と前置きしてCEOが語ってくれたのが、次のエピソードである。

「一八九〇年のこと、ピッツバーグでカクテルパーティーが催され、カーネギーを始め大勢の名士や有名人が招待された。カーネギーは部屋の片隅で葉巻をくゆらせていたが、そこにはひっきりなしに人々が挨拶に行ったものだ。やがて誰かがカーネギーにフレデリック・テイラーを紹介した。のちに〝科学的管理法の父〟として知られるようになる人物だが、当時はまだ売り出し中のコンサルタントである。

『やあ、お若いの』とカーネギーはうさんくさそうに若者に一瞥をくれて言った。『君が経営について聞くに値することを言ったら、一万ドルの小切手を送ってやろう』。

一八九〇年の一万ドルは、ものすごい金額だ。このやりとりに、近くにいた人々は耳をそばだてた。

テイラーは臆せず答えた。『あなたにできる重要なことを一〇項目列挙したリストを作ることをおすすめします。リストができあがったら、一番目の項目から実行してください』。

この話には後日談がある。一週間後にテイラーは、一万ドルの小切手を受けとったのだ」

私は情けないことに、最初は狐につままれたようだった。これはジョークなのか、とさえ思った。なぜカーネギーはそんなアドバイスに一万ドルも払ったのだろう。リストを作るなどということは、経営のイロハのイである。経営や起業の本を読んでも、自己啓発書の類いを読んでも、「リストを作りましょう」と書かれている。経験豊富な偉大な経営者に対する有効なアドバイスとはとても思えない。あまりに簡単すぎる。鉄鋼王と呼ばれる大経営者のアンドリュー・カーネギーは、リストからほんとうに何か得るところがあったのだろうか。

その晩になってから、私はこのエピソードの深い真実に気づいた。カーネギーはリストそのものから何かを得たのではない。リストを作るという行為が重要だったのである。複数の目標があるとき、標的を定められたミサイルよろしく次々に目標を達成していけると考えるのは、単純に過ぎる。人間の認識能力には限りがあり、あることに注意を向けると、それ以外のことは見えなくなってしまう。

ちょうどスポットライトを浴びたものだけが輝き、他は闇に沈んでしまうように。日常生活でも、あることに気をとられてほかが見えなくなる経験はよくあるだろう。たとえば、誰かに電話をするのを忘れてしまったり、帰りがけにミルクを買うのを忘れてしまったりする。それはたぶん、仕事や運転など他のことに注意を集中していたからだ。だがそれどころか、人間は目先のことに気をとられ、もっと大切な何かを忘れてしまうことさえある。たとえば仕事に夢中になって家庭を顧みず、手遅れになってから自分の優先順位の誤りに気づく人は少なくない。企業の例で言えば、ある会社を買収しようとライバル社と競っているうちに、買収のそもそもの目的を忘れてしまう、という笑えない事態がよくある。

テイラーのアドバイスを聞いて、銀行振込をするとか、誰かに電話するといったリストを作った人もいるかもしれないが、カーネギーが一万ドル払ったところをみると、そうした雑事のリストを作ったとは思えない。

テイラーが奨めたのは、単に重要な問題のリストを作ることではないし、もちろん単なる「やることリスト」を作ることでもない。重要であって、かつ実行可能なことのリストを作るように、とテイラーは助言したのである。その助言に従ったカーネギーは、最も重要な目標を選び出し、どうやってそれを達成するかについて熟考したにちがいない。だから気前よく一万ドル払ったのだ。

そこに気づいたとき、フレッチャーの言葉が脳裏によみがえってきた。大学院生だった私に部門の目標、競争優位や弱点、直面する課題などを質問されたとき、日常業務に取り紛れて言わばファイルボックスの下のほうに埋もれていた重要な課題を、彼は上に引っ張り出してきたのだ。あのインタビューは、自分の置かれた状況を思い出させ、いま何をすべきかを考えさせるものだった。フレッチャーは私との会話を通じて自分の「リスト」を作り、優先順位をつけたのである。

リストを作ることは、認識能力の限界を乗り越える手段と言える。リストがあれば忘れてしまうことを防げるし、リストを作る過程で、抱えている問題の相対的な緊急度や重要度を天秤にかけることができる。そして「いまやるべきこと」が明確になれば、問題解決に向けた行動を起こせるはずだ。

今日では、戦略の策定や分析のためのじつにさまざまなツールが用意されている。どれも少しずつ趣向がちがっていて、たとえば競争優位を認識するためのツールもあれば、産業構造を把握するためのツールもあり、重要なトレンドをみきわめるためのツール、模倣を防ぐためのツールなどもある。だが、もっと根本的なことはほかにある——それは、認識能力の限界や先入観、すなわち目先の問題にとらわれがちな近視眼的傾向を克服することである。視野狭窄は、あらゆる戦略立案の邪魔になる。

戦略的になるということは、近視眼的な見方をなくすということである。逆に言えば、ライバルより広い視野を持つことである。同業者や競争相手が何をしているか、何をしていないか、つねに認識していなければならない。だからと言って遠い将来を予見する必要はない。あくまでも事実に基づいて、産業構造やトレンド、競争相手の行動や反応、自社の能力やリソースを観察し、自分の先入観や思い込みをなくしていく。そう、戦略的であるとは、近視眼的だった自分から脱皮することだと言えよう。

第一感を疑う

私は二〇〇五年の秋に、シニアマネジャー一七名を対象に三日間の戦略トレーニングを行ったことがある。その一環として、TiVo（ティーボ）の戦略を考えて一パラグラフの文章にまとめる、という課題を出した。TiVoは、内蔵ハードディスクにテレビ放送を録画する家庭用のデジタルビデオレコーダー（DVR）である。一九九九年にTiVo社が発売してから、使い勝手の良さでアメリカでは絶大な人気を誇っていたが、衛星放送やケーブルテレビの契約に抱き合わせ（バンドル）でDVRを貸し出すサービスが普及したことなどが原因で、売れ行きに翳《かげ》りが出ている。

マネジャーたちが提出した課題をざっと読むと、同社を取り巻く状況に一様に悲観的であることがわかった。ただし指摘されている問題点は、技術、競争、知的財産権、製造、標準、ケーブルテレビや衛星放送事業者との駆け引き、プライバシー問題、広告など、それこそ十人十色である。全員が同じ会社のシニアマネジャーであるにもかかわらず、答案はじつに多種多様だった。このグループがみな率直で体面にこだわらないことがわかっていたので、私は各人がなぜそう考えたのか、聞いてみることにした。

「今回の課題では、みなさんが考えた戦略案を提出してもらったわけだが、それらをくわしく分析する前に、なぜみなさんがそう考えたのか、教えてほしい」

これは予想外の質問だったらしく、誰も顔を見合わせるばかりで答えようとしない。やむなく私は、部屋の中でいちばん肩書きが上のエグゼクティブに、「課題を読んだとき何を考えたか」と質問した。

「きっと、大急ぎでビールを一杯飲まなくちゃ、と考えたにちがいない」

誰かがジョークを飛ばし、全員が爆笑した。

「正確には覚えていないのだが」とエグゼクティブは言い訳しながら答えた。「TiVoはすばらしい製品だ。真のイノベーションだ。にもかかわらず会社が赤字なのは、製造コストの問題だろうと考えた」

「すばらしい。つまり製造面に注目したわけだ」

「そうだ。私の考えでは、製造の外注を……」

「ああ、ちょっと待って。戦略を検討するのは後回しにして、まずはあなたの考えがどこからどんなふうに生まれてきたのかを話してほしい」

彼は手元のメモを見ながらしきりに思い出そうとしていた。

「えーと、そうだな、私はTiVo社の赤字が気になった。で、それは製造にカネがかかりすぎるからだろうと思った……いや、そうじゃない。正直に言うと、こう思ったのだ。巨大なハードディスクに大枚を払うのはもったいないな、と。番組を録画してあとで見たいだけなら、そんな大容量のハードディスクをずっと持っている必要はないだろう。ハードディスクはもっと小さくし、どうしても必要なヘビーユーザーだけアップグレードすればいいじゃないか」

「ああ、つまり、ディスク容量ごとに価格に差をつける、と?」

「そう、そういうことかな」

「ほかには、何か?」

「いや。ほら、だって、宿題はワン・パラグラフだからね」

またみんなが笑った。私はワン・パラグラフにまとめろとは言ったけれども、提案を一つに絞れとは言っていないのだが、ともかくもこのエグゼクティブの率直な発言に感謝した。部屋の雰囲気が和らいで、他にも手が挙がりはじめる。

「私は、他社がケーブルテレビのセグメントを押さえてしまったら、たとえTiVoが地上波放送の録画で優勢でも、結局は負けてしまうのではないかと考えました」

「その考えはどこから浮かんだのだろうか」と私が質問すると、「そうですね……TiVo社を取り巻く状況を考えているうちに、自然に思いついたという感じです」

「そういうものだ」と私は頷いた。「いまでは〝こうすればできる〟的なツールがやたらに出回っているが、良いアイデアは手順通りにやったら出てくるというものじゃない。ツールは方向を示す役割は果たしてくれるかもしれないが、最後はどこからともなく湧いてくるのがアイデアのアイデアたる所以だ。だからアイデアが閃く、という」

もう一人のマネジャーは、ひどく正直に「どうやって思いついたのかまったく覚えていない」と白状した。

もう一人は、こう言った。「私はTiVoのケースを読んだときに、テレビ放送事業者と無理矢理手を組もうとしているな、と感じました。ですが、CMをスキップするとか、キーワードを指定しておくと自動録画してくれるといったことは、消費者の利益にはなってもテレビ業界の利益にはなりません。だから、TiVoは消費者には愛されても業界からは敵視される。そこが厄介のタネになると感じたのです」

「なるほど」と私。「だが、そういうふうに感じたのはなぜだろうか」

「うーん。なぜですかね……ああ、連邦通信委員会（FCC）のマイケル・パウエル委員長が、TiVoのことを〝神の機械〟だと言ったからかもしれません。だからみんなに愛されるけれども、商売ではトラブルが続く」

私は頷き、全員の戦略案にもう一度目を通した。複数の方向性を検討したのは一人だけで、残りはみな、まず問題の所在（製造、ケーブルテレビ事業者など）を突き止め、次にその解決策を提案するというアプローチをとっている。この二段階方式をとった人の中で、あとから最初の段階に戻り、それ以外に大きな問題はないか見直している人はいなかった。

私は教室を見回しながら、次のように言った。

「この課題では、全員が同じものを読んでいる。にもかかわらず、一人ひとりが注目した問題点は多種多様だ。製造コストを問題にした人もいれば、ケーブルテレビとの関係を問題にした人もいる。そしてほぼ全員が、自分が最初に注目した問題にこだわり、それを解決する戦略を提案している。

じつは、こうなるだろうと思っていた。というのも人間はほとんどの場合、最初に思いついたアイデアで問題を解決しようとするからだ。たしかに大半のケースでは、このやり方が妥当だと言える。日常生活では、最初に思いついたことを実行するほうが効率的だ。それに、問題点を逐一取り上げて分析する時間もなければ、エネルギーや気持ちの余裕もない、というのが本音だろう」

私の言葉を聞いて、みなきまり悪そうにした。それから、一人が言った。

「ですが、マルコム・グラッドウェルは『第一感』の中で、最初の判断が最善であることが多いと言っています(註1)。人間はなぜかわからないままに複雑な判断をやってのける、と。すべてを俎上に載せて分析しようとすると、かえってどっちつかずの判断になるのではないでしょうか」

これは、的を射ている。グラッドウェルの『第一感』はとても魅力的な本だ。人間には複雑な情報を素早く処理する能力があり、どうやったのか自分ではわからずとも妥当な判断を下すことができる、と彼は主張する。たしかに、そういうことは多い。とりわけ他人のことや社会的なことを巡る決断、あるいはパターン・マッチング(特徴的な類似点の把握)などでは、「第一感」による瞬時の判断が有効だ。グラッドウェルは、とくに経験を積んだ人が瞬時に下す判断は信頼に足ると指摘する。

このように直感は驚くほど正しい判断につながることが多いものの、だからと言って直感がつねに正しいと思い込むのはまちがっている。状況によっては熟考すべきであることは、やはり認めなければならない。

私は、「第一感」に基づく判断が有効なのは、時と場合によると答えた。そして、多くの調査が、人間の判断は瞬時であれ一カ月の熟考後であれ、誤っていることが多いとの結論に達していることも指摘した。直感に頼るべきでないケースとしては、ある出来事が起きるかどうかの確率に関する判断、自分自身の能力と競争相手の能力との比較、因果関係の立証などが挙げられる。確率予想では、経験を積んだ専門家でさえ、先入観にとらわれがちだ。たとえば多くの人が、広範な統計結果よりも印象的な事例に目を奪われてしまう（註2）。また、自分の能力は誰しも過信しやすい。たとえば私が教えているMBAコースの学生は、全員が自分は上位半分に入っていると確信していた（そういうことはあり得ない）。しかも試験の成績を知らせた後でも、その確信は揺るがなかったのである（註3）。そして生データからの推論では、人間はランダム分布のときでもパターンを見つけようとするし、単なる相関関係を因果関係と見なしがちである。また、自説に反する情報は見落としたり、見ないふりをしたりする。

私は少々意地悪く質問した。「アメリカの大統領が戦争すべきかどうかを一瞬で判断していいだろうか。企業のCEOが買収すべきかどうかを、データ分析もせずに決めていいだろうか」。全員が首を振った。あまりに重要な問題や複雑な問題は、やはり直感に任せるべきではない。

「そういうわけだから、戦略を一瞬で決めるとあとあと困ったことになる。そもそも戦略というものは、非常に重要な問題や非常に困難な状況で立てるものだ。だから、そう簡単に決めるべきではないと考えるのがふつうだろう。みなさんは経験豊かなシニアマネジャーなのだから、そのことは当然知っているはずだ。そうなると、ここに謎が一つ浮かび上がってくる。なぜみなさんは、ぱっと思いついたアイデア、なんだかよくわからないうちに出てきたアイデアに基づいて戦略を立てたのだろうか」

数秒の沈黙の後、一人が言った。

「時間がなかった」

「たしかに、それはつねに悩ましい問題だ」と私は同意した。

「判断の問題だからだ」ともう一人が言った。「この種の問題に正解はない。不確定要素があまりにも多すぎる。何が有効かは各自の判断に頼らざるを得ない」

これは、鋭い指摘だった。意思決定をするときの基本的なアプローチは、可能な解決策をすべてリストアップしたうえで、費用便益分析などを行い、最善の案を選ぶことである。だがＴｉＶｏのような状況は複雑すぎて、標準的な手続きが当てはまらない。そこで百戦錬磨のシニアマネジャーたちは、この状況が通常の意思決定ツールや分析ツールの対象にはならないと判断し、自らの直感に頼ったというわけである。

「なるほど、これは判断の問題にちがいない」と私は認めた。「それに実際、みなさんが決めた戦略案は、みなさんが知る限りでは最善の判断なのだろう。だがそれにしても、なぜ別の視点から問題を捉えようとしてみなかったのか。なぜ別の案も用意して比較検討しようと考えなかったのか。なぜ最初に浮かんだ考え一本槍で突き進んだのだろうか」

じつはこれは、私が長年にわたって頭を悩ませてきた問題である。一七人のシニアマネジャーたちに、私は自分なりの考えを披露した。

「ＴｉＶｏのような複雑な状況に直面したとき、たいていの人は当惑する。問題に真剣に取り組むほど、事態は深刻だとわかってくるだろう。そうなると、ますます困惑することになる。このような問題は、構造的に困難な問題と言える。まず、変数が多すぎるし、未知の要素が多すぎる。どのような行動をとるべきか、選択肢もわからないし、ある行動をとったときの結果も読めない。それどころか、ＴｉＶｏを巡る状況で何が問題なのかさえ、はっきりとわかっていない。波の荒い海に落ちたようなもので、自分の位置もわからなければ、すがるものもない、という状況だ。そんなとき、最初に閃いたアイデアは溺れる者にとっての藁と言える。それっとばかりに飛びついてしまう。

問題は、いったん藁に飛びついてしまうと、藁よりもっと良いものがすぐそこにあるかもしれないのに、もはや気づかないことだ。せっかく良いアイデアだと思ったことをいったん放棄して別の選択肢を探すのは、誰だって気が進まないものだからね。

こうしたわけで、人間は何かを思いつくと、それを疑いの目で見てあら探しをするのではなく、何とか正当化することにエネルギーを使うようになる。たとえ経験豊富なエグゼクティブであっても、だ。おそらくそれが人間の本性なのだろう。簡単に言ってしまえば、われわれは自分の考えを厳しい目で検証するという苦痛な作業をなんとか逃れようとする。だから最初の判断が正しいのだと理屈をつける。しかも自分がいやな作業から逃げたことを意識していない」

そして最後に私は付け加えた。

「だがみなさんには、この無意識の罠にはまらないでもらいたい。いまでは罠の存在を知ったのだから、問題にどう取り組むか、自分で選ぶことができるはずだ。自分の考えの道筋を自分で導くことができるだろう」

そしてこれこそが、戦略思考の極意だと確信する。いろいろな戦略ツールを使いこなすことより何より、自分の考えを自分で疑い検証できることが大切なのである。

戦略思考のテクニック

ある分野で戦略を立てるには、その分野について十分な知識を持っていなければならない。これに関しては、現場の実地経験にまさるものはないと言えよう。経験を積むと、「この状況ではこれがうまくいく」とか「この状況ではこういうことが起こりうる」といった判断がつくようになる。寒気がしたら風邪薬を飲むように、多くの人がパターンに従って行動している。

とは言え、経験と知識さえあれば良い戦略が立てられるわけではない。経験や知識が豊富でも、戦略が不得手な経営者は大勢いる。目先のことや最初の思いつきに迷わされずに自分の考えを導いていくためには、三つの習慣をつけるとよい。第一は、近視眼的な見方を断ち切り、広い視野を持つための手段を持つこと。たとえばリストは良い方法である。第二は、自分の判断に疑義を提出する習慣をつけること。自分からの攻撃にすら耐えられないような論拠は、現実の競争に直面したらあっさり崩壊してしまうだろう。第三は、重要な判断を下したら記録に残す習慣をつけることである。そうすれば、事後評価をして反省材料として活用できる。

さらに以下では、戦略思考に役立つテクニックを私からいくつか紹介する。一つめは戦略があらぬ方向に逸脱しないようチェックするためのテクニック、二つめは戦略の一貫性をチェックするためのテクニック、三つめは良い判断を下す能力や自分の判断を検証する能力を高めるためのテクニックである。もちろんほかにも、読者はそれぞれに秘訣やノウハウをお持ちだろうし、読んでいるうちに何か良いテクニックを思いつくことだろう。そうしたら、ぜひ忘れないうちに書き留めておくことをお奨めする。

テクニック1　カーネルに立ち帰る

カーネルは、良い戦略には最低限三つの要素（診断、基本方針、行動）が備わっていることを思い出させてくれる、一種のリストである。状況を診断し、基本方針を定め、一貫した行動を設計することは、どんな戦略にも欠かせない。状況がわかっていなかったら方向は決められないし、方向性が決まっていなかったら、そもそも一貫性のある行動などとれない（カーネルのくわしい説明は第5章を参照されたい）。

とは言え困難な状況に直面したとき、三つの要素がそろった戦略をすぐに考えられる人はめったにいない。おそらく最初に思い浮かぶのは、どれか一つの要素だけだろう。TiVoのケースで言えば、ハードディスクを小型化すればよいと考えた人は、行動のアイデアを思いついた。TiVoは消費者の味方だがテレビ業界から敵視されると考えた人は、状況を診断したと言える。ケーブルテレビに比重を移すべきだと考えた人は、基本方針を思いついた。

こうした着眼はどれも悪くない。アイデアが思い浮かぶプロセスは自分ではコントロールできないのだから、そのアイデアがうまくいったら大いに喜ぶべきである。ただカーネルは、戦略が一つの要素では成り立たないことを思い出させてくれる。カーネル自体が首尾一貫した一つのロジックであって、事実から診断を、診断から基本方針を、基本方針から行動を導き出す。カーネルに立ち帰れば、最初は一つの要素しか考えられなくても、そこから三つの要素へと思考が拡がっていくだろう。

中には行動から考えるのが好きだという人もいるかもしれないが、私自身はいつも診断から始めて基本方針、行動計画へと進む。コンサルティングをする場合には、クライアントはすぐに「どうしたらいいか」を聞きたがるが、そんなときでもまずは状況診断をしてから助言をするようにしている。

テクニック2　問題点を正確にみきわめる

入念な診断をせずに戦略を立てようとするケースがひんぱんに見受けられる。いま基本方針や行動計画を練っている人、これから練ろうとする人は、そもそもの状況はどうだったのか、診断に遡ってチェックすることをお奨めする。そのための特別なスキルは何もいらない。つねに心がけて実行すればよいだけである。

多くの人が戦略とは行動を起こすことだと考えているが、その前に困難な状況をみきわめる作業があることを忘れてはいけない。何が問題なのか、何が障害物になっているのかを把握していれば、どんな戦略が可能なのかがより明確になる。さらに重要なのは、いくつかの要因が変化したら、戦略の効果にどのような影響がおよぶかを見越しておくことだ。そのためには、「何をするか（what)」から「なぜそれをするのか（why）」へと視点を移す必要がある。言い換えれば、方針を決めることよりも、方針を決定づけるような要因、とくに懸念すべき問題点を見つけることに比重を移すのである。

これをＴｉＶｏの状況に当てはめてみると、問題点が見つかった時点で、それを解決するための方針を導き出せることがわかる。単純に技術的に見れば、ＴｉＶｏはユーザーが都合の良い時間に見られるよう録画をしたり、ＣＭを飛ばしたりする道具である。同じようなことができるツールとしては、ビデオデッキ、ビデオ・オン・デマンド・サービス、ＤＶＤのレンタルが挙げられる。

だがここで少し視点を変えると、ケーブルテレビや衛星放送事業者といったコンテンツ・アグリゲーターには、セットトップ・ボックス（テレビに接続して各種サービスを受けられるようにする装置）を提供できるという問題が浮かび上がってくる。コムキャスト、タイム・ワーナー、ディレクＴＶ、エコスターなどの放送事業者は、テレビ受信契約にセットトップ・ボックスをバンドルして貸与するので、加入者はレギュラーおよびプレミアチャンネルの受信、ビデオ・オン・デマンド・サービスなどがすぐに利用できる。少し高い料金を払えば、ＤＶＲと遜色ないサービスも利用可能だ。したがって、平均的な視聴者にとってＴｉＶｏが経済的なソリューションとなるためには、地上波はもちろんのこと、ケーブルテレビや衛星放送の番組情報もダウンロードして予約録画ができなければならない（註４）。そのためには、ケーブルテレビや衛星放送事業者と組む必要がある。だが、これらの事業者が受信契約にセットトップ・ボックスをバンドルできること、ケーブルテレビ事業者はほぼ地域独占であることを考えると、ＴｉＶｏの利益は大幅に削られるだろうと予想できる。

ＩＢＭや地域電話会社やマイクロソフトの例を持ち出すまでもなく、何かを抱き合わせで販売して競争を回避し独占を維持するというのは、昔から使われてきた手である。独占状態のケーブルテレビ会社にセットトップ・ボックスをバンドルする手が使える以上、外部の企業が付加価値を提供するのはきわめてむずかしい。そう考えると、ＴｉＶｏは販促に予算を割くよりも、ケーブルテレビ業界の独占を違法だとして攻撃するほうが得策ではないだろうか。おそらくその戦いならば、味方してくれる強力な援軍が出てくるはずだ。

テクニック３　最初の案を破壊する

最初の思いつきで戦略を立てる悪癖を直す方法は、簡単である。一つの戦略で満足せず、別の戦略を探すことだ。ところが私がそう言っても、たいていの人が最初のアイデアにこだわり、その派生バージョンしか考えようとしない。意識的にせよ無意識にせよ、こうした人たちは複数の案を考えるのがいやなのだろう。彼らの「代案」とは、多くの場合、元のアイデアをちょっと変形させた案、形ばかりの付け足しをした案、あるいは「静観する」「もっとデータを集める」といったどんな状況にも使える案である。

別の戦略案を立てるからには、もう一度状況をじっくり見て事実を確かめ、診断するところから始めなければならない。また、最初の案の弱点を克服できる案でなければならない。より良い案を練るためには、最初の案の弱点をえぐり出し、矛盾を見つけ出して、「破壊」するというステップが必要になる。

とは言え自分のアイデアを破壊するのは容易なことではないし、楽しい作業でもない。良いアイデアだと思っていたものをゴミ箱行きにするのは辛い。私はそんなとき、他人に助けを求める——と言っても生身の人間ではない。じつは頭の中に「バーチャル賢人会議」を用意してあるのだ。これは、私が師匠と仰ぐ人たちの集まりである。自分のアイデアを批判してもらいたいとき、あるいは新しいアイデアの刺激を与えてもらいたいときに、私は賢人を呼び出してバーチャル対話をする。

この方法はなかなかうまくいっている。尊敬する賢人の言葉なら、素直に聞けるからだ。抽象的な理論やフレームワークを参照するよりも、「師匠」ならこんなときどう言うだろうと考えるほうが、はるかに示唆に富むし、的確な評価が得られる。

私の賢人会議は、指導してくれた恩師、一緒に仕事をした経営者、長年にわたり机を並べてきた同僚、著作や評伝を読んで尊敬し共感している著名人などで構成されている。何か問題に直面したり、よからぬ兆候が現れたりしたときには、私は賢人会議を招集する。そして、「このやり方のどこがまずかったのだろうか」「このような状況では、あなた方ならどうするのか」と質問する。

賢人の一人はブルース・スコット教授である。スコット教授は、一九七一年に私の博士論文審査をしてくれた。想像の中の教授は、まっすぐに座って私の説明を注意深く聞いてくれる。アルフレッド・D・チャンドラー・ジュニア教授も賢人の一人だ。チャンドラー教授は二〇〇七年に亡くなったが、私の中ではお元気そのものである。教授は目先の利益や視野の狭い戦略をあっさりと切り捨て、幅広い歴史的な視点を与えてくれる。

TiVoのケースのようにテクノロジーが問題になるときには、デービッド・ティースとスティーブ・ジョブズにアドバイスを求める。ティースは長年の友人であり、同僚でもあって、戦略、経済、法律、企業経営にくわしい。彼との会話でＴｉＶｏが話題になったことはないが、想像の中のデービッドは目を輝かせ、こんなことを言う。「ＴｉＶｏ社はＤＶＲ技術を秘密にしておくことはできない。したがって、早晩他社が似たようなソフトウェアやハードウェアを供給するようになるだろう。そうなったら、ケーブルテレビや衛星放送事業者のほうがはるかに強い立場になる。彼らは自前で装置を作るのではなく、ソフトウェアを供給すべきだっただろうね。ＤＶＲがほんとうに儲かるとわかったら、テレビ放送事業者がＴｉＶｏのシェアを根こそぎさらってしまうにちがいない」

スティーブ・ジョブズは、言うまでもなくアップルの共同創設者であり、ピクサーのＣＥＯでもある。世界で最も知られた起業家と言ってよい。マッキントッシュ・コンピュータを開発するときにジョブズが掲げた方針は、いまや伝説となっている。その方針とは、①途方もなくすばらしい製品を想像する、②世界最高のエンジニアとデザイナーを集めた少数精鋭のチームを編成する、③見た目が美しく印象的で、使い勝手が良く、革新的なユーザー・インターフェースを備えた製品を作る、④創造性あふれる広告を通じて、その製品がいかにクールでトレンディかを世界に発信する、というものである。

ジョブズは批評でも超一流で、切れ味よく無礼に核心を突く。ＵＣＬＡアンダーソン校ではＭＢＡの戦略コースでアップルを題材に使っており、一九九七年に教授陣がアップルの将来についてジョブズにインタビューしたことがある。

「スタンフォードは知っているが、ＵＣＬＡアンダーソン校のことはあまりよく知らない」とジョブズが言うと、学科長のジャック・マクドナーは学校の宣伝文句を口にした。「わが校は起業家精神を養う学校として知られている」

「すてきだ」とジョブズ。「あなたのプログラムからは、シリコンバレーで知られた起業家を何人輩出したのか」

ジャックはぐっと詰まったが、正直に答えた。「いまのところは一人も」

「つまりあなたは失敗したわけだ」とジョブズはぴしゃりと言った。その日から、私の賢人会議にジョブズも加わってもらっている。

さて、では、ＴｉＶｏについてジョブズはどう考えるだろうか。人間が持つ考えは理論通りということはめったになく、たいていは性格や価値観が反映されるものである。思うにジョブズは、ＴｉＶｏのやり方はきらいだろう。と言うのも、ＴｉＶｏ社はさまざまな要因を十分にコントロールできていないため、完璧に「クール」なユーザー・エクスペリエンスを実現できないからだ。たとえ一流デザイナーを投入してＴｉＶｏをもっとおしゃれにしたとしても、その機能の大部分がケーブルテレビや衛星放送事業者との関係に左右されるのはジョブズの価値観に反する。もしディレクＴＶやコムキャストを完全に垂直統合できるなら、もっとおもしろいことができるだろう。映画だけでなく音楽もオンデマンドで提供できるかもしれないし、単なるテレビボックスを超えて統合的なワイヤレス・インターネット・システムといったものが実現できるかもしれない。ｉＰｏｄやｉＰｈｏｎｅがそうだが、ジョブズはマシンとユーザー・エクスペリエンスとコンテンツの提供が一体的に融合したシステムを愛していた。

ティースとジョブズの示唆に富んだアドバイスを聞きながら、良い戦略とは「一点豪華主義」なのだと私は思い出す。彼らは妥協よりも一点集中を選び、万人のための一般解は選ばない。ＴｉＶｏ社が大きな基盤を持つ企業と合併したら（きっとジョブズはそうしたがるだろう）、ただのＤＶＲメーカーから脱皮して統合的なサービスを提供できるだろう。ティースが見抜いたように、ＴｉＶｏ社はすでにかなり矛盾したことをやっており、それが同社を苦しい立場に追いやっている。

バーチャル賢人から学ぶことには、単に話を聴いたり著作を読んだりする以上の価値がある。彼らのアドバイスを聞くためにあなたは一歩立ち止まり、自分の考えを整理し、さらに一歩踏み込んで、賢人ならどう言うだろうかと考えるからだ。このやり方がうまくいくのは、人間に内蔵されたソフトウェアは、理論やツールよりも個性と価値観を持った生きた人間の言葉をより良く認識し記憶するようにできているからである。

判断力を鍛える

水夫は風向きや強さを、スキー選手は雪質を的確に判断しなければならないように、企業経営や政治、また軍事戦略のかなりの部分では、人を判断しなければならない。とりわけ重要なのは、人々がどう行動し、どう反応するかを予測的に判断することである。自分自身の能力や適性を判断したり、家族や友人など周囲の人の反応を予測したりすることは、誰でも日常的にやっているだろう。少人数の集団がある情報や問題にどう反応するかを判断するのは一段と複雑な作業だが、たとえば企業のマネジャー、法廷弁護士、小部隊の隊長などは、これを毎日のようにやらなければならない。さらに大勢の集団や市場の反応を予測することになると、マーケティングや広告の専門家、企業の経営チーム、政治家の仕事になる。

良い判断とは何かを定義するのはむずかしいが、的確な判断力を手に入れるのはもっとむずかしい。おそらく判断力の一部は天性のもので、バランスのとれた性格や洞察力などと関係があると思われる。それでも私は、判断力は練習すれば向上すると信じている。そのための有効な方法は、自分の判断を書き留めておくことだ。

なぜそれが有効なのか、MBAコースの学生(仮にジェーンとする)を例にとって説明しよう。ジェーンは授業に備えて課題を準備する。与えられた事例を読み、問題点を列挙し、解決策をいくつも考える。それらを比較検討するうちに、A案のほうがB案より良さそうだ、いやF案も悪くない、などと考えることだろう。そして翌日の授業では、他の学生たちが彼女が考えたのと同じ問題点を指摘し、解決策を提案して、討論が行われる。ジェーンはきっと、「私が考えたことと全部同じだわ」と呟くだろう。そして討論が一つの方向に収束すると「そうそう、私もこう考えていたのよ」と思うかもしれない。

だがジェーンは、「自分ならこうする」とはっきり決めておかなかったため、自分の判断の正否をあとで評価することができない。自分の判断を明確にするためには、どれが重要でどれはそうでないかをふるい分ける作業が必要になる。そうやって、とくに状況診断に関する自分の判断を確定し書き留めておけば、他の人からちがう判断が示されたとき、そこに学習の余地が生じる。

このやり方は、会議でも使える。今日の会議ではどんな点で議論が紛糾しそうか。そのとき、誰が賛成し、誰が反対に回るか。あなたの判断を前もってメモしておく。こうすれば自分の判断力を評価し、鍛えることができる。このような機会は、探せばほかにもきっとたくさんあることだろう。

第18章

自らの判断を貫く

まわりがみな浮き足立っているときに
君が冷静さを保てるなら……

——ラドヤード・キプリング「もしも君が」

良い戦略が注意深い状況判断から生まれることはすでに何度も書いたとおりである。その判断は、最終的にはあなた自身のものでなければならない。周囲に流されたり大勢に従ったりしていたら、悪い戦略しか生まれない。いや、それは戦略と言うより、単なる人気とりのスローガンになるだろう。自己中心的にならずに自分を貫くこと、頑迷に陥らずに多数意見を疑うことは、きわめてむずかしい。私は、自分がそのための秘訣を知っているなどと言うつもりは毛頭ない。だがその一助とするために、この最終章では二つのストーリーを紹介したいと思う。最初に登場するのは、グローバル・クロッシングである。同社の顚末からは、市場に惑わされず基本情報を評価することの大切さを学ぶことができる。次に取り上げるのは、二〇〇八年の世界金融危機である。この危機からは、群れる心理と「内部者の視点」と呼ばれるバイアスについて学ぶことができる。

グローバル・クロッシング——市場の過信

一〇年におよぶ試行錯誤の末に大西洋横断電信ケーブルが敷設されたのは、一八六六年のことだった。これはひとえにアメリカのサイラス・フィールド、イギリスのチャールズ・ブライトやブレット兄弟の尽力の賜物である。ケーブルが開通すると、英米両国で盛大なパレードや祝賀行事が催された。なにしろ蒸気船で二、三週間かけて運ばれていた「電報」が、瞬時に大西洋の向こうへ伝えられるようになったのである。旧大陸と新大陸は、文字通り細い銅線で結ばれたのだった。

それから九〇年後の一九五六年に、今度は大西洋横断電話ケーブルが敷設された。総工費は二億五〇〇〇万ドル。三〇回線の電話線が英米両国をつないだ。その後四〇年間で一〇本以上の電話線が敷設され、ケーブルの性能は飛躍的に向上していく。国営電話会社のコンソーシアムがケーブルを敷設し、完了すると各社に通信容量が割り当てられるという方式で、そこには競争は一切なかった。通信容量一単位の価格はすべて規制当局か国際協定で定められていたし、国際通信の利用料金は国営電話会社が決めていた。

ところが一九九七年に、ここへ民間会社が割り込んでくる。AT&T出身のウィリアム・カーターとウォーレス・ドーソンが「アトランティック・クロッシング」プロジェクトを引っ提げて、資金を募ったのだ。二人はケーブル敷設と保守はAT&Tとターンキー契約を結ぶことに成功していた。彼らはGEキャピタルに話を持ち込むが、この動きをすばやく察知して手を挙げたのがパシフィック・キャピタル・グループである。ロサンゼルスに本社を持つ小さなベンチャー・キャピタルだった。同グループを率いるゲーリー・ウィニックらと話がまとまり、七五〇〇万ドルを株式で、六億六〇〇〇万ドルを社債で調達し、ケーブル敷設と当面の運転資金に充てることが決まる。こうしてグローバル・クロッシングが誕生し、ウィニックが会長におさまった。

アトランティック・クロッシング1（AC1）は総延長八八八六マイルの光ファイバーケーブルで、アメリカ、イギリス、ドイツを結ぶ。このケーブルの開通で、大西洋の通信容量は二倍以上に増えた。高速デジタル通信では、多重化（一つの伝送路で複数の情報を送ること）の単位として〝STM－1〟を使う。STM－1回線には、通常の電話回線を二〇一六回線収容できる。AC1は当初二五六STM－1だったが、短期間で二倍の五一二STM－1に増えた。伝送速度は毎秒八〇ギガビット、およそ一〇〇万回線の同時通話が可能になる。

海底ケーブルの敷設コストは、通信容量よりもケーブルの全長や水深に左右される。AC1の総工費は七億五〇〇〇万ドル、STM－1回線当たり一五〇万ドルだった。工期は一五カ月にわたり、一九九八年夏から運用を開始している。

グローバル・クロッシングはSTM－1回線当たり八〇〇万ドルの割安価格で売り出した（売ったのは、正確には二五年間の回線使用権である）。これは、直近の国営電話会社コンソーシアムが要求した一八〇〇～二〇〇〇万ドルに比べると大幅に安い。一九九八年末までには、AC1の容量の三五％が合計九億五〇〇〇万ドルで売れ、敷設コストを払ってもおつりが来た。運用開始から半年後にグローバル・クロッシングは上場を果たし、時価総額はなんと一九〇億ドルに達する。さらに半年後には、フォードを上回る三八〇億ドルになった。

グローバル・クロッシングがこれほどの人気銘柄になった背景には、インターネットの通信量が飛躍的に伸びていたという要因がある。インターネット・トラフィックは毎年倍々ゲームで増えつづけると考えられていた。アメリカの未来学者ジョージ・ギルダーは、グローバル・クロッシングの一九九八年度年次報告書に次のように書いている。

「海外のインターネット・ユーザーの数は、アメリカ以上に伸びている。いずれは海底ケーブルを介した通信量は、地上ケーブルの数倍に達するだろう。この予想は信頼に足るものだ。今後五年以内に、海底ケーブルはインターネット拡大のボトルネックになる。海底ケーブルは、世界を結ぶシステムの〝欠けた環〟なのだ。グローバル・クロッシングは、それを供給する貴重な存在と言える」

この時点でグローバル・クロッシングは、第二のアトランティック・クロッシング（AC2）を計画していた。総工費は七億五〇〇〇万ドルで前と変わらないが、今度の通信容量は二〇四八STM－1に達する。つまり単価はAC1の四分の一である。この驚くべきコスト圧縮が実現したのは、光多重化技術が進化したおかげだった。とは言えこの技術はグローバル・クロッシングの専売特許ではなく、誰でも活用することができる。実際にも、国営電話会社のコンソーシアムは四〇九六STM－1のケーブル敷設を計画していたし、民間でも同等の通信容量を持つケーブルの敷設プロジェクトが進行中だった。さらに敷設済みのAC1も、両端に多少の細工をするだけで一〇〇〇STM－1に容量を拡大できる。それやこれやで、二〇〇一年までには大西洋を横断するケーブルの通信容量は二万四八〇ＳＴＭ－１に達する見通しだった。

■　■　■

私がグローバル・クロッシングに興味をもったのは、通信業界の投資が急増していた一九九八年頃のことである。グローバル・クロッシングのような新参企業になぜあれほどの高値がつくのか、どうにもふしぎだった。何かヒントが得られるかもしれないと考えて、私は通信業界にくわしいケンブリッジ大学のデービッド・クリーブリーの元を訪れた。

「ポイントは、ファットパイプだ。ファットパイプというのは、大量の情報を送れる光ファイバー回線のことだがね」

クリーブリーはそう言って、オフィスの小さなホワイトボードに大小二つの円を描き、どちらの下にも「三億ポンド」と書き込んだ。

「ケーブル敷設コストは、主に敷設権の取得費用と、あとは掘削あるいは海底敷設の工費だ。最近の技術の進歩のおかげで、ナローパイプとほとんど同じコストで大容量のケーブルを敷設できるようになった。ファットパイプがもたらす規模の経済は、まさに決定的だ。いずれファットパイプが勝つことになるだろう」

戦略を考えるとき、つねに重視されるのが規模の経済である。たしかに、ファットパイプの出現で平均単価を大幅に低く抑えられるのだから、新参企業にとっては結構なことにちがいない。それでも何かひっかかるものがあって、私は帰り道でずっと、ファットパイプ、規模の経済、通話、と唱えていた。そもそも、一回の通話あるいは一メガバイトのデータを大西洋の向こうに送り込むコストは、いくらなのか。

コストという概念はなかなかに厄介である。よく「××製品のコスト」というような言い方をするが、これは混乱を招きやすい。実際には、コストは製品によって決まるのではなく、選択によって決まる。製品をもう一つ作ることを選択したときのコストには、限界費用という名前がついている。一年分の原料を購入して生産コストを一定に維持する選択をすれば、平均費用になる。工場を建設して生産コストを長期的に一定に維持する選択をすれば、長期平均費用だ。急な注文や特別注文に応じる選択をしたときのコストには特別な名前はついていないが、たしかにそういうコストも存在する。要するに、ある製品のコストは一通りと決まっているわけではない。すべては選択次第である。

さて、では、電話である。もう一回電話をすると決めたときにかかるのはわずかな電力ぐらいで、実質的にゼロと言ってよい。一年間毎日一回よぶんに電話をする選択をしても、そのコストは限りなくゼロに近いだろう。ケーブルを敷設して一年間毎日数千回の電話をするとなれば、保守費用や経費が発生するが、設備投資のコストは発生しない。海底ケーブルを介してデータを送る「コスト」は、ナローパイプであれファットパイプであれ、基本的にゼロなのである。そういう状況で元独占企業との競争が勃発したら、どうなるだろうか。

経営戦略のコースでは、最初に必ず産業構造と利益の関係を学ぶ。その際に、産業構造の先駆的研究として知られるマイケル・ポーターの名著『競争の戦略』を参照するのだが、それによれば最悪の産業とは次のようなものだ。製品は差異化を図る余地のないコモディティである。コストはどこもほぼ同じで、どの企業も同じテクノロジーを利用できる。買い手は価格に敏感で、かつ情報を簡単に収集でき、そのうえ事前予告なしに有利なサプライヤーに乗り換えることができる……。

一九九九年の初め、私はUCLAのMBAコースで、グローバル・クロッシングの海底ケーブル事業について分析する演習を行った。学生たちが順序立てて通信業界を分析していくと、次の点が明らかになった。

- 海底ケーブルのSTM－1一単位は、どう見ても完璧なコモディティである――悪条件
- 通信事業者はどこも能力的に差がない――悪条件
- グローバル・クロッシングが通信業界に競争を持ち込んだ結果、他に三社が参入を発表した――悪条件
- 光多重化技術はグローバル・クロッシングの独自技術ではなく、誰でも利用できる――悪条件
- 技術の進歩の結果、ローコストで大容量回線の導入が実現し、供給過剰になることは目に見えている――悪条件
- 大西洋横断ケーブルの資本コストは、文字通り埋没費用（サンクコスト）である。このコストを通信料金でカバーできないとしても、古いケーブルの運用は継続することになる――最悪の条件

これでは、最悪中の最悪の産業構造ではないか。

「そうは言っても、インターネットは毎年規模が倍に拡大しています」とある学生が言った。

「たしかに。だが供給はそれ以上のペースで拡大しているし、STM－1の単価もハイペースで下がっている。君たちの分析からも、終局が近づいていることは明らかだ。供給過剰になれば価格は原価まで押し下げられる。その原価はと言えば、ゼロに近い。この状況では、誰も利益を上げることはできない」

「ですが、株式市場が言っていることはちがいます」と別の学生がきっぱりと言った。この学生が口にしたのは、一九九九年の時点で誰もが思っていたことである。「分析結果がどうでも、私なら気にしません。市場は、これが過去最高のチャンスだとはっきり示しているのですから」

■　■　■

株価には将来の予想利益が織り込まれている、とは昔から言われてきたことである。だが、株価は将来利益を正確に示す信頼に足る指標だ、という信仰が絶頂期に達したのは、一九九九年だと言ってよかろう。

それを如実に示す例を一つ挙げておこう。一九九八年のリーマン・ブラザーズのレポートには、その年のアメリカにおける地上光ファイバーシステムの通信容量合計は、実際の回線利用量の七〇倍だと書かれている。つまり供給が需要を大幅に上回っているわけだ。供給過剰であれば、互いにわずかな収益を求めて値引き合戦が始まるのがふつうである。光ファイバーの場合はどうなのだろうか。リーマンのアナリストは次のように述べている。

「潜在能力をフルに使うには、ユーザー一人当たりの帯域ニーズ、ユーザー数、月間利用回数が増えなければならない。国内のすべての電話回線がT1（毎秒一・五メガビット）にアップグレードしたら、回線使用率が同じだとすると、利用量は二四倍に増えなければならない。したがって七〇倍に増やすためには、さらに通信速度や利用回数が増える必要がある」（註1）

良いアナリストなら、この時点で供給が多すぎると結論づけるべきだった。だが株式市場はそうは見ていない。そこで次のパラグラフでアナリストは突如論理に破綻を来たし、株式市場の声に忠誠を捧げる。

「電子商取引は指数関数的に拡大し、インターネットおよびデータ通信用により大きな帯域幅が必要になると考えられる。コンピュータ産業のアナリスト予想によれば、いずれパソコン・ユーザーが各自電子エージェントを使ってネットワークを常時巡回し、必要な情報をダウンロードする時代が来るという。さらに、あらゆる家電にインターネット接続のできるチップが内蔵され、利便性を高めるとともに、ユーザーとメーカーが情報をやりとりできるようになるとも予想されている」

一九九九年後半に開かれたある会議で、私はこの問題を同業者と検討した。彼らは価格競争の問題を無視し、「クエストやグローバル・クロッシングなどの新規参入企業は、料金の高い国営電話会社からシェアを奪いとるだろう」とあるコンサルタントは言った。そして誰もがクエスト、ワールドコム、グローバル・クロッシングを始めとする新しい通信事業者の株のめざましい躍進ぶりを口にした。高い株価は、彼らの事業戦略がすぐれていることの証だというのである。

当時の大方のコンサルタントは、単に株価を比較していただけだった。株式市場が高く評価している企業について、わざわざ手間暇かけて戦略分析をする必要などない、というわけである。ワールドコムの株価がスプリントやMCIより高いなら、光ファイバーのほうが旧来のネットワークより良いに決まっている。市場の声は神の声だった。

■　■　■

二〇〇一年春に、私はケーススタディ用にグローバル・クロッシングの調査を始めた(註2)。とくに関心を持ったのが、ゲーリー・ウィニックが置かれた状況である。彼は、最初に敷設したアトランティック・クロッシング1で巨額の利益を手にした。だがこれは、不動産を売って儲けたようなものである。七億五〇〇〇万ドルで海底ケーブルという豪華な邸宅を建設し、二〇億ドル以上で売った。そうしたら驚いたことに、会社の価値は三〇〇億ドルに跳ね上がったのである。いったいなぜ、グローバル・クロッシングの顧客企業は、STM－1の限界費用が一五〇万ドル以下だというときに、気前よく八〇〇万ドルも払ったのだろうか。投資家は、そんなやり方がいつまでも続くと信じていたのだろうか。それに、自社の株式が明らかに過大評価されていると気づいたら、経営者はどうするだろう……。

調査を進めるうちに事態は急展開し、ウィニックとの最後のインタビューはキャンセルされてしまった。二〇〇一年一二月にグローバル・クロッシングが破産申請したためである。通信業界が価格破壊に見舞われたあとになってから、メディアは悪徳CEOのリストを作成し、ウィニックはその真ん中当たりにランクされている。だがこのような評価は、一九九九年時点での途方もなく過剰な期待と同じぐらいばかばかしい。グローバル・クロッシングに起きたのは、新参事業者すべてに起きたこととまったく同じである。要するにあてにしていた収益が得られなかっただけのことだ。

通信会社は、大容量の光ファイバーを増やしすぎた。二〇〇一年の時点で計画されていた大西洋横断ケーブルの通信容量を合計すると、一六三八四STM－1に達する。三五〇〇万人（半分はヨーロッパ側、半分はアメリカ側）が自分の日常生活のリアルタイム動画を一日二四時間毎日互いに送りつづけることができる容量である。

さらに決定的だったのは、大西洋横断ケーブルの通信容量が急拡大すると共に、流通市場で価格破壊が起きたことである。回線を買った国営電話会社は設備稼働率の低さに危機感を募らせ、いくらかでも利益を確保しようと、値引きをしたり短期のリースを提供したりした。これで激しい価格競争が勃発する。STM－1当たりの価格は一九九九年末には六五〇万ドルから二〇〇万ドルに下がり、二〇〇二年初めには三二万五〇〇〇ドルになった。グローバル・クロッシングの当初売り出し価格のわずか四％である。

「インターネットの発展とともに収益は急拡大する」という景気の良い予想はどうなったのだろう。

誤算は二つあった。第一は、ジョージ・ギルダーの予想に反して、海底ケーブルを介したインターネットのトラフィックが地上ケーブルほど伸びなかったことである。インターネット通信の大半は国内だった。しかも利用頻度の高いウェブサイトでレスポンスタイムを短縮する必要上、都市ごとにサーバーの数を大幅に増やしたため、大陸間の大容量ケーブルはさほど必要でなくなった。

第二の誤算は、インターネット・トラフィックは予想を下回りつつもそれなりに増えはしたが、収益をもたらさなかったことである。通信業界は長い間、個人や企業の秘密情報を扱うのだから高い料金をもらうのは当然だ、という考えに慣れ切っていて、当たり前のことに思いがいたらなかった。それは、インターネットが急成長を遂げたのはほとんど無料だからだ、という事実である。誰でも自由気ままにネットサーフィンをしたり、音楽や動画をダウンロードしたりできるから、インターネットは普及したのだ。大企業が収益源になるとか、個人ユーザーが高い料金を払ってくれるといった楽しい幻想は、あっという間に息の根を止められた。そして通信量が増えるよりも早いペースで、コストも料金も下がっていった(註3)。

5フォース分析をやりさえすれば、価格破壊が起きることは容易に予想できたはずだ。それを怠ったのは、株式市場がひどく魅力的なシナリオを示していたからである。コンサルタントも投資家も、アナリストもストラテジストも、まばゆい株価総額にすっかり幻惑されていた。あるコンサルタントは真顔でこう言った。「たしかに彼らの商品は完全なコモディティだ。だが、いま起きているのはまったく新しい動きだ。市場はそれを信頼している」。かくして彼らは思考停止に陥ったのである。

数学者は何世紀にもわたって、公理系の学問（幾何学、代数など）では真実か誤謬のどちらかしかないと信じていた。しかし一九三一年にウィーンの数学者クルト・ゲーデルが「不完全性定理」を発表し、ある公理系が無矛盾ならば証明も反証もできない命題が存在することを示した。その命題の真偽を判断するには、系の外の知識を援用しなければならない（註4）。

このことは人間にも当てはまるのではないだろうか。たとえば、直近の株価の動きだけに基づいて投資を行う場合、参照する情報は株価のみという閉じた系の中で投資判断が下されることになる。その系を支えるのは、「市場は正しい」という「公理」である。光ファイバー事業の場合、アナリストが設備容量を成長の指標にした時点で系は閉じてしまった。この閉じた系では、「供給過剰ではないか」とか「海底ケーブルはコモディティではないか」といった質問は、ゲーデルの言う「決定不能」に該当する。こうした質問の答を見つけるには、系の外を探さなければならない。誰もが系の中だけを見ている状況でも、自分の目で外を見ることが必要である。

同じような閉じた系の問題は、政治家が世論に基づいて政策立案を行う場合にも生じる。「レバレッジの高い住宅ローンの急増を政府機関が後押しするのは適切か」という質問は、世論や選挙運動のロジックの中では「決定不能」である。だが過去の事例や他国の例を注意深く調べれば、自ずと答えはわかるはずだ。

もう一つ、閉じた系を挙げておこう。学校が生徒の成績に基づいてカリキュラムを設計し、生徒は自分の成績に基づいて学校を選ぶとすれば、それは閉じた系になる。そうなると、たとえばビジネススクールで「学生に本を読ませるべきか」という質問は「決定不能」になってしまう。このような循環論を断ち切るためには、現在の多数意見や趨勢に無定見に従うのではなく、深い知識や普遍的原則を探す必要がある。

世界金融危機――群れる心理と内部者の視点

二〇〇八年の世界金融危機では、史上最大の信用バブルの崩壊が起きた。信用バブルが膨らむときは、貸出基準がどんどん緩くなるものである。そして誰もが簡単に借金をして買えるとなれば、その資産の価格は押し上げられるのがふつうだ。このような「買い物」の対象になるのは、不動産や株式である。こうして資産価格が上昇すれば、それは次の借金の担保となる。このときの信用バブルの材料となったのは主に不動産だったが、レバレッジド・バイアウト（LBO）、大型合併、業界の大同連合などもさかんに行われた。

信用とは無関係の資産バブルも存在する。一九九〇年代後半には、ドットコム企業に買い手が殺到し、株価がものすごい勢いで上昇した。だがこのときは企業の負債比率が低かったため、二〇〇〇年にドットコム・バブルが崩壊しても、経済全体への影響は比較的小さかった。これに対して与信基準が甘くなり、借り手の負債比率がどんどん高くなると、ショックが一つの会社や個人のレベルにとどまらず、産業から産業へ、国から国へと伝染し、単独の損失で済んでいたはずのものが経済全体を巻き込む悲劇へと発展する（註5）。

ベア・スターンズが二〇〇八年に破綻したとき、同行のレバレッジ率（自己資本負債比率）は三二倍だった。つまり、自己資本一ドルに対して三二ドル借りていたということである（実際のレバレッジ率は五〇倍に近かったと推定されるが、同行は月末になると、見映えを良くするために比率を下げる操作をしていた）。傘下のヘッジファンドのレバレッジ率は八五倍に達している。リーマン・ブラザーズもベア・スターンズ並みだった。シティグループ、メリルリンチなどその他の証券会社のレバレッジ率はもっと低かった。

二〇〇六年後半にはローンを返済できない借り手が続出するが、彼らの多くは第一抵当で住宅購入代金の九〇％をまかない、さらに第二抵当で頭金まで借りていた。いわゆる「ピギーバック・ローン」である。そのうえ、ホームエクイティ・ローンまで組んで、家具を始めさまざまな消費財を買い入れていた。二〇〇七年になる頃には、株取引をする人も住宅を買う人も、軒並み借金漬けになっていたのである。

どの時代のどの国の信用バブルも最初はそうだが、資産価値と抵当の価値が上がりつづける間は、何も心配はいらないように見える。資産価格が右肩上がりで膨張するため、企業も銀行も証券会社も住宅購入者も、借金の返済は資産価値で「保証」されているように感じるのだ。大丈夫、足場は磐石だ、と。

人気アニメ『ロードランナーvsワイリーコヨーテ』では、賢いロードランナーを追いかける間抜けなワイリーコヨーテが、勢いあまって断崖絶壁から空中に飛び出すシーンがある。ワイリーコヨーテ

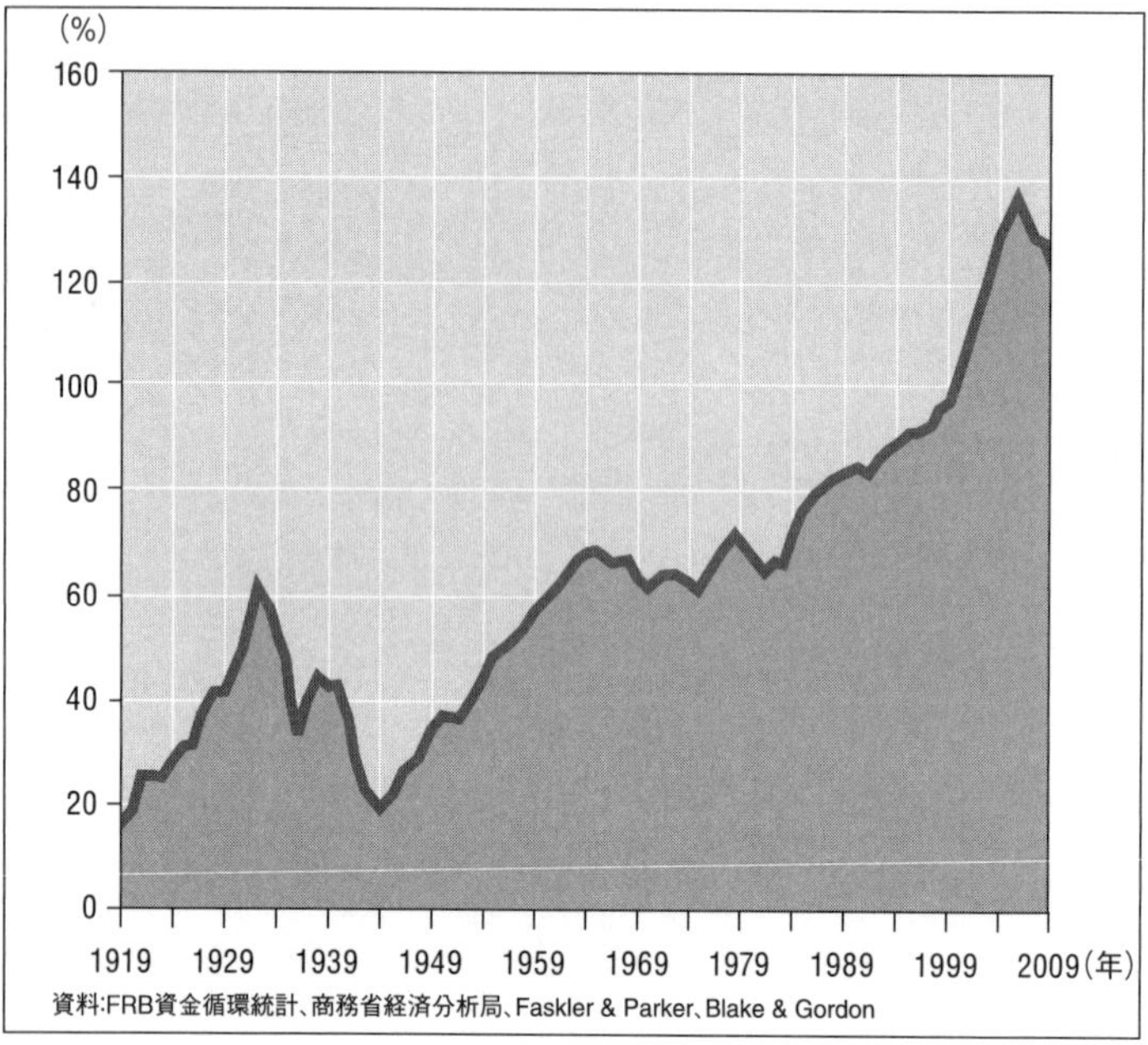

資料:FRB資金循環統計、商務省経済分析局、Faskler & Parker、Blake & Gordon

可処分所得に対する家計の債務比率

は興奮しているので、自分が虚空に足を踏み出したことに気づかないのだが、下を見て何もないことがわかった瞬間に落下しはじめる……。信用バブルでは、資産価格が下落に転じたときがこの瞬間に相当する。ほんのわずかな下げが、バブル崩壊のきっかけになるのである。そしてこの瞬間に、過大評価された資産を借金で買い込んできた投資家は、足の下に何もないことに気づく。抜け目のない連中は、株券が紙切れになる前に売り抜こうとする。そしてこの売りが、価格を一段と押し下げる。下げはパニックを招き、売りが売りを呼ぶ状況を引き起こす。投資家が一斉に手じまいをしようとすれば、株価の急落に拍車がかかる。それまで気前よく貸していた銀行は突如として我に返り、貸出金を取り戻そうとし、経済を回していた信用は急速に収縮する。経済に急ブレーキがかかれば、借金の返済不履行はますます増え、資産を売って現金を作ろうとしてもいっこうに売れなくなる。借金をしてでも資産を買おうとしていた人々が、損をしてでも売ろうとするのだから、資産価格は下がる一方だ。そうなると返済不履行はさらに増え、資産の売り急ぎも増える。これが「債務デフレ」と呼ばれる現象である。最初にこの現象を指摘したのはアーヴィング・フィッシャーで、大恐慌のときだった。甘い信用がバブルを膨らませ、最後には恐慌を加速させるのである。

右のグラフには、アメリカの世帯における債務所得比率の推移を示した。債務には住宅ローンのほか自動車ローン、消費者金融などが含まれている。一九八四年には、平均的な世帯の税引後年収に占める債務の比率は、六〇％だった。これが二〇〇七年には、一三〇％に達している。

一九八〇年代、九〇年代の新聞や雑誌の報道はもっぱら政府債務に集中していたが、経済全体の規模と比較してみたとき、借金で浮かれていたのは政府ではない。爆発的に増えていたのは、家計と金融機関の債務なのである。世帯の債務は一九八四年から上昇に転じ、八八年には政府債務合計を上回ってなおハイペースで増え、それが二〇〇八年の景気後退まで続いた。

頭に血の上った借り手や欲に目のくらんだ不動産業者を責めるのは簡単だが、じつはこの危機を招いたのは政府と金融業界である。政府は、経済全体とりわけ金融部門の安定性と健全性を監視する立場にある。また証券会社や銀行は、リスクの値踏みや金融商品のパッケージングに関しては卓越した専門家と考えられている。だがどちらもはなはだしく期待を裏切った。いったいなぜこんなことになったのだろう。彼らはどういうつもりだったのだろうか。

ジョンズタウン洪水（一八八九年にペンシルバニア州で起きた世界最悪のダム決壊災害）、飛行船ヒンデンブルク号の爆発事故（一九三七年）、ハリケーン「カトリーナ」（二〇〇五年）＊、BPによるメキシコ湾原油流出事故（二〇一〇年）……。数々のこうした人災同様、二〇〇八年の信用バブル崩壊も、判断と行動における五つのヒューマンエラーの相互作用によって引き起こされた。

第一は、システムの設計限界を超えるエラーの発生である。製造業などのシステム設計時には、さまざまな故障を想定して故障モード・影響解析を行う。だが二〇〇八年の世界金融危機を招いた新奇な金融商品は、解析不能のエラーを引き起こした。

第二は、長い間嵐がなく波が穏やかだと、何の危険もないと錯覚しやすいことである。これを私は「順風満帆の誤謬」と呼ぶ。金融業界では、この誤謬が構造化していた。と言うのも、過去の価格変動に基づいてリスクが計測されていたからである。住宅価格は永遠に値上がりするとの前提に基づいて設計された証券などは、ヒンデンブルク号やニューオーリンズの堤防と同じで、重大な設計上の欠陥を抱えたシステムである。だがそうした欠陥の存在は、実際にことが起きるまではわからない。重大な欠陥がある以上、システム崩壊はほぼ確実と言えるが、過去のデータからは予測できない。ここで重要なのは、崩壊の原因が、金融業界が「ブラックスワン」（註6）だとか「テールリスク」などと称する予測不能あるいは絶対に不可避の出来事ではないことである。設計に欠陥があるから崩壊するという、ただそれだけのことだ。

第三は、多くの企業や個人に、自らリスクを求めるインセンティブが働いていたことである。自分がうまくやって大儲けをするときに他人は大損をするのであれば、あなたはリスクシーカーになる。このようなよこしまなインセンティブが生まれたのは、アメリカ政府に責任がある。政府は、返済不能の負債を抱えた大組織を「大きすぎてつぶせない」として救ってきたからだ。一九七五年にはニューヨーク市を、八四年にはコンチネンタル・イリノイ銀行を、八八年にはヘッジファンドのロングターム・キャピタル・マネジメント（ＬＴＣＭ）を救済した。こうした前例は、リスクテークを助長することになる。しかも金融業界では、トップ・エグゼクティブの報酬やブローカーの手数料は成功報酬ベースであって、上がることはあっても下がることはない。そのうえ彼らは「果報を寝て待つ」タイプではなく、自ら積極的にリスクの量を増やそうとした。

第四は、群れる心理の存在である。どうしたらいいかわからないとき、他の人のやり方をまねたことは誰にでもあるだろう。だが全員がそれをしたら、誰もがまったく根拠のない行動をとることになる。「ほんとうのこと」は誰かが知っているとみんなが考えているが、実際には誰も知らない。

第五は、「内部者の視点」で物事が判断され、「今回はちがう」という言い分がまかり通ったことである。この「内部者の視点」とは、妥当な関連情報を無視する傾向にノーベル賞受賞経済学者のダニエル・カーネマンと共同研究者のダン・ロヴァロが付けた名称である（註7）。

＊　ニューオーリンズの洪水はハリケーンによる急激な増水が原因だが、これは天然の湿地帯で吸収できるはずだった。しかし長年の間に「開発」されてしまったため、できなくなった。加えて増水対策として建設された堤防システムは、設計も施行も不適切だった。

二〇〇八年の世界金融危機では、四番目と五番目の問題、すなわち群れる心理と内部者の視点にとくに注意を払う必要がある。リーダーがつねに全体図を頭に入れ、冷静な判断を下すことを求められるのは、こうした資質を備えていれば、群れや内部者の視点に伴うバイアスをいくらかでも和らげられるからだ。

内部者の視点にとらわれると、自分自身のことや所属する集団、プロジェクト、会社、あるいは国だけが特別で別格の存在になる。そこで、たとえば外部の客観的な統計データを無視しがちになる。運転中に携帯電話で話していると事故を起こす確率が五倍になり、飲酒運転に匹敵するほどになるというのは統計的な事実であり、「外部者の視点」である。ところが内部者の視点に立つと、「自分はとても運転がうまいから、そんな統計は当てはまらない」ということになってしまう。同様に、新規開店する飲食店の大半は店じまいに追い込まれるのだが、店主はみな「自分のところは大丈夫」と信じている。

二〇〇八年の世界金融危機では、内部者の視点に基づく前提が広く世間にまかり通り、単なる主張から一種の教義にまで格上げされた。すなわち、疑ってはいけない証明不能の存在になったのである。とりわけありがたい教えは、「他の国や他の時代に起きたことは、現代のアメリカとは無関係である」というものだった。「連邦準備制度理事会（ＦＲＢ）は金利調節を通じて景気をコントロールする術《すべ》を心得ており、急激な景気変動の心配はいらない」という教えや、「アメリカの金融市場は厚みがあり流動性にも富んでいるから、たいていのショックには耐えられるし、吸収することができる」

という教えも広く信じられていた。さらに、「ウォール街はリスクの管理、価格づけ、パッケージングに関する高度な知識を持っている」という教えもあった。こうした教義が多くの人の目を曇らせ、「他国で起きたことや過去に起きたことは、これからも起こりうる」という単純な事実が見落とされてしまったのである。かくして不動産価格は急騰し、信用が安易に供与された。

外部者の視点でこの状況を見るのは、少しもむずかしいことではない。他国で、あるいは過去に、何が起きたかを見れば良い。信用ブーム、とりわけ不動産絡みの信用ブーム後には、深刻な景気収縮が起きやすい。経済協力開発機構（OECD）に加盟する先進国二一カ国では、過去五〇年間に、二八回の不動産価格急騰・急落サイクル、そして二八回の信用収縮が起きている(註8)。ペンシルバニア大学ウォートン・スクールのリチャード・ヘリングとスーザン・ウォッチャーが指摘したように、「不動産サイクルは、銀行危機とは無関係に発生しうる。また銀行危機も、不動産サイクルとは無関係に発生しうる。だが先進国、新興市場国を問わず、さまざまな制度の下で起きた過去の事例をみる限り、多くの場合に両者は相互に関係がある」のだ(註9)。

アメリカの歴史を遡ってみると、安易な信用供与と不動産ブームという危険な組み合わせが繰り返し出現していることに気づくだろう。その背景には、政治や文化に深く根ざした原因がある。アメリカ政府は、ほぼ二世紀にわたって未開地への定住や小規模農地の所有を推進してきたが、現在では住宅所有を奨励している。人気とりのポピュリスト政治家も、不動産の自由所有は半独裁政治や集団主義に対して防波堤となると信じている人々も、この政策を後押しする。民主党も共和党も、富裕層も貧困層も、そして金融業界も一般市民も、この政策に反対する人はいない。

とは言え、持ち家推進プログラムの対象となる人たち、すなわちふつうの労働者や移民は、すぐさま不動産を買えるような資金は持ち合わせていない。それどころか、頭金にも困る人々が少なくない。そこで、こうした人たちのために政治家や金融業界はのべつ「イノベーション」をひねり出す。だが景気が悪くなれば結局はローンの返済は不可能になり、ときには経済全体にダメージを与える。

アメリカで最初の恐慌は、一八一九年に起きた。これは、大量の公有地を政府が民間に払い下げるに当たり、安易な信用供与を行ったことが原因である。土地の払い下げが集中したのは、テネシー州、ミシシッピ州、アラバマ州だった。綿花を始めとする農産物の高値に目がくらんだ入植者の多くは、土地や農機具を買うために、州立銀行からどっさり金を借りた（その州立銀行自身も債務比率が高かった）。こうして人々が住み着いて農業を始めたため、生産量はどっと増えた。ちょうどその頃に、ナポレオン戦争の痛手から徐々に立ち直ったヨーロッパでも農業生産が回復しはじめたものだから、農産物価格は一八一九年に急落したのである。前年の一八一八年には、綿花は一ポンド当たり三一セントだったが、一九年には半値に下落し、三一年には一ポンド当たり八セントまで下がっている。土地の価格もこれに追随し、返済不履行が急増した。そこへ第二合衆国銀行が返済を強要し、金（または兌換通貨）による支払いを要求したため、危機は一段と深刻化する。そして都市部にも飛び火し、ペンシルバニア州では、不動産価格が七五％も下落している。挙げ句、数千人が債務者監獄にぶちこまれた。

一八年後の一八三七年恐慌も、政府が公有地三〇〇〇万エーカーを売却したことが発端である。売却された土地の大半が、中西部と呼ばれる地域に集中していた。土地購入者に資金を貸し出したのは、インディアナ州やイリノイ州などの州立銀行や地方銀行である。彼らは、この新しい土地から上がる利益を見込んで運河などの開発プロジェクトにも気前よく融資し、その資金をあちこちから調達した。債務比率が高まったこれらの銀行に対する信用が揺らぐと、銀行は次々に倒産し、アメリカ中の銀行のおよそ半分が連鎖的に破綻するという事態に立ちいたる。土地価格も暴落し、恐慌は六年にわたって続いた。

南北戦争が一八六五年に終わると、アメリカでは鉄道建設ブームが巻き起こった。西部開拓の希望に燃えたアメリカ政府は、東海岸と西海岸を結ぶ鉄道を建設する会社に土地を無償で提供する。たとえばノーザン・パシフィック鉄道は、シカゴから太平洋岸にいたる鉄道沿いに、ニューイングランド（アメリカ北東部六州）に相当する広大な土地を無償で取得した。鉄道会社は社債を発行し、それはブローカーや営業マンの手によって、北米のみならずヨーロッパでも割引きで売られた。

彼らの事業計画は、信じられないほど大胆だった。ただで手に入れた土地の大半を、入植者や貧しい移民に売る。そうすれば西部の人口は増える。この人たちは鉄道輸送を必要とするから、いずれは鉄道建設への巨額の投資も実を結ぶ、というのである。一八七〇年までに、アメリカの鉄道債一〇億ドル相当がヨーロッパで販売された。ノーザン・パシフィックの代理人は北欧を歩き回っては、厳冬に耐えられる移民を募った。人々が住み着くと、土地や種子や家畜を買うために、また住宅や町を建設するために、さらに資金が貸し出された……。

この巨大な信用バブルが崩壊したのだから、これはもう、大惨事だった。一八七三年九月にニューヨーク証券取引所は一〇日間閉鎖された。銀行破綻の連鎖が企業の倒産につながった。一万八〇〇〇社が倒産し、その中には鉄道会社の四分の一が含まれていた。失業率は一四％に達し、労働運動が活発になったのもこのときである。

その二〇年後には、一八九三年恐慌が起きている。きっかけとなったのは、鉄道債のデフォルトと農家の破産だった。農産物価格が急落すると、多額の借り入れをしていた農家はどこも立ち行かなくなった。価格の落ち込みは一時的な変動ではない。農家の生産性が向上したうえ、西部の膨大な土地で耕作が始まったのだから、必然的な結果と言える。このときも失業率が一二％まで上昇し、景気が回復するまでに七年かかった。

同じく一九世紀後半には、メルボルンでも大々的な土地価格の急騰と急落が起きている。政府は鉄道、港湾、水道、都市交通システムに投資するために、一八八〇年代から借金を重ねた。土地はありあまっているうえ、一八八六年当時のメルボルンは面積で言えば世界で最も大きかったにもかかわらず、土地投機のために価格は押し上げられ、なんとロンドンやニューヨークの水準を突破してしまう。マイケル・カノンの著書『ザ・ランド・ブーマー』には、次のように書かれている。

「一八八〇年代の土地マニアには、大きく分けて二つのタイプがあった。第一のタイプは建設会社の楽観的な経営陣である。彼らは、たくさんの家族が同時に家を建て、好不況を問わずローンを着実に返済するという虫の良いシナリオをつゆ疑わなかった。第二のタイプは、土地に投資していれば安全だと固く信じている連中である。このような土地信仰は今日にいたるまで続いている」

一八九一年に土地価格が暴落すると、すさまじいことになった。メルボルンの土地市場は、ほぼ完全に流動性を失った。いくら値崩れしても、まったく買い手がつかなくなってしまったのである。株価も暴落し、市内の路面電車運行会社の株価は九〇％も下がった(註10)。銀行や企業が次々に倒産し、恐慌が始まると、労働運動は激化した。メルボルン市の経済成長は止まり、信用は失われ、それが一世代にわたって続いた。

一九世紀にアメリカで繰り返された信用危機は、西部への定住と鉄道建設の推進策が引き起こしたものだったが、二〇世紀にはこれが持ち家推進策に切り替わった。住宅を巡っては、政府は政策、優遇税制、規制、監督機関その他さまざまな制度的措置により、躍起になって持ち家率を高めようとした。トーマス・ジェファーソンは自営農民を理想とし、一人ひとりが自給自足の手段を持つことをめざした。これに対して現代の政権は国民が家を持つことを理想とし、年間一〇〇日は税金を払うために、一二五日はローンの返済のために働くことをよしとしている。

持ち家推進プログラムの先陣を切ったのは、第三一代大統領ハーバート・フーバーである。フーバーは一九二二年に「自分の家を持とう」キャンペーンを開始した。続く第三二代大統領フランクリン・ルーズベルトが連邦住宅局（ＦＨＡ）と連邦住宅抵当公社（ファニーメイ）を設置して、持ち家推進策は本格化する。さらに第三三代のハリー・トルーマンが、ＧＩビルと呼ばれる復員軍人助成金制度によって後押しした。近年になるとビル・クリントンがマイノリティの住宅購入を奨励し、一九九五年には、持ち家比率を二〇〇〇年までに六五％から六七・五％に押し上げると公約した。絶対数で言えば、持ち家を数百万戸単位で増やすことになる。クリントン政権が打ち出した「全米持ち家促進戦略」では、住宅購入時の手数料の削減、頭金の減額、代替的な金融商品の活用などが謳われている(註11)。住宅都市開発長官ヘンリー・シスネロスの主導の下、民間住宅金融に対して付けられる政府保険の審査基準は大幅に緩和された。五年間の安定所得は三年間に、借り手との直接面談は書類審査になった。また貸し手は事務所を構えることが条件だったが、いまでは電話さえあればよいことになっている。クリントンに続いて大統領に就任したジョージ・W・ブッシュは持ち家推進策をさらに強化し、黒人とヒスパニックの持ち家を五五〇万戸増やす計画を明らかにした。

過去の例や他国の例をみても、安易な与信による住宅ブームはいずれ破綻し高いコストを伴うことがわかっているにもかかわらず、政策当局も、経済学者や金融の専門家も「内部者の視点」に固執し、聞く耳をもたなかった。二〇〇七年後半に住宅ローン危機の兆しが見えはじめたときでさえ、財務長官のヘンリー・ポールソンはアメリカの「懐が深く流動性の高い」金融市場を自慢しつづけた。あまつさえ、中国にもアメリカをまねるよう説教したものである。

「アメリカでは住宅市場と資本市場でリスクの評価見直しが進行しており、経済は難局を迎えつつある。だがこの困難な時期にも、懐が深く流動性の高いわが国の資本市場は、経済の安定維持という重要な役割を果たしている。アメリカの世帯の六九％に持ち家購入資金を提供してきたことは、その一つだ。中国も、包括的な経済成長を継続するためには金融の一段の規制緩和を進めて資本市場を育て、必要な資本へのアクセスを確保することが望まれる」(註12)

金融業界の大物や学界主流の学者や政治指導者がみんなで群れていたことも、ポールソンの自信を強める結果となった。アメリカの「懐が深く流動性の高い」金融市場を無邪気に褒めちぎりながら、彼らは市場を活気づける引火性ガスの巨大な風船の上でダンスを踊っていたのである。引火性ガスの成分は、甘い与信基準、過度のレバレッジ、あやしげな証券化や再証券化、短期借り入れによる長期資産の資金調達、金融機関の経営陣のリスクテークに対して支払われる巨額のボーナス、といったものだった。

こうした市場信仰と並行して、FRBの能力も絶対的な信仰の対象になっていた。多くの専門家が増えつづけるレバレッジに懸念を示さなかったのは、FRBの金融政策によってリスクは抑えられると信じきっていたからである。たとえば現FRB議長のベン・バーナンキは、二〇〇四年に次のように述べている。

「ここ二〇年ほどの経済情勢で驚かされることの一つは、マクロ経済の変動性（ボラティリティ）の大幅な減少である。実質GDPの四半期伸び率の変動幅（標準偏差で計測）は、一九八〇年代半ば以降、従来の半分になっている。また、四半期インフレ率の変動幅は、三分の二ほど縮小している。この点に注目した一部の専門家は、この時期を〝大平穏期〟と名づけた」（註13）

この時点で政策金利は二・二五％ときわめて低い水準に設定され、住宅ローンは急増し、住宅価格は天井知らずの上昇ぶりを示していた。なぜ誰も警戒しなかったのだろうか。一つには、政府の物価指数には住宅価格が含まれていなかったからである。指数に含まれているのは家賃だけであり、家主は将来のキャピタルゲインを当て込んでいるので、家賃を上げようとはしなかった。加えて、中国を始めとする新興市場国から安価な衣料品や家電、家具などが輸入されたおかげで、消費者物価が低く抑えられたという事情もある。さらに、メキシコなど中央アメリカからの貧しい移民が急増したため、公共部門以外では賃金上昇率は低かった。こうした背景から、低金利で経済に活を入れつづけても、物価も賃金も上昇しないすばらしいニューワールドが出現したと考えられていたのである。

政策当局や金融業界は、ＦＲＢが事態を掌握していると信じていたうえに、新しい金融工学を駆使した証券化技術にも絶大な信頼を置いていた。新奇な金融商品に対しては、その信頼性を危ぶむ声も一部にはあったものの、経済が成長しているのだから金融イノベーションは利益をもたらすに決まっているという見方が圧倒的多数を占めていた。当時ＦＲＢ議長だったアラン・グリーンスパンは、二〇〇五年に次のように述べている。

「オプションその他の複雑な金融商品の価格決定技術が進化したおかげで、それ以前には困難だったリスクヘッジが可能になり、かつそのコストが大幅に引き下げられた。（中略）二〇〇〇年に株価バブルが崩壊したときも、従来の金融危機の場合とは異なり大手金融機関の破綻は一つもなく、経済は大方の予想よりはるかにしっかりと持ちこたえた」（註14）

当時のニューヨーク連銀総裁で、現在は財務長官を務めるティモシー・ガイトナーも、二〇〇六年に同じようなことを口にしている。

「われわれは、新たな金融イノベーションの波に乗っている。リスク移転とリスク管理を実現する手段が次々に開発されるという、劇的な変化が進行中だ。世界各地の資本市場ではノンバンクの役割が高まっているほか、各国の金融システムの統合も進んでいる。

こうした動きは、金融システムにとって多大なメリットをもたらす。金融機関は、リスクを以前より効率的に計測し管理できるようになった。おかげで一国の中でも、また世界でも、より多様な金融仲介事業者の間で広くリスクが分散されるようになっている」（註15）

旧約聖書には「高ぶりは滅びにさきだち、誇る心は倒れにさきだつ」（口語訳聖書）と記されている（註16）。いまにして思えば、バーナンキやグリーンスパンやガイトナーの発言から傲慢な自信を読みとることはできたはずである。革新的な金融ツールのメリットは、十分な証拠もなしに喧伝されていた。巧みに設計された裁定取引や新種の証券が出回り、それらがこれまで破綻したり焦げ付いたりしていないからと言って、これからもそうならないという保証は何もない。新種の金融商品が万全だと証明するためには、現実の世界のさまざまな状況下で長期的なストレステスト（健全性検査）を行う必要がある。不動産市場の上げ局面と下げ局面で、景気循環の拡大局面と後退局面で、高金利と低金利で、高インフレと低インフレで、そしてこれらのさまざまな組み合わせの中で試されてからでなければ、自信を持って推奨することなどできるはずがない。

■　■　■

群れの圧力は、「みんなが大丈夫だと言っているのだから絶対大丈夫なのだ」と考えることを強要する。内部者の視点は、自分たち（自分の会社、自分の国、自分の時代）は特別なのだから、他の時代や他の国の教訓は当てはまらないと考えることを強要する。こうした圧力は、断固はねのけなければいけない。現実を直視し、群れの大合唱を否定するデータに目を向ければ、また歴史や他国の教訓から学べば、それは十分に可能である。

謝辞

本書は、私を教え導いてくれた人々に多くを負っている。だがその数はあまりに多く、紙面の都合上ここに全員を挙げることはできない。ここでは、本書の執筆に直接関わった方々に限ってお礼申し上げることにしたい。

エヌビディアの上席副社長ダン・ヴィヴォリには、同社のさまざまな人に紹介してもらったほか、関連する章について有意義な指摘をしてもらった。ロール・インターナショナルの会長スチュアート・レスニックは、貴重な時間を割いて話を聞かせてくれた。

マッキンゼーのアレン・ウェブとラング・デビソンからは、多くの章について助言をもらった。アメリカン・キャンの元営業担当副社長シッド・バルトーからは缶業界の最近の動向を教わり、クラウン・コーク・シールの記述を論評してもらった。現在はグリーン・コモン・チャレンジの会長を務めるフランセスコ・デ・レオ、国防総省相対評価室長アンディ・マーシャル、戦略予算評価センターのシニアフェロー、バリー・ワッツはそれぞれに注意深く原稿を読み、貴重な意見を言ってくれた。

シドニー大学のダン・ロヴァロは、原稿を読むだけでなく、数晩にわたる議論に付き合ってもらった。ロヴァロの情熱と関心に深く感謝している。スタンフォード大学のチャールズ・オレイリーには、リーダーシップとビジョンに関して考えを整理する手助けをしてもらった。そしてＵＣＬＡの同僚であるスティーブ・リップマン、ジョン・デ・フィゲレド、スティーブ・ポストレル、クレイグ・フォックス、ジョン・マメーからは、原稿について有益な助言をしてもらうことができた。

私はUCLAアンダーソン・スクールでクニン夫妻の名を冠した教授職に任命されており、おかげで研究資金の調達に奔走する必要がない。したがって、クニン家には深く感謝しなければならない。また、本書の執筆を激励し何かと支援してくれたアンダーソン・スクールの学院長ジュディ・オライアンにも感謝する。

エージェントのマイケル・カーライル（インクウェル・マネジメント）は私の原稿を巧みに修正し、売り物になるようにしてくれた。編集者のジョン・マヘイニーはこまかい点まで丹念に見直し、読みやすく仕上げてくれた。二人には心からお礼を言いたい。

そして妻ケートの愛情と支えがなかったら、私にはとうていこの本を書き上げることはできなかっただろう。かつては戦略の研究と教育に携わっていたケートは、原稿を何度も読み返し、的を射た批評をするとともに、気に入った箇所には小さなスマイルマークを書き込んでくれたものである。

リチャード・ルメルト

訳者あとがき

多くの組織で「戦略」と称している代物の化けの皮をはぐこと——著者のリチャード・P・ルメルト教授は、本書のために開設されたブログ“Strategy Land”の中で、本書を書いた第一の目的をこのように説明している。戦略とは、「こうなったらいいなあ」という漠然とした期待を表現するものではなく、難局に直面するなど具体的な課題を前にして行動を指し示すものでなければならない。だから、戦略とはあくまで必要に応じて立てるべきものであって、予算編成とセットにして年中行事よろしく戦略を立てるような慣習はおかしいという。このように戦略の基本を鋭く突いて間然するところがないのが教授の身上で、「ストラテジストの中のストラテジスト」と評される所以でもある。

続く第二の目的は、経済や産業や市場とはちがうところでの戦略も示すこと。ビジネススクールの授業や経営書で扱う戦略はこの方面に偏りすぎている、と教授は指摘する。第三の目的は、戦略を立てるのに安直な近道は存在せず、王道を行くしかないのだと説くこと、そして最後の第四の目的は、おもしろい本を書くことである。

本書を読み終えたとき、読者はきっと、この四つの目的がみごとに達成されたと感じることだろう。実際、本書はフィナンシャル・タイムズ紙が選ぶ二〇一一年度ベストビジネス書賞の最終候補六作に残っている。

リチャード・P・ルメルトは一九四二年生まれ。カリフォルニア大学バークレー校で電気工学の修士号を取得後、システム・エンジニアとして航空宇宙局（NASA）ジェット推進研究所で働いた経験を持つ。その後、ハーバード・ビジネススクールで経営学の博士号を取得。同校で教鞭をとった後、一九七六年からカリフォルニア大学ロサンゼルス校アンダーソン・スクール・オブ・マネジメントの教授となり、現在にいたっている。この間、ヨーロッパの一流ビジネススクールINSEADで、三年にわたり企業再生の研究も行った。現在は教授職のかたわら、国防総省などの政府機関や非営利団体、企業のコンサルタントとしても活動している。また経営戦略学会創立メンバーの一人であり、一九九五〜九八年には同学会の会長も務めた。

ルメルトの功績は、市場の力を重視する伝統的な競争戦略論に対して、組織の持つ強みやコア・スキルなどを重視する「リソース・ベースト・ビュー（RBV：経営資源に基づく戦略論）」に多大な貢献をしたことにある。ハーバード・ビジネス・レビュー誌では、経営分野で最も影響力のある理論家五〇人を一年おきに発表しているが、二〇一一年にルメルトは堂々二〇位に選ばれている。

また経営学者のジェイ・B・バーニーは、経営戦略論の教科書としても評判の高い大著『企業戦略論』の中で、マイケル・ポーターの『競争の戦略』と並んでルメルトの『多角化戦略と経済成果』を挙げ、経営戦略論の嚆矢をなすものと高く評価した。

このように戦略理論では押しも押されもせぬ第一人者なのであるが、意外なことに日本での知名度はあまり高くない。少なくともポーターほどではない。理由の一つは、寡作であることだろう。先ほど挙げた最初の著作（アーウィン賞を受賞）の発表は一九七四年である。論文や共著書を除けば本書は二作目だから、ざっと三〇年ぶりの著作ということになる。しかも一般向けに書かれたものとしては、本書は初めての著作なのである。

一作めとは異なり戦略論の世界的権威となってから執筆しているにもかかわらず、難解なところが一つもない明晰な語り口と明快で潔い立論に読者は驚かれるのではないだろうか。また、いわゆる理系の理論家だけあって、登場する事例には戦争や宇宙開発まで含まれるなど、きわめて幅が広いのも魅力だ。月面探査機「サーベイヤー」の事例など抱腹絶倒ものである。

「戦略策定の要諦はカーネル（診断、基本方針、行動）にあり」とするルメルトの戦略論は簡潔で普遍性があり、企業はもちろんのこと、学校、病院、ボランティア組織から官庁、軍隊にまで応用がきく。パワーポイントや穴埋め式チャートが大嫌いな教授のこととて、いかがわしいツールは一切使わない。現実の世界に即した戦略論として絶大な支持を得ているのも、なるほどと頷ける。どんな組織のどんな立場の人も、それぞれに得るところがあるだろう。

最後になったが、いつもながらの的確な助言ときめこまかい編集で訳者を後押ししてくださった日本経済新聞出版社の金東洋氏に心からお礼申し上げる。

二〇一二年五月

村井章子

An International Perspective," Wharton Financial Institutions Center working paper 99-27, 1999.

10 "Australia Frightened; the Results of an Abnormal Land Boom," *New York Times*, August 15, 1892.

11 U.S. Department of Housing and Urban Development, Urban Policy Brief, no. 2, August 1995.

12 Henry M. Paulson Jr., "Open Statement at the Meeting of the U.S.-China Strategic Economic Dialogue," U.S. Department of the Treasury press release hp727, December 12, 2007.

13 Ben Bernanke, "The Great Moderation," remarks to the Eastern Economic Association, February 20, 2004.

14 Alan Greenspan, "Economic Flexibility," remarks to the National Association for Business Economics, September 27, 2005.

15 Timothy F. Geithner, speech at the Global Association of Risk Professionals (GARP) Seventh Annual Risk Management Convention, New York, February 28, 2006.

16 箴言 16 章 18 節。

Bold Forecasts: A Cognitive Perspective on Risk Taking, *Management Science* 39, no. 1 (January 1993): 17–31, および Colin Camerer and Dan Lovallo, "Overconfidence and Excess Entry: An Experimental Approach, *American Economic Review* 89, no. 1(March 1999): 306–18.

4 スタンドアロンの TiVo ボックスは、セットトップ・ボックスの機能と重複しているだけでなく、番組情報も別途ダウンロードしなければならない。このときにケーブルテレビ回線ではなく、電話回線またはインターネット接続を使う必要がある。余分なコストと手間がかかるため、マスマーケットに普及しにくい。

第 18 章

1 Garrahan, Bath, and Stricker, "Emerging Network Companies: Exploiting Industry Paradigm Shifts," Lehman Brothers, October 27, 1998.

2 R. P. Rumelt, "Global Crossing (A) and (B)," Anderson School at UCLA case study, 2002, www.goodstrategybadstrategy.com.

3 光ファイバー・バブルについてのくわしい説明は、以下を参照されたい。Andrew Odlyzko, "Bubbles, Gullibility, and Other Challenges for Economics, Psychology, Sociology, and Information Sciences," University of Minnesota School of Mathematics, 2010, http://www.dtc.unm.edu/˜odlyzko.

4 以下を参照。Torkel Franzén, *Gödel's Theorem: An Incomplete Guide to Its Use and Abuse* (Wellesley, MA: A K Peters, Ltd., 2005). ゲーデルは、数学理論は不完全であり、決して完全にはなりえないことを数学的に証明した。

5 一つの分析結果として、以下を参照されたい。Nobuhiro Kiyotaki and John Moore, "Credit Cycles," *Journal of Political Economy* 105, no. 2 (April 1997): 211–48. 彼らによれば、「信用限度と資産価格のダイナミックな相互作用により強力な移転メカニズムが出来上がり、そのためにショックは長引き、増幅され、他部門に波及した」という。

6 この言葉は、ナシーム・タレブの同名の著作によって有名になった。*The Black Swan: The Impact of the Highly Improbable* (Random House, 2007). ただしタレブは自身のブログの中で、金融危機は「あり得ないとは言えない」のでブラックスワンではないと述べている。

7 Daniel Kahneman and Dan Lovallo, "Timid Choices and Bold Forecasts: A Cognitive Perspective on Risk Taking," in *Fundamental Issues in Strategy: A Research Agenda,* eds. Richard Rumelt, Dan Schendel, and David Teece (Harvard Business School Press, 1994), 71–96.

8 マーシャルプランの落とし子である経済協力開発機構（OECD）には、先進国 33 カ国が加盟している。その目的は、経済成長と貿易の促進にある。

9 Richard J. Herring and Susan Wachter, "Real Estate Booms and Banking Busts:

呼ぶべきだろう。だが現在ではこの言葉は、モラルの問題に使われている。

5 Alfred Sloan, *My Years with General Motors* (New York: Doubleday, 1990), 67.

第15章

1 ビディア（Vidia）は、“video”と“via,”の合成語で、前者はラテン語で「見る」、後者は「道」という意味である。Nはラテン語で「生まれる」という単語の頭文字である。

2 エド・カットマル（ピクサー）、ジョン・カーマック（idソフトウェア）、ダグ・ケイ（モンド・メディア）、パット・ハンラハン（スタンフォード・コンピュータ・グラフィックス研究所）がチーフ・サイエンティストとして委員会に招かれた。

3 汎用コンピュータで実行しているソフトウェア・プログラムによるシミュレーションが完了すると、ターゲット・チップと同じ動作をする専用チップを作ってエミュレーションが行われた。エミュレーションは実際のチップよりは処理速度が遅いが、シミュレーションよりははるかに速い。

4 ジョン・ペディー・リサーチは、グラフィックスとマルチメディアを専門とする技術系の経営コンサルティング会社である。

5 シリコン・グラフィックスの元副社長ウェイ・タンが引用した。以下を参照されたい。Robert Hof, Ira Sager, and Linda Himelstein, “The Sad Saga of Silicon Graphics,” *BusinessWeek,* August 4, 1997.

第16章

1 John Locke, Second Treatise on Government, 1690, ch. 4. 以下で入手可能。http://www.constitution.org/.

2 Howard Schultz and Dori Jones Yang, *Pour Your Heart into It: How Starbucks Built a Company One Cup at a Time* (New York: Hyperion, 1997), 50–51.

3 Ibid., 87.

第17章

1 Malcolm Gladwell, *Blink: The Power of Thinking Without Thinking* (New York: Little, Brown, 2005).

2 これは、基準率無視と呼ばれる現象である。この現象は、代表性ヒューリスティックによって説明できる。以下を参照されたい。Daniel Kahneman and Amos Tversky, “On the Psychology of Prediction,” *Psychological Review* 80, no. 4 (July 1973): 237–51.

3 これは、競争的状況に内部者の視点によるバイアスがかかった例と言えるだろう。以下を参照されたい。Daniel Kahneman and Dan Lovallo, “Timid Choices and

るようになった。

7 Steven N. Wiggins and Gary D. Libecap, "Oil Field Unitization: Contractual Failure in the Presence of Imperfect Information," *American Economic Review,* 75, 1985: 368–85.

第13章

1 Quoted in Michael Kanellos, "Intel's Accidental Revolution," CNET News.com, November 14, 2001.

2 Grove, *Only the Paranoid Survive*, 45.

3 Ibid., 44–45.

4 ベクトルシャイムがハードウェアを設計し、イェーガーがソフトウェアを書いた。スタンフォード大学では、ベクトルシャイムはSun 1ワークステーションの初期設計も手がけていた。後に彼はサン・マイクロシステムズを共同設立し、イェーガーもそこに加わった。

5 John Sutton, *Technology and Market Structure* (Cambridge, MA: MIT Press, 1999), ch. 5.

6 Boston Consulting Group, "The Transition to a New Environment Has Begun," 1997. 当時はAT&Tのネットワークはワールドコムの10倍以上の規模を誇っていたが、大半が旧式なものだった。平均単価のちがいはAT&Tの能力とは無関係であり、同社はワールドコムと同じ近代的なネットワークを設計する能力は十分に持ち合わせていた。

第14章

1 "Strategic Plan for the Consumer Computer Market," AT&T Consumer Products, Strategic Planning and Consumer Information Products Section, July 1983. 社外秘。

2 スタン・スチュアートが開発したポピュラーな指標である経済的付加価値（EVA）も、同様の問題を抱えている。と言うのも、この指標も取得原価で計算した「投下資本」がベースになっているからである。

3 GTOは、現在のキャッシュ利益（税引後）から、店舗を閉鎖し、在庫を売却処分し、不動産を市場レートでリースしたときに得られる年間キャッシュフローを差し引いたものである。現在のキャッシュ利益を計算する際には、会社が各店舗に請求する各種金利およびローン金利は排除した。また、いわゆる間接費は実際にはオーナーの給料と福利厚生費であるので、配分は行わなかった。その他の支出については、平方フィート当たりではなく、売却した財のコストに応じて配分した。なお各店舗で、給料に報奨金もプラスして計算した。

4 このような状態は、腐ってもとの形が失われるという本来の意味では「腐敗」と

2 Mark Tran and Mark Milner, "Americans Plan to Wrap Up World in Pounds 3.3 Bn Deal," *Guardian,* May 24, 1995.
3 Michael Porter, *Competitive Strategy* (New York: Free Press, 1980).
4 この図で投下資本利益率を計算するに当たっては、利益に税引後EBIT（金融収支後経常利益）を用いた。この数字は、EBITx（1－実行税率）であり、NOPATと呼ばれることもある。また、投下資本には投下資本+のれんを用いた。したがって、分子は債務を自己資本に置き換えた場合に得られる利益であり、分母は資産から流動負債を差し引いた額となる。
5 "An In-House M&A Team Reshapes a Company," *Global Finance,* March 1997.

第12章

1 "Tora Bora Revisited: How We Failed to Get Bin Laden and Why It Matters Today," Report to Members of the Committee on Foreign Relations, United States Senate, November 30, 2009. この報告によると、アメリカ軍司令官トミー・フランクスは、「アフガン同盟国と疎遠になることを恐れて」手元の兵力を全部は投入しなかったという。
2 この表現は、異種交配を防ぐことに関する生物学の説明に由来する。以下を参照されたい。Richard Rumelt, "Towards a Strategic Theory of the Firm," in *Competitive Strategic Management,* ed. R. Lamb (Englewood Cliffs, NJ: Prentice-Hall, 1984), 556–70. Reprinted in *Resources, Firms, and Strategies: A Reader in the Resource-Based Perspective,* ed. N. J. Foss (New York: Oxford University Press, 1998).
3 同様の論拠として、新たな持ち主は、仮定された状況ではマシンを1億ドルで売り、その代金を投資して1000万ドルの利息を得ることはできないので、「優位性」はまったく役に立たない、というものがある。
4 マシンの機会費用は、正しく定義するならゼロである。と言うのも、銀産業以外では何の価値も持たないからである。銀の時価が変化しない場合には、投下資本利益率は「平均を上回る」水準を維持する。
5 Frank B. Gilbreth, *Bricklaying System* (New York: Myron C. Clark Publishing, 1909). ギルバートはフレデリック・テイラーと並んで科学的管理の父とみなされている。
6 この考え方はあまりに一般に広まっていて、誰が言い出したのかを探すのはむずかしい。1951年にエディット・ペンローズは、スキルやリソースを十分に活用せずに発展してきた企業があることに経済学者の注意を促した。1972年に私は、企業どうしの結びつきをささえる知識を「コア・スキル」と名づけた。その18年後には、よりよい事例と説得力のある説明を使って、ゲイリー・ハメルとC・K・プラハラードが「コア・コンピタンス」という言葉を発明し、一般に使われタリアでは1度も負けなかったが、カルタゴは戦争に負けてしまった。カルタゴを破ったローマは、マケドニア、シラクサ、セレウコス帝国を次々に制圧した。

3 Theodore Ayrault Dodge, *Hannibal: A History of the Art of War Among the Carthaginians and Romans Down to the Battle of Pydna, 168 B.C., with a Detailed Account of the Second Punic War* (New York: Da Capo Press, 1995), 633. First published in 1891.

4 マケドニア王アレクサンドロスは、父フィリッポスが開発した戦術、編隊、武器を使って圧倒的な勝利を収めた。ガウガメラの戦いにおけるダレイオス3世に対する勝利はカンネーの戦いに劣らず戦略的なものである。ただしこの戦略は大胆ではあったが、カンネーほど統率がとれておらず、多数の行動を調整するという面でも劣っていた。

5 このように多数のパーツやリソースの組み合わせによって実現するメリットのことを「補完性」と呼ぶ。

6 より理論的には、買い手が払ってもいいと考える値段とその製品を製造・販売するコストとの差を最大化することが目標となる。買い手が裕福であるほど、また製品の差異に価値を認めるほど、払ってもいいと考える金額は高くなる。

7 スティーブ・ポストレルは、知識について同じことを論じている。ポストレルによれば、設計作業を行うときには、専門的な知識と、その専門的な知識をどうとりまとめるかという知識の両方が必要である。だが、一方の知識が多く他方が少なくても、同等の設計を実現しうる。以下を参照されたい。"Islands of Shared Knowledge: Specialization and Mutual Understanding in Problem-Solving Teams," *Organizational Science* 13, no. 3 (May–June 2002): 303–20. より基本的なレベルでは、古典経済学でも同様のことが論じられてきた。デービッド・リカードは、既存の土地により多くの労働力を投じるか、既存の農夫により多くの土地を与えれば、収量を増やすことができると主張した。以下を参照されたい。David Ricardo, "On the principles of political economy and taxation," *The Works and Correspondence of David Ricardo,* 3rd ed., ed. P. Sraffa (Cambridge: Cambridge University Press, 1821). Reprinted in 1951.

第10章

1 James S. Garrison, "Crown Cork and Seal Company, Inc.," rev. Stephen Bradley and Sheila M. Cavanaugh, Harvard Business School case study 378-024, 1987.

2 この説明はケーススタディの最初のバージョンで使われていた。私は授業の補足資料としてこれを用意した。

第11章

1 Meena Panchapakasen, "Indecent Expansion," *Financial World*, July 6, 1993.

が固いか柔らかいかはわからず3フィートより大きい物体が存在することが示されただけだった。

3 "Tentative Model for the Lunar Environment," JPL Document 61-263, 1961.

4 Oran W. Nicks, *Far Travelers: The Exploring Machines* (Washington, DC: Scientific and Technical Information Branch, National Aeronautics and Space Administration, 1985), 3.

5 Herbert Goldhamer, "The Soviet Union in a Period of Strategic Parity," RAND R-889-PR, November 1971, 7, quoted by Watts, "Why Strategy?" 5.

6 このプロセスには明らかな欠点がある。それは、本社の50階にいるお偉方は、地上で実際に何が行われるかについて非現実的な考えを持ちやすいことだ。この欠点を修正する最善の方法は、50階の人たちが現場経験を積むことである。次善の方法は、上と下のコミュニケーションを良くすること。第三の方法は、一度立てた目標が非現実的で達成不能だとわかったら、変更することである。だがこれは、経営者の交代でもない限り、めったに実現しない。理由の一部は経営者の自尊心にあるが、それよりも常識的判断のほうが大きい。というのも、社内には必ず戦略に反対の人間がいて、つまずくたびに方針が変更されるとわかっていたら、喜んで落とし穴を掘るからである。

第8章

1 質的整合の論理は一見するとわかりにくいが、学問的に立証されている。以下を参照されたい。Michael Kremer, "The O-Ring Theory of Economic Development," *Quarterly Journal of Economics,* 108, 1993: 551–575.

第9章

1 ローマ共和国では、元老院議員と執政官2名が選挙で選ばれた。執政官は共同で政務を行う一方、互いに相手に拒否権を発動することができた。戦時には、少なくとも1名が司令官として軍を率いた。特別の非常時には、元老院が執政官に独裁官の指名を求める。独裁官は他のすべての政務官に優越するが、その任期は6カ月に限られた。

2 この後の展開もきわめて興味深い。ハンニバルは使者を送ってローマと交渉しようとする。ハンニバルの狙いは平和条約を結び、奪った領土を認めさせることにあったが、ローマは交渉の席に着くことを拒否した。元老院は「平和」という言葉そのものを違法としたため、平和への動きはすべてストップする。ローマは再び打倒ハンニバルに燃え、男は全員徴兵されたが、イタリア国内での戦闘は慎重に回避された。やがて有能なプブリウス・コルネリウス・スキピオが司令官となり、スペイン征服がスキピオの手に委ねられた。スキピオはこれを成し遂げると、さっさと地中海を渡ってアフリカに攻め込み、カルタゴを破る。ハンニバルはイ

ence: Exploring Profound Change in People, Organizations, and Society (New York: Doubleday, 2005), 134–35.

第5章

1 "Castles in the Sand," Deutsche Bank, Global Markets Research, July 30, 2008, 3.
2 "Starbucks Corporation: Slower Growth De-levers Margins, but Greater EPS Visibility Ahead," Oppenheimer Equity Research, July 31, 2008, 4. 以下で入手可能。www.goodstrategybadstrategy.com.
3 William G. Ouchi and Lydia G. Segal, *Making Schools Work: A Revolutionary Plan to Get Your Children the Education They Need* (New York: Simon and Schuster, 2003).
4 X [George Kennan], "The Sources of Soviet Conduct," *Foreign Affairs,* July 1947, 566–82.
5 "The Vision and Values of Wells Fargo," Wells Fargo, 2007. 以下で入手可能。www.goodstrategybadstrategy.com.
6 Private conversation, 1995.

第6章

1 古代ギリシャ人は地球の直径を正確に計算していた。月との距離も計算していたが、こちらは太陽と月との角度の計測エラーに大きく左右されたため、大幅にまちがっていた。
2 Donald Wright, et al. *On Point II: Transition to the New Campaign* (Fort Leavenworth, KS: Combat Studies Institute Press, 2008), 568.
3 Bob Woodward, *State of Denial* (New York: Simon and Schuster, 2006), 122.
4 くわしい説明は以下を参照されたい。Pierre Wack, "Scenarios: Uncharted Waters Ahead," *Harvard Business Review*, September–October 1985, 73–89.
5 閾値以下の広告にとどめるようなまぬけな会社はほとんど存在しないので、この点をデータから確かめるのは困難である。広告の閾値効果を測定する精妙な研究は、以下を参照されたい。Jean-Pierre Dubé, Günter Hitsch, and Puneet Manchanda, "An Empirical Model of Advertising Dynamics," *Quantitative Marketing and Economics* 3, no. 2 (2005): 107–44.

第7章

1 Wernher von Braun to the Vice President of the United States, 20 April 1961, NASA Historical Reference Collection, NASA Headquarters, Washington, DC.
2 初めて写真撮影に成功したのはレンジャー7号で、1964年のことである。表面に激突する前に、高度約1000フィートから撮影した。しかしこの写真では表面

www.fas.org/irp/offdocs/nsc-hst/nsc-162-2.pdf.

4 この会話は以下に引用されている。Andrew S. Grove, *Only the Paranoid Survive: How to Exploit the Crisis Points That Challenge Every Company and Career* (New York: Doubleday, 1996), 89.

5 Max Weber, "The Sociology of Charismatic Authority," in *Max Weber: Essays in Sociology, eds.* and trans. H. Gerth and C. W. Mills (London: Routledge and Kegan Paul, 1948).

6 Dow Chemical Company, 2009 Annual Report to Shareholders, 24.

7 Strategic Planning Council, "Strategic Plan," California State University, Sacramento, 2007, 2.

8 "CIA Vision, Mission & Values," last reviewed April 12, 2007, https://www.cia.gov/about-cia/cia-vision-mission-values.

9 Prentice Mulford, *Thoughts Are Things* (London: G. Bell and Sons, Ltd., 908), 96. Reprinted by Kessinger Publishing (Whitefish, MT), 1996. 強調は筆者。

10 Wallace D. Wattles, *The Science of Getting Rich* (Radford, VA: Wilder Publications, 2007), 14. 原文の発表は1910年。現在はパブリックドメインに属する。

11 Ernest Holmes, *Creative Mind and Success* (New York: G. Putnam's, 1997), 17. 当初はR・M・マックブライドにより1919年に発表された。

12 Peter M. Senge, *The Fifth Discipline: The Art and Practice of the Learning Organization* (New York: Doubleday, 1990), 207.

13 アップルの共同創設者であるスティーブ・ウォズニアックは、同社の成功の多くはビジカルクに依っていると語る。「ビジカルクとフロッピーディスクのおかげでアップルはナンバーワンになった。ビジカルクが登場してからは、アップルⅡの売上の90％が中小企業向けになった。初めはオタク向けのコンピュータだったのが、急に企業で使われるようになったのだ」。引用元は、Gregg Williams and Rob Moore, "The Apple Story," *Byte*, January 1985, 173–74.

14 フォードの社内紙ディアボーン・インディペンデントは、アメリカ人の生活におよぼすユダヤの影響を批判する連載を長期にわたって続けていた。連載記事は、*The International Jew: The World's Foremost Problem* と題する本にまとめられた。フォードは自伝の中で、ユダヤ批判をしたのは「気づかぬうちにあらゆる媒体を浸食するオリエンタリズム」に対抗するためだったと説明している。 以下を参照されたい。 Henry Ford, *My Life and Work* (Garden City, NY: Doubleday, 1922), 251–52. Anne Jardin, *The First Henry Ford: A Study in Personality and Business Leadership* (Cambridge, MA: MIT Press, 1970).

15 Mark Lipton, *Guiding Growth: How Vision Keeps Companies on Course* (Boston: Harvard Business School Press, 2003), 81.

16 Peter Senge, C. Otto Scharmer, Joseph Jaworski, and Betty Sue Flowers, *Pres-*

ー・マーシャル（国防総省相対評価室長）、ヤン・ファン・トル（戦略予算評価センター・シニアフェロー：元強襲揚陸艦〈エセックス〉艦長で元副大統領特別顧問）、バリー・ワッツ（戦略予算評価センター・シニアフェロー：元空軍士官、元ノースロップ・グラマン分析センター所長、元国防総省計画分析評価本部長）。

2 Michele A. Flournoy and Shawn W. Brimley, "Strategic Planning for U.S. National Security: A Project Solarium for the 21st Century," Princeton Project on National Security, 2005, 1, http://www.princeton.edu/˜ppns/papers/interagencyQNSR.pdf.

3 Barry D. Watts, "Why Strategy? The Case for Taking It Seriously and Doing It Well," Center for Strategic and Budgetary Assessments, 2007. バリー・ワッツは、CSBAのシニアフェローである。以下の更新も参照されたい。"Regaining Strategic Competence," CSBA, 2009, by Andrew F. Krepinevich and Barry D. Watts. 以下で入手可能。http://www.csbaonline.org/.

4 The White House, "The National Security Strategy of the United States of America," 2002 and 2006; and the Department of Defense, "The National Defense Strategy of the United States of America," 2005. これらの文書はホワイトハウスが印刷して議会に配布したものだが、政府の公式出版物ではない。現在は以下で入手可能。georgewbush-whitehouse.archives.gov/nsc/nss/2002 および georgewbush-whitehouse.archives.gov/nsc/nss/2006.

5 Lutz Schubert, Keith Jeffrey, and Burkhard Neidecker-Lutz, "The Future of Cloud Computing," European Commission on Information Society and Media, 2010. 以下で入手可能。cordis.europa.eu/fp7/ict/ssai/docs/cloud-report-final.pdf.

6 Ciara Ryan, "Strategies of the Movers and Shakers," Arthur Andersen, Risk Consulting, August 15, 2000. 以下で入手可能。www.goodstrategybadstrategy.com/.

7 "Bridging the Gap," Defense Advanced Research Projects Agency, February 2007. 以下で入手可能。www.darpa.mil/Docs/DARPA2007StrategicPlanfinalMarch14.pdf.

8 公式発表では生徒1人当たり1万1000ドルとなっているが、この数字には交通費、設備改修、建設、学校債の利息が含まれていない。

第4章

1 ニコラ・ド・コンドルセはフランスの哲学者・数学者で、民主選挙のルールを初めて数学的に分析した。コンドルセはフランス革命後に獄死している。

2 Kenneth Arrow, *Social Choice and Individual Values* (New York: John Wiley and Sons, 1951).

3 NSC 162/2, "Basic National Security Policy," October 30, 1953. 以下で入手可能。

原註

序章

1 「英雄的な」と断り書きを付けたのは、私が考える本来的なリーダーシップと区別するためである。私が考えるリーダーシップはもっと幅が広く、一般に言うリーダーの仕事を意味する。そこには、計画立案や戦略策定も含まれる。

第1章

1 Bruce W. Nelan, "Strategy: Saddam's Deadly Trap," *Time,* February 11, 1991. 以下で入手可能。www.time.com/time/magazine/article/0,9171,972312,00.html.

2 "As the History of Warfare Makes Clear, Potential for Catastrophe Remains," *Los Angeles Times,* February 23, 1991, 20.

3 砂漠の嵐作戦では、アメリカはタリルにあったイラクの化学兵器貯蔵庫を破壊した。1998年までに、国連大量破壊兵器廃棄特別委員会（UNSCOM）は、8万件を上回る化学兵器および大量の化学物質を廃棄または破壊作業を監督した。

4 共和国軍2個師団がバスラに逃れたことから、終戦は早すぎたのではないかとして大論争が起きた。この論争は、開戦前にイラクが20個師団（兵力77万）以上の軍隊を維持していたという事実を無視している。

5 現在はFM3-0号として発行されている。以下を参照されたい。http://www.globalsecurity.org/.

第2章

1 Pankaj Ghemawat, "Wal-Mart Stores' Discount Operations," Harvard Business School case study 9-387-018, 1986.

2 Andrew Marshall and James G. Roche, "Strategy for Competing with the Soviets in the Military Sector of the Continuing Political-Military Competition," typed manuscript, 1976. 現在では機密扱いではなくなっており、以下で閲覧できる。www.goodstrategybadstrategy.com/.

第3章

1 他の参加者は次の通り。デービッド・M・アブシャイア（大統領学研究センター代表：元NATO大使でレーガン大統領特別顧問）、デービッド・W・バルノ中将（元アフガニスタン駐留軍司令官）、アンドリュー・クレピネビッチ（戦略予算評価センター所長：アメリカのベトナム戦争戦略の研究書 *The Army and Vietnam* の著者で、国防諮問委員会と統合軍変革審議会の元委員）、アンドリュ

著訳者紹介

リチャード・P・ルメルト（Richard P. Rumelt）

戦略論と経営理論の世界的権威。エコノミスト誌は、「マネジメント・コンセプトと企業プラクティスに対して最も影響力ある25人」の1人に著者を選んだ。マッキンゼー・クォータリー誌は「戦略の戦略家」「戦略の大家」と命名。研究者としてのキャリアを通じて、つねに戦略の最先端を切り拓き、戦略の系統的研究を推し進め、コアスキルに注力する企業こそが最善の結果を残すという考え方を提示し、卓越したパフォーマンスを出す企業は業界に左右されるのではなく個々の企業の能力によることを説明。リソース・ベースト・ビューの提唱者の1人であり、市場支配力をベースとしてきたそれまでの戦略論を転換させた。ハーバード・ビジネススクールにて博士号取得。現在はUCLAアンダーソン・スクール・オブ・マネジメントのハリー・アンド・エルザ・クニン記念講座教授。サミュエル・ゴールドウィン・カンパニーといった小企業から、シェル・インターナショナルといった大企業、またNGOや教育機関に至るまで幅広い組織にコンサルティングを行っている。

村井章子（むらい・あきこ）

翻訳家。上智大学文学部卒業。主な訳書にジェフリー・フェファー『「権力」を握る人の法則』、ジョン・スチュアート・ミル『ミル自伝』、ミルトン・フリードマン『資本主義と自由』、ジョン・K・ガルブレイス『大暴落1929』、カーメン・M・ラインハート、ケネス・S・ロゴフ『国家は破綻する』などがある。

良い戦略、悪い戦略

2012年 6 月 22 日　1版1刷
2025年 5 月 22 日　　24刷

著　者　リチャード・P・ルメルト

訳　者　村 井 章 子

発行者　中川ヒロミ

発　行　株式会社日経 BP
日本経済新聞出版

発　売　株式会社日経 BP マーケティング
〒105-8308　東京都港区虎ノ門 4-3-12

印刷・製本／TOPPAN クロレ株式会社

Printed in Japan　ISBN978-4-532-31809-3